Das Jahr des Mädchens

Holger Niederhausen

Das Jahr des Mädchens

Vom heiligen Weg der Seele

Das Menschenwesen hat eine tiefe Sehnsucht nach dem Schönen, Wahren und Guten. Diese kann von vielem anderen verschüttet worden sein, aber sie ist da. Und seine andere Sehnsucht ist, auch die eigene Seele zu einer Trägerin dessen zu entwickeln, wonach sich das Menschenwesen so sehnt.

Diese zweifache Sehnsucht wollen meine Bücher berühren, wieder bewusst machen, und dazu beitragen, dass sie stark und lebendig werden kann. Was die Seele empfindet und wirklich erstrebt, das ist ihr Wesen. Der Mensch kann ihr Wesen in etwas unendlich Schönes verwandeln, wenn er beginnt, seiner tiefsten Sehnsucht wahrhaftig zu folgen...

1. Auflage Januar 2019

© Holger Niederhausen · Alle Rechte vorbehalten
Umschlagabbildung: Shutterstock / LedyX, verändert
Herstellung und Verlag:
BoD – Books on Demand, Norderstedt
ISBN 978-3-7481-4170-9

Vorwort

Ein Mädchen schreibt ein Jahr lang ihr Tagebuch. Ein Mädchen? Nein... Es ist *das Mädchen*. Es ist das wahre, heilige Wesen des Mädchens, das hier schreibt. Mit einem heiligen Herzen ist es innig vereint mit den Himmelskräften – und kann deshalb auch von ihnen schreiben. Zart ist seine ganze Seele demjenigen hingegeben, was das Gegenteil des Oberflächlichen ist: dem Tiefen, dem Geheimnisvollen, dem Heiligen.

So ist dieses Buch ein tief berührender, treuer Begleiter für jeden Tag des Jahres – und was in diesem Buch so berührt, ist letztlich das heilige Geheimnis der Seele selbst. Denn das Mädchen ist reine Seele – reiner als jede andere...

Wer die Vertiefung der Seele, die Heiligung des Seelischen sucht, der wird hier einen überreichen Schatz finden. Es ist das Mädchen, das ihn schenkt, und durch sie schenkt sich der Himmel selbst – denn sie trägt ihn in ihrem Herzen.

Die heutige Seele weiß überhaupt nicht, wie *sehr* sie von ihrem wahren Wesen bereits abgeirrt ist. Sie steht vor der Gefahr, es völlig zu verlieren. Wie schlimm es um das Schicksal der Seele heute bereits steht, könnte sie zu empfinden beginnen, wenn sie sich auf das Wesen des Mädchens wahrhaft einlassen kann. Denn dieses kann die Seele wieder zu sich selbst führen – und zu einer Sehnsucht nach dem Rückweg, der aber gerade ein Zukunftsweg ist.

Dieses Tagebuch, dieser Weg durch das Jahr mit dem Mädchen, offenbart eine Tiefe des Empfindens und der Gedanken, die wie das sanfte, zauberhafte Licht des frühen Morgens die Seele, die sich wahrhaft dafür öffnet, überwältigen kann – und in der Überwältigung errettet. Denn diese Überwältigung ist nichts anderes als das Durchbrechen der Mauern der Oberflächlichkeit und das wundersame Sich-Befreien des eigenen, wahren, heiligen Seelenwesens.

Die Sanftheit besiegt das Harte, denn sie ist die wahre Wirklichkeit. Die Seele besiegt den Tod, denn sie kennt das wahre Leben. Das Mädchen zeigt der sich für diese Geheimnisse öffnenden Seele den Weg, denn sie kennt ihn, sie lebt in jedem Moment in seiner Wirklichkeit.

Zum Lesen dieses Buches

Das Mädchen schrieb dieses Tagebuch im Jahr 2018. Dieses Jahr begann an einem Montag. Da vieles sich in einem Wochenrhythmus gestaltet, ist dies nicht unwesentlich – und der Leser wird selbst Wege finden, mit diesem Rhythmus auch in anderen Jahren in Einklang zu kommen.

Da die Seele des Mädchens auch tief in das christliche Geheimnis eintaucht, ist es gut, auch hier im Lesen eine Anpassung zu suchen. Als das Mädchen schrieb, fiel Ostern auf den ersten Apriltag. Jetzt, wo dieses Tagebuch veröffentlicht wird, liegt Ostern drei Wochen später. Man kann dann zum Beispiel vor der Karwoche noch einmal bestimmte Abschnitte wiederholen, um mit dem Mädchen im Einklang zu bleiben, dann mit ihm die ganze Osterzeit durchleben, auch Himmelfahrt und Pfingsten, und danach ein wenig intensiver wieder ‚aufholen‘, bis man spätestens zu Johanni, am 24. Juni, wieder ganz mit dem Mädchen vereint ist.

Die tiefste Frucht wird der Seele aus diesem Buch erwachsen, wenn sie von Beginn an mit einer Aufrichtigkeit lesen könnte, die sie vielleicht noch gar nicht aufbringen kann. Aber allein schon das Bemühen zählt. Bemühen um Stille, um ein Sich-Einlassen, um ein Sich-Berührenlassen, ein Sich-Berühren-lassen-*Wollen*, ein stilles Sich-Öffnen, wie ein sanftes Lauschen...

Immer ist das aufrichtige innerliche Stillwerden der Boden, in dem die Früchte der Seele keimen können. Möge die Seele, die zu einem Buch wie diesem greift, ihre eigene verborgene Sehnsucht ernst nehmen und die Demut besitzen, sich hingebungsvoll *einzulassen*.

Die Tugenden

Ich beginne mein Tagebuch. Es gibt zwölf Tugenden. Ich möchte jede Woche eine davon beschreiben. Das sind dann zwölf Wochen, und danach beginnt die Karwoche... Weiß jemand eigentlich noch, was Tugenden sind? Und wer es weiß – wer nimmt es dann ernst? Die Menschen würden mich auslachen, wenn ich fragen würde, ob jemand weiß, was das Blut ist oder der Atem, oder die Knochen oder das Skelett. Aber die Tugenden sind das Blut und der Atem, das Leben und sogar das Skelett der Seele.

Eine Seele ohne Tugenden hat überhaupt kein Leben. Jede Seele hat aber diese Tugenden – nur sind sie in einem furchtbaren, unglaublich vernachlässigten Zustand. Also ist es auch die Seele. Unglaublich vernachlässigt... So furchtbar, dass man jedes Mal weinen möchte, wenn man es sieht. Und man sieht es ja immer.

Wie kann man sich um das Leben des Körpers so sorgen und um das Leben der Seele so wenig Gedanken machen? Wie kann man es so wenig erleben, dass man eine Seele hat? Und dann, dass sie viel, viel wichtiger ist als der bloße Körper? Der Körper gibt der Seele doch nur eine Wohnung – und wie haust sie dann darin! Was tut sie sich an – sich und anderen? Aber vor allem auch sich...

Die Menschen schauen nach der Mode, wollen gut aussehen, Haare, Kleidung, Gesicht, das alles wird so unglaublich beachtet und geschmückt, geschminkt – und die Seele? Ja, da wird mit Worten und Verhalten auch geschminkt, aber man sieht ja durch alle Schminke hindurch... Und dann? Dann sieht man nichts mehr... Wie die *Seele* aussieht, darum kümmern sich die Menschen überhaupt nicht. Aber *warum* nicht?

Für mich ist das unvorstellbar. Für mich ist das todtraurig. Und es ist eine Katastrophe. Denn die hässlichen Seelen machen auch die ganze Welt hässlich. Das, was sie selbst sind, tun sie auch der Welt an. Man kann es sehen, mit den Augen, an jeder kleinen Handlung. Und die größeren Handlungen sind einfach nur größer.

Nichts, was auf der Welt äußerlich hässlich und schlimm ist, entsteht, ohne dass es aus Seelen hervorgeht, die hässlich und schlimm sind und mit sich umgehen. Seelen, die alle nicht wissen, dass es die Tugenden gibt – und dass sie das Leben der Seele sind. Seelen, die nicht einmal mehr wissen, dass sie Seelen sind und dass es eine Seele gibt. Und wer weiß das heute noch wirklich? Wissen allein genügt nicht. Man muss es spüren – und zwar in jedem Moment wieder...

Die Liebe zu den Tugenden würde einem helfen, dies nie wieder zu vergessen. Denn diese Liebe würde der Seele neues Leben geben – das Leben der Tugenden, das ihr eigenes Leben ist. Wenn aber das Leben der Seele wirklich erwacht, dann kann es nicht wieder sterben. Es starb, als die Menschen für das *Äußerliche* erwachten – und das Innere vergaßen. Das war das Schlimmste, was jemals passierte. Und es ist höchste Zeit, die Seele zu retten – denn sonst passiert eine Katastrophe.

Redlichkeit

2. Januar

Ich möchte mit einer Tugend beginnen, die noch am meisten als Tugend verstanden werden könnte – und zugleich auch am meisten missverstanden. Und zwar meine ich die Redlichkeit. Sie hat auch mit Fleiß zu tun, ehrlichem Fleiß. Und weil jede Tugend mit der Liebe zu ihr zu tun hat, ist es die Tugend der Liebe zu ehrlichem Fleiß...

Früher sagte man wohl auch Rechtschaffenheit. Es geht aber nicht nur um die Ehrlichkeit, sondern um das ehrliche Schaffen, das ehrliche Verdienen seines täglichen Brotes. Dazu gehört auch das Himmelsbrot. Rechtschaffen ist eine Seele, die zur rechten Zeit leiblich schafft und zu rechten Zeit die nichtsinnliche Nahrung sucht und sich um sie müht. Die redliche Seele ruht nicht – und wo sie ruht, ruht sie in Gott.

Aber für die redliche Seele gibt es auch nichts Schöneres, als entweder redlich und recht schaffend tätig zu sein – oder aber sich innig zu versenken, was auch eine sehr heilige Tätigkeit ist, aber eigentlich schon mehr zu anderen Tugenden gehört. Redlichkeit ist also die aufrichtige Liebe zu rechtschaffener Tätigkeit. Mehr darüber schreibe ich morgen.

3. Januar

Was für eine wunderbare Tugend das ist – die Redlichkeit! Die Liebe zur Arbeit, zur eigenen Arbeit, mit der man sein Brot verdient, mit eigenen Händen. Ich denke mir, dass früher die Handwerker so gefühlt haben. Oder etwa ein Schuster. Der ganze Begriff der ‚Ehre' in seiner wunderschönen Bedeutung hat damit zu tun. Der Schuster wusste, was seine Arbeit wert ist – und er verlangte dafür nicht mehr und auch nicht weniger. Niemand, in dessen Seele die Tugend der Redlichkeit lebte, schlug einen anderen Menschen übers Ohr. Jeder wollte in heiligem, bescheidenem Stolz auf seine Arbeit nur das dafür haben, was sie auch wirklich wert war. Die Menschen waren von bescheidenem, aber ehrlichem Glück erfüllt, weil es gerecht zuging – und es ging so zu, weil in den Seelen die Redlichkeit lebte, die Rechtschaffenheit, der redliche Fleiß, mit dem die Seelen *fühlten*, was ihre Arbeit wert war.

Sie fühlten ihren eigenen Wert, weil sie rechtschaffen und fleißig waren, und niemand übervorteilte den anderen.

Redliche Menschen sind niemals unehrlich, weil Unehrlichkeit nur die Unfleißigen brauchen. Aus dem Fleiß wird ein redlicher Stolz auf die Früchte eigener Hände Arbeit geboren. Und die redliche Seele fühlte sich genauso beschämt, wenn sie weniger dafür bekäme, als diese Frucht wert ist, wie wenn sie zu viel dafür bekäme. Ein Zuviel wäre sogar noch schlimmer, denn es ist besser, selbst benachteiligt zu werden, als einen anderen zu betrügen. Die redliche Seele *möchte* gar nicht mehr bekommen, als sie verdient – und sie hat eine heilig genaue Empfindung, wann es zu viel ist...

Deswegen hat Redlichkeit und Rechtschaffenheit auch so viel mit Gerechtigkeit zu tun. Für die redliche Seele sind dies ganz einfach gar nicht zwei verschiedene Dinge!

4. Januar

Redlichkeit ist untrennbar mit dem Gerechtigkeitsgefühl verbunden. Man sagt: ‚Sie teilten redlich'. Das ist dasselbe wie gerecht. Natürlich können auch Diebe und Räuber untereinander ‚gerecht' teilen, aber da ihr Teilen auf Raub beruht, ist es nicht redlich, sondern unredlich. So hat die Redlichkeit immer mit ehrlicher, eigener fleißiger Arbeit zu tun.

Wenn man sich ‚redlich' bemüht hat, oder wenn man sich etwas ‚redlich' verdient hat, steckt immer der wirkliche, aufrichtige Fleiß dahinter.

Dabei geht es um die Liebe zur Arbeit selbst. Man kann doch an einen Förster denken. Er wird nie etwas von den Bäumen haben, die er pflanzt – er pflanzt für die über- und überübernächste Generation. Aber er liebt seine Arbeit. Und was er als Lebensunterhalt verdient, das verdient er durch ebendiese. Rechtschaffen und voller Verantwortlichkeit tut er, was notwendig ist, um den Wald zu pflegen und zu erhalten. Eigentlich dient er – wie jeder Beruf dient, aber gerade bei solchen Berufen wird es ganz deutlich spürbar. Der Förster dient – er dient dem Wald, und er dient lange nach ihm kommenden Generationen. Er tut, was getan werden muss. Er ist fleißig. Und er möchte nicht mehr bekommen, als man braucht, um zu leben. Das ist Redlichkeit...

Es ist also selbstlose Liebe zur eigenen Arbeit, deren Redlichkeit die Seele dann auch wieder mit einem Stolz erfüllen kann, der sie nicht hässlich macht, sondern nur das Empfinden ihrer eigenen Würde ist. Die Seele ist sich der Würde ihrer Arbeit in bescheidener Weise bewusst, nicht mehr und nicht weniger. Sie spürt den Wert ihrer bescheidenen Arbeit im Kreis des Ganzen. Das ist der bescheidene Stolz auf der eigenen Hände Arbeit aller fleißigen Menschen. Und in der Redlichkeit geht er zusammen mit einer tiefen, tiefen Ehrlichkeit...

In der Redlichkeit liegt ein unendlich heiliges Ehrgefühl. Noch die ärmste Arbeiterin hat es – oder darf es haben. Sie darf fühlen, was sie gearbeitet hat und Tag für Tag arbeitet. Selbst wenn sie dafür viel zu schlecht entlohnt wird, darf sie spüren, was sie wirklich getan hat. Und das gehört zur Redlichkeit dazu. Seine Arbeit nicht überschätzen – aber auch nicht unterschätzen. Sie mag einem vielleicht sogar verhasst sein, man mag zu ihr gezwungen sein, um zu leben – aber solange man sie dennoch fleißig und aufrichtig tut, sozusagen wirklich ‚im Schweiße seines Angesichts', darf man diesen heiligen Stolz damit verbinden: das war meine Arbeit, nicht die von irgendjemand anderem... Dieses Ehrgefühl ist um so größer, je mehr die Früchte dieser Arbeit einem dann dennoch genommen werden...

Die Redlichkeit war zu keinen Zeiten größer als in jenen, wo man nicht zu viel für seine Arbeit bekommen hat, sondern eher zu wenig. Redlichkeit bedeutet, gar nicht mehr bekommen zu wollen – vor allem aber: fleißig gewesen zu sein und zu wissen, was man getan hat.

Die Redlichkeit endet da, wo man es mit seinem Fleiß nicht mehr so genau nimmt. Und die Unredlichkeit beginnt da, wo man seinen eigenen Vorteil sucht und es mit der Gerechtigkeit nicht mehr so genau nimmt. So ist die Redlichkeit untrennbar verbunden mit jenen, die fleißig tätig sind und ihren gerechten Lohn empfangen – oder weniger als diesen, die aber dennoch in ihrer ganzen Seele tief ehrlich bleiben.

6. Januar

Und das alles, was ich geschrieben habe, muss man *empfinden* – in seiner eigenen Seele tief, tief spüren. Dass Redlichkeit eine Tugend ist und was das dann ist: eine Tugend...

Tugenden sind etwas, was die Seele innerlich schön macht, leuchtend, wunderschön strahlend. In früheren Zeiten hatten es die Menschen einfach, das zu verstehen, denn da konnte man einfach sagen: Gott sieht dies unmittelbar. Und so ist es noch immer – nur verstehen die Menschen das nicht mehr. Sie können sich nicht mehr hineinversetzen, aber das sollten sie. Es geht darum, dass das, was die Seele ist, vor Gott und den Engeln ganz, ganz unmittelbar sichtbar ist – und dass da alles noch viel sichtbarer ist als in der äußeren Welt. Und so, wie es schon dort so unendlich viele Unterschiede gibt, von Bettellumpen bis zum Kleid der Königin, so sind die Unterschiede in den ‚Kleidern' und im Aussehen der Seelen noch viel, viel größer. Ein Bettellumpen kann niemals so hässlich sein, wie eine Seele werden kann – und ein Königskleid kann auch niemals so schön sein, wie eine Seele werden kann. Das alles ist hier, bei der Seele, noch viel, viel unbeschreiblicher.

Heute, wo die Menschen gar nicht mehr wissen, was Tugenden sind, würde man vielleicht sagen: „Ja, ja, der ist ganz rechtschaffen' – und würde sich fast nichts weiter mehr dabei denken. Vielleicht würde man sogar denken: ‚Er ist doch dumm, soll er für seine Arbeit doch ein paar Euro mehr verlangen!' Aber was heißt das? Man macht sich überhaupt keinen Begriff mehr, was diese Rechtschaffenheit wirklich bedeutet!

Eine Seele, die lustlos und vielleicht sogar verschlagen ihr Geld verdient, was sie durch ihre Lustlosigkeit und Falschheit gar nicht verdient, hat vor Gott nicht die geringste Bedeutung – sie ist vielmehr unendlich hässlich vor seinen Augen. Die Seele aber, die ihren inneren Fleiß und ihr heilig-bescheidenes Wissen um das mit eigener Hand Geleistete haushoch über die Münzen stellt, die sie dann bekommt – oder gar über die Möglichkeit, noch ein paar mehr herauszuschlagen –, die besitzt ‚einen Schatz im Himmel', nämlich etwas, was ihr niemand, niemand, niemand nehmen kann. Und was sie besitzt, die Tugend der Redlichkeit, das macht ihre Seele unendlich schön – in diesem Punkt...

7. Januar

Redlichkeit ist als Tugend sozusagen die heilige Würde des ehrlichen Fleißes oder fleißiger Ehrlichkeit. Die Seele spürt diese Würde – und in dem Maße, wie sie sie einfach nur spürt, ohne dies zu einem falschen Stolz werden zu lassen, leuchtet diese Würde auch vor Gottes Augen. Vielleicht spürt sie sie auch nicht – sondern hat sie nur, ohne sie zu spüren. Es gibt redliche Seelen, die wissen nicht das Geringste von ihrer unglaublichen, heiligen Redlichkeit. Aber man kann es wissen. Und die Redlichkeit hat ja auch selbst viel mit einem Wissen zu tun, denn es geht auch um Gerechtigkeit. Dafür muss die Seele doch wissen, was die eigene Arbeit wert ist – und was nicht. Sie weiß es also. Nur weiß sie manchmal nicht, *dass* sie es weiß – und zum Beispiel dass sie sehr, sehr redlich ist.

Manchmal ist das auch gut so. Denn manche Seelen werden mit jedem Wissen unredlicher. Sobald sie für die Frage erwachen, denken sie schon an die Möglichkeit, mehr ‚herauszuschlagen' – und schon ist es mit der Redlichkeit vorbei. Selbstsucht und Gier sind Untugenden, die die Tugend sofort vernichten. Die Redlichkeit mag um ihre Würde wissen oder nicht wissen – aber sie bleibt nur Redlichkeit, wenn sie sich nicht mit der Gier verbrüdert, denn dann verwandelt sie sich in ihr hässliches Gegenteil. Die wirkliche Redlichkeit weist die Gier immer unmittelbar und voller Überzeugung von sich. Und zwar gerade *weil* sie ihre eigene Würde weiß oder sie aber unbewusst spürt. Und sie möchte Redlichkeit *bleiben* – und nicht um eines billigen äußeren Vorteils willen in ihr hässliches Gegenteil verwandelt werden.

Das ist es, was jede redliche Seele die blanken Taler, an denen die Hässlichkeit der Würdelosigkeit klebt, zurück ins Antlitz des Versuchers schleudern lässt.

Tugenden sind der unbezahlbare Schatz der Seele. Sie sind ihr Leben und ihr Leuchten – und das lässt sich mit keinem Geld der Welt bezahlen. Tugenden sind das Heiligste, was es zu hüten gibt, und die Seele, die die Tugenden liebt, *weiß* das. Deswegen liebt sie sie ja...

Das war also die heilige, so schwer zu verstehende Tugend der Redlichkeit. Morgen will ich anfangen, von der nächsten zu schreiben.

Erkenntnissehnsucht

Bevor ich von der nächsten Tugend schreibe, möchte ich noch etwas anderes sagen. Nämlich, ich möchte noch einmal dasselbe sagen wie gestern: Dass wir uns auf einem sehr, sehr heiligen Boden befinden. Das darf man nicht nur nie vergessen – man muss es immer unmittelbar und mit ganzem Herzen spüren! Es hat alles keinen Sinn, wenn dies nicht so wäre. Die Tugenden sind das Heiligste, was es gibt – und wenn man das nicht spürt, ist die Seele ernstlich krank. Früher sagte man: ‚bis an den Tod'. So ernst! Man muss es wieder lernen, seine Seele zu *spüren*! Und dann muss diese Seele wieder lernen, ihre heilige Sehnsucht nach diesen Tugenden zu spüren – *denn sie sind ihr Leben.*

Eine Seele, die nicht mehr fühlen kann, wie sie gleichsam in einer unendlich zarten Heiligkeit watet, ja eingetaucht ist, wenn sie sich dem Nachdenken und Nachfühlen über diese Tugenden hingibt – eine solche Seele ist todkrank! Sie ist fast schon tot, erstarrt, gestorben, erkaltet, ohne jede wirkliche Empfindung. Sie hat nur noch Empfindungen des Äußeren und des Wesenlosen, aber nicht mehr *wirkliche* Empfindungen. Todkrank, wirklich todkrank ist die Seele, die nicht fühlen kann, was die Tugenden sind. Heiliges, zartes, unendlich wesenhaft-heiliges *Leben* – das Leben der Seele...

Und die nächste Tugend, von der ich schreiben möchte, ist die Sehnsucht, dies auch wirklich zu erkennen. Also, man kann sagen: Erkenntnissehnsucht. Eine der zwölf Tugenden...

Tief verborgen in der Seele lebt sie, diese heilige Tugend, um die es in dieser Woche gehen soll: die Erkenntnissehnsucht. Was für eine heilige Kraft ist dies! Sie ist es, die die Seele zu Gott führt – wie auch alle anderen Tugenden. Aber es ist deutlich, wie wichtig gerade diese eine ist.

Man kann sich fragen, ob eine Sehnsucht eine Tugend sein kann. Ja, das kann sie – weil sie gehütet werden muss, gehütet und geheiligt, so, wie jede andere Tugend. Und wenn sie dies nicht würde, so würde sie verkümmern und verschüttet werden – auch wie jede andere Tugend. Die Tugenden sind der Schatz, den Gott in die Seele gelegt hat – und man kann ihn hüten und mehren, oder man kann ein schlechter Hüter sein. Wer nicht die heilige Verantwortung empfindet, ist ein schlechter Hüter – und eines Tages wird er voller Schrecken erkennen, wie sehr er seine Seele verwahrlosen ließ.

Und die Erkenntnissehnsucht? Was machen die Menschen heute mit ihr? Sie wollen das Größte und das Kleinste erkennen, die Atome und die fernsten Sterne, die Gene und Leben auf fernen Planeten. Aber das Leben ihrer eigenen Seele und überhaupt die Existenz der Seele interessiert sie nicht. Aber die Tugenden sind die Sterne der Seele... Sie sind der heilig-leuchtende Sternenhimmel, und wenn sie nicht leuchten, herrscht in der Seele finsterste Nacht. Die Erkenntnissehnsucht müsste sich auf das Heilige richten... Auf das einzig Wesentliche.

10. Januar

Man kann sich vielleicht fragen, wie eine Tugend entarten kann – weil die Erkenntnissehnsucht sich heute so sehr im Wesenlosen verliert, dass die Menschen forschen und forschen und schon gar nicht mehr wissen, warum sie das tun – während überall auf der Welt Kinder verhungern, Tiere leiden, die Natur zerstört wird und noch viel mehr. Aber auch Tugenden können entarten. Sie können nicht nur *nicht* entfaltet werden, sie können auch falsch entfaltet werden.

Die Redlichkeit könnte auch zur bloßen ,Bravheit' werden – und ganz dieses unglaubliche Herzensgefühl verlieren, diesen heiligen Stolz, der zugleich so demutvoll und bescheiden ist. Es kommt immer darauf an, dass die Tugend wirkliches *Leben* hat – heiliges Leben.

Sehnsucht, heilige Sehnsucht, ist auch etwas völlig anderes als Gier. Heute lebt in den Seelen viel zu sehr eine Erkenntnisgier –

oder aber eine Gleichgültigkeit, die höchstens noch Gier nach Neuigkeiten ist, nach Nachrichten, nach Informationen, immer wieder Neues, das Neueste... Da ist die Seele *wieder* schwer, schwer krank. Sie leidet an einer schlimmen Fresssucht – und das, was sie frisst, sind diese Nachrichten. Und wenn sinnlos immer weitergeforscht wird, nur um noch ein Molekül und noch einen Stern zu entdecken, dann ist das auch wieder eine Fresssucht. Es hat nichts mehr mit *Sehnsucht* zu tun – nur noch mit Fressen, unendlich, wie eine Raupe Nimmersatt, die nie zu einem Schmetterling wird, weil sie nur immer dicker werden will.

Die Tugend, die wirkliche Erkenntnissehnsucht ist etwas völlig anderes. Sie ist etwas ganz und gar Heiliges, wie jede Tugend. Man muss sich fragen: Was ist das wirkliche, das heilige Leben der Seele? Und jetzt fragt man es sich in Bezug auf die Erkenntnissehnsucht. Was ist das? So heilig wie möglich vorgestellt, gefühlt, mit dem Herzen gefühlt...

11. Januar

Die Erkenntnissehnsucht ist eine heilige Tugend. Und wenn sie als eine Tugend gehütet wird, richtet sie sich selbst auf das Heilige. Sie möchte das *Heilige* hüten und vertiefen. Sie möchte das Heilige mehr verstehen, heiliger verstehen. Die Seele möchte sich würdig machen, das Heilige immer mehr und tiefer verstehen zu dürfen. Aber dieses Sich-würdig-Machen sind vielleicht schon wieder andere Tugenden. Die Erkenntnissehnsucht ist die Tugend, mit der die Seele eben eine Sehnsucht nach Erkenntnis hat – so, wie die Redlichkeit die Tugend ist, mit der die Seele eben redlich ist.

Erkenntnissehnsucht bedeutet nicht, nur nach dem Heiligen eine Erkenntnissehnsucht zu haben. Aber in einer tugendhaften Seele würde es dennoch im Mittelpunkt stehen – und mehr noch: sie würde das Heilige in allem *finden*. Ihr Erkennen würde selbst immer heiliger werden. Aber es *beginnt* mit der Sehnsucht... Und weil Sehnsucht selbst etwas sehr Heiliges ist, beginnt mit ihr auch bereits die Erkenntnis etwas Heiliges zu werden – aber man muss dies alles immer sehr, sehr hüten, nur dann bleibt es so heilig, wie es sein will.

Wenn ein Mensch alles kennengelernt hat, alles erforscht, alles gesehen, wenn er überall gewesen ist ... was ist dann? Was hat er dann? Ist er dann müde geworden? Satt? Ja, ekelt ihn vielleicht alles? Was hätte die Seele gewonnen, wenn sie alles wüsste ... und doch nichts heiligen könnte? Wenn alles nur die Last des Toten vergrößert hätte, die die Seele mit sich herumträgt? Totes Wissen, tote Erfahrungen, tote Erlebnisse – Ballast, lastend, lähmend...? Was haben die Millionäre von ihren Reisen? Von ihren Villen? Sie können so viel sehen, erleben, kennenlernen – aber was haben sie davon?

Man muss mit dem *Herzen* spüren, was demgegenüber Erkenntnissehnsucht ist. Heilige Sehnsucht, wie eine zarte Knospe, die nie altert, weil ihre Heiligkeit gehütet wird, wie ein zartes Feuer, das nie erlischt...

Sehnsucht ist deshalb Sehnsucht, weil sie jung ist. Wenn sie altert, ist die keine Sehnsucht mehr. Dann ist sie Langeweile, dann ödet eine neue Erkenntnis nur noch an, sie interessiert nicht mehr, sie ist unwesentlich. Erkenntnissehnsucht ist aber das Gegenteil. Sie ist das Ewig-Junge.

12. Januar

Die übrigen Tugenden helfen der Erkenntnissehnsucht, dass sie sich vor allem auf das Wichtigste richtet. Aber die Seele *weiß*, was das Wichtigste ist – denn sie selbst und alle Tugenden sind ja aus Gott geboren. Wie könnte eine Seele nicht eine allerinnerste Richtung auf das haben, woraus sie geboren wurde und von dem sie ihr Leben bekam?

Und das Andere ist dann die Sehnsucht danach, das immer mehr zu verstehen, was sie *selbst* ist, die Seele. Heute vergessen die Seelen sich so unglaublich stark. Aber die Tugend würde sein, wieder eine lebendige Erkenntnissehnsucht zu fühlen. Dass diese Sehnsucht da wäre, das wäre gerade die lebendige Tugend.

Und das Dritte ist dann die Sehnsucht, alles *Übrige* zu verstehen – weil es da ist. Und weil man selbst da ist. Und weil die Seele nicht dazu geschaffen wurde, verständnislos allem übrigen gegenüberzustehen und an allem übrigen vorüberzugehen – sondern sich dafür zu *interessieren*. Diese wunderschöne Kraft des Interesses ist also Teil dieser heiligen Tugend – nicht nur, aber auch.

So haben wir also Gott, die Seele selbst und die Welt in ihrer Schönheit. Und was kann die Seele nun über Gott wissen? Kann sie je etwas wissen? Geht es überhaupt um das Wissen? Es ist Erkenntnissehnsucht, die die Tugend ist! Erkennen ist nicht Wissen – es ist viel lebendiger, viel heiliger und viel zarter. Die Sehnsucht der Seele ist nicht, zu wissen, sondern zu erkennen. Und man sollte den heiligen Unterschied einmal sehr, sehr zart spüren...

,Und sie erkannten einander', heißt es in alter Sprache, wenn sich zwei Menschen liebten. Liebe hat mit Erkennen zu tun – und heiliges Erkennen hat mit Liebe zu tun. Sehnsucht hat auch mit Liebe zu tun. Wenn sich die Erkenntnissehnsucht auf Gott richtet, kommen wir zu etwas Unaussprechlichem. Gott ist unendlich heilig – aber auch das, was in der Seele dann lebt, ist bereits unendlich heilig. Man kann es nicht weiter beschreiben...

13. Januar

Und die Seele selbst? Was für ein heiliges, unendliches Geheimnis ist denn sie! Allein schon die Tugenden. Allein schon jede einzelne Tugend! Ein Wunder! Woher kommt das? Woher kommt die Sehnsucht? Die Erkenntnissehnsucht? Woher hat der Mensch ein Herz, das doch so innig mit der Seele verbunden ist, als das heilige Organ des *Fühlens*? Woher hat die Seele ein Denken? Woher weiß sie, was das *Gute* ist? Woher kommt das? Wieso trägt ein Mensch dieses unendlich heilige Wissen in seinem Herzen? Wieso ist dieses heilige Geheimnis, das Geheimnis des *Guten*, so sehr eins mit dem Herzen? Was ist dieses große, große Geheimnis des Herzens, das zugleich das Geheimnis der Seele ist?

Wenn man mit solchen Fragen begonnen hat, hört es nie wieder auf. Und Erkenntnissehnsucht bedeutet nicht unbedingt, Antworten zu bekommen. Es bedeutet ein heiliges Sich-Versenken in die Fragen... Ein Eintauchen, ein Versinken, wie in einem Meer – ein heiliges Versinken in heiligste, tiefste Fragen. Es bedeutet heiliges, schweigendes *Staunen*... Das könnte ein Widerspruch sein. Denn will nicht die Sehnsucht erkennen und nicht staunen? Aber es ist kein Widerspruch. Denn die Sehnsucht sehnt sich nach dem Ziel ihrer Sehnsucht. Das Ziel der Erkenntnis aber ist alles, auf das sie sich richtet. So ist die Erkenntnissehnsucht eigentlich Sehnsucht *überhaupt*. In der Erkenntnis vereinigt sich die Seele mit dem Erkannten. Es ist ein Prozess reiner Liebe... Deswegen geht es nicht um das schnelle Wissen, sondern um die Sehnsucht selbst. Erkenntnis, die nicht auf ihrem Weg zum Ziel *Liebe* wird, hat überhaupt keinen Wert. Deswegen ist ‚Erkenntnissehnsucht' ein schwieriges Wort. Man muss die Betonung auf ‚Sehnsucht' legen. Und man muss spüren, was darin enthalten ist. Es ist eine Sehnsucht, die über ein heiliges Sich-Versenken und ein heiliges Staunen zu einer heiligen Liebe führt – und diese Liebe *ist* dann das Erkennen. Sie wird eins mit ihm, weil sie eins wird mit dem Erkannten...

14. Januar

Wenn sich die Erkenntnissehnsucht auf die Welt richtet, so tritt die Seele in ein Liebesverhältnis zur Welt und ihrer Schönheit. Die Welt ist ‚kosmos'. Kosmos ist nicht nur eine wunderschöne Blume – die auch ‚Schmuckkörbchen' genannt wird (Körbchen wegen der Korbblüte) –, sondern Kosmos ist das griechische Wort für ganz vieles, aber alles gleichzeitig. Es bedeutet Ordnung, aber auch Schmuck, Glanz, und so eben auch *Schönheit*. Es ist weisheitsvoll geordnete, leuchtende Schönheit, die den ganzen Kosmos durchstrahlt, weil sie dieser Kosmos *ist*.

Man schaue sich nur einmal eine kleine Kosmos an – oder jede andere Blume! Man betrachte ein kleines Schneckenhäuschen. Man versenke sich in eine winzige Kleinigkeit dieser unendlich großen und unendlich vielfältigen Schöpfung. Man versenke sich in eine Kleinigkeit! Und man wird erkennen (erkennen!), wie schon hier eine ganze Welt, ein ganzer Kosmos von Schönheit *wartet*, gesehen, empfunden, geliebt und erkannt zu werden...

Ein Schmetterling... Ein Spinnennetz am frühen Morgen... Ein Tautropfen... Der Gesang eines Rotkehlchens... Der Ruf des Kuckucks am Waldrand! Die Schönheit des Kosmos schlägt in das Herz ein wie die erste Liebe... Und wenn die Sehnsucht zur Tugend wird, dann bleibt es die *einzige* Liebe, denn dann hört sie nie auf. Kosmos ist ein Einziges, alle Schönheit ist miteinander verbunden, wie durch ein heiliges Band, ein leuchtendes Gewebe, gewoben von Gott und allen Engeln. Und die Liebe, die sich auf diese ganze Schönheit richtet, auf alles Einzelne und auch auf das Ganze, ist auch immer die gleiche. Die Erkenntnissehnsucht aber führt, weil sie Liebe wird, auch zum Erkennen. Sie führt zum Erkennen des Zusammenhanges, aber auch zum Erkennen des Einzelnen.

Die Wissenschaftler erkennen unglaublich vieles. Aber die Seele erkennt viel mehr und viel tiefer. Sie erkennt zum Beispiel, dass die Schmetterlinge und die Blumen einander wirklich *liebhaben*. Sie erkennt, dass ein See das Auge einer Landschaft ist. Oder dass eine starke, alte Eiche wirklich genau dasselbe ist, was in der Seele die Treue ist. Man kann das nicht weiter beschreiben – aber das muss man auch nicht, denn das liebende Erkennen ist letztlich immer etwas Geheimes, es geschieht in der heiligen Intimität, in der die Seele mit dem Erkannten allein ist... Das Wunder der Geliebten...

Wahrhaftigkeit

15. Januar

Die nächste Tugend, über die ich diese Woche schreiben möchte, ist die Wahrhaftigkeit. Sie ist wie eine heilige Schwester der Erkenntnissehnsucht. Die Sehnsucht nach Erkenntnis führt zur Wahrhaftigkeit. Und die Wahrhaftigkeit führt zur Erkenntnis. So könnte man auch sagen, die Wahrhaftigkeit ist die Tochter der Erkenntnissehnsucht – und die Erkenntnis ist dann die Enkeltochter der Sehnsucht nach ihr...

Es ist schön, sich solche Bilder zu machen. Denn eigentlich macht man sie sich nicht, sie kommen zu einem – weil sie wahr sind. Die Wahrheit kann als Bild kommen. Denn was wäre damit gesagt, wenn man nur sagen würde ‚führt zu' – und wüsste gar nicht, was damit gemeint ist? Gemeint ist ein Geborenwerden. Das ist etwas sehr Wichtiges! Durch das eine kommt das andere zur Welt. Und vorher wächst es schon unsichtbar in dem einen heran...

Wenn man lange genug eine Sehnsucht nach wirklicher, nach heiliger Erkenntnis gehabt hat, wird man wahrhaftig. Vielleicht, weil man merkt, dass nur dadurch wiederum die Erkenntnis heranreifen oder herankommen kann? Ganz sicher deshalb!

Wahre Erkenntnis möchte, dass man sich ihr mit Ehrfurcht nähert. Sie ist ja heilig – also wie könnte man sich ihr je anders nähern? Etwa weil man zu stolz dazu ist? Dann ist man nicht tugendhaft, denn Stolz ist ein *Mangel* an Tugend... Tugenden sind die Schönheit der Seele, und ihr Gegenteil ist die Hässlichkeit der Seele. Die Erkenntnis wartet also, bis man schön genug ist, ihr unter die schönen Augen zu treten.

Damit meine ich nicht, dass der *Inhalt* einer Erkenntnis nicht auch hässlich, traurig, erschreckend und schlimm sein kann – aber die Erkenntnis selbst als *Prozess*, als Geheimnis, als Mysterium ist *heilig*. Es ist eine heilige Göttin... Ihr tritt man unter die Augen, wenn man sich einer Erkenntnis, als Inhalt, nähert. Vor dem Inhalt steht der Prozess, der Weg zum Inhalt. Und dieser Weg und sein Ziel, nicht als Inhalt, sondern *als* Erkenntnis an sich, ist die heilige Göttin...

16. Januar

Können wir das heute noch? Von heiligen Dingen reden? Von etwas, was so heilig ist, dass es natürlich kein ‚Ding' ist, sondern eben das Heilige? Wenn wir es nicht mehr könnten, wäre unsere Seele sehr, sehr arm – und sogar verloren. Die Seele *braucht* die Ehrfurcht, weil sie das Heilige sonst ganz verlieren würde. Deswegen ist auch Ehrfurcht eine Tugend. Aber die Erkenntnissehnsucht und die Wahrhaftigkeit *sind* die Ehrfurcht vor der Erkenntnis und der Wahrheit. Und wenn diese Ehrfurcht nicht sofort da ist, wird auch sie aus diesen beiden Tugenden geboren. Überhaupt ist ja jede Tugend ein heiliger Schatz, aus dem unendlich viel geboren werden kann. Zu jeder einzelnen Tugend gehören ganz gewiss noch zwölf weitere, die mit ihr zusammenhängen, Teil von ihr sind, aus ihr geboren werden können und so weiter.

Die Wahrhaftigkeit ist also die Ehrfurcht vor der Wahrheit. Und sie ist sozusagen die fortgesetzte Erkenntnissehnsucht, denn die Erkenntnis besteht ja aus der Wahrheit. Man kann nur die Wahrheit erkennen, was denn sonst? Wenn man eine Lüge erkennt, ist auch das die Wahrheit: dass es eine Lüge ist. Mit der Ehrfurcht vor der Wahrheit werde ich die Wahrheit schließlich auch erkennen – denn sie wird sich mir *schenken*... Aber nur, weil ich Ehrfurcht vor ihr hatte. Weil ich mich ihr hingegeben habe. Dann gibt sie sich auch hin. Sie schenkt sich, weil ich ihr vorher meine Wahrhaftigkeit und meine Sehnsucht nach der Erkenntnis geschenkt habe.

Das ist kein Tauschgeschäft, sondern etwas unendlich Heiliges. Meine Sehnsucht reicht grenzenlos in die Weite – und von der anderen Seite, jenseits der Unendlichkeit, kommt mir die Erkenntnis entgegen. Es ist Liebe, reine Liebe. Die Sehnsucht liebt die Erkenntnis – aber die Erkenntnis liebt auch die Sehnsucht. Würde sie sich ihr sonst schließlich schenken?

17. Januar

Und was ist nun Wahrhaftigkeit? Ehrfurcht vor der Wahrheit? Aber das bedeutet, dass ich die Wahrheit ehre. Und wie mache ich das? Es bedeutet nicht, dass ich sie fürchte – höchstens so, dass *ich* mich fürchte, sie nicht *genug* zu ehren. Ehrt man etwas denn, wenn man in Wirklichkeit nur so weitermacht wie immer? Nein, sondern wenn man sich wirklich fürchtet, etwas falsch zu machen – und zwar, weil man zu faul ist, es wirklich zu *meinen*. Erst die ‚Furcht' führt zu der wirklichen Anstrengung – zu einem aufrichtigen Sich-Anstrengen. Also das ist auch Aufrichtigkeit! Ich muss es schon mit der Aufrichtigkeit aufrichtig meinen. Ist das nicht etwas Wunderbares? Man muss es ernst meinen – das ist gemeint. Aber was ist nun wieder Ernst? Es wirklich meinen, mit seinem ganzen Herzen. Aber wenn das Herz gar nicht ernst sein kann? Man kommt mit diesen Erklärungen nicht ans Ziel – die Seele muss selbst *verstehen*, was gemeint ist. Und dann muss sie es so ernst wie nur möglich nehmen.

Damit sind wir auch wieder bei der Redlichkeit. Und wieder bei der Aufrichtigkeit. Und bei der Sehnsucht. Ohne all das kommt die Seele an keine Tugend heran. Die Aufrichtigkeit ist zugleich auch der Ernst der Seele! Wenn sie es mit ihrem *eigenen Bemühen* nicht aufrichtig meint, hat sie keinen Ernst. Es ist Wahrhaftigkeit gegenüber sich selbst, gegenüber dem eigenen Ernst, gegenüber der eigenen Aufrichtigkeit des Strebens nach den Tugenden. So wird also auch der Ernst aus der Wahrhaftigkeit geboren – nicht nur die Erkenntnis. Sie wird erst dann geboren, wenn die Wahrhaftigkeit ... ernst und wahrhaftig und aufrichtig *genug* ist.

Darum ist auch die ,Furcht' in der Ehrfurcht etwas Schönes und Heiliges. Denn wirkliche Verehrung ist *immer* auch – Furcht. Erst wenn man sich *fürchtet*, dass man der Wahrheit noch nicht würdig genug ist; erst wenn man sich fürchtet, dass die Wahrheit an einem *vorbeigehen* könnte, einen nicht beachten könnte, weil man nicht würdig genug ist ... erst dann weiß man, was wirkliche Ehrfurcht ist. Es ist wirklich die heilige Ehrfurcht vor einer Göttin...

18. Januar

Das alles ist heute vielen sehr schwer. Ich sehe das überall. Sehr, sehr schwer ist das. Aber warum eigentlich? Weil auch die anderen Tugenden nicht da sind! Aber wir können sie nur der Reihe nach kennenlernen, ich will sie jetzt nicht aufzählen – auch das wäre wieder ohne Ehrfurcht... Das kann man nicht machen, etwas Heiliges einfach aufzählen.

Aber trotzdem kann man doch einfach mit der Wahrhaftigkeit beginnen. Zuerst heißt es einfach: ehrlich zu sein. Sich nicht zu verstellen. Nicht zu lügen. Nicht zu schwindeln. Die Wahrheit nicht zu verdrehen. Man kann auch *Aufrichtigkeit* sagen. Und in dieser Bedeutung hat es wieder eine große Nähe zur Redlichkeit. Denn wer redlich ist, ist auch wahrhaftig – und umgekehrt. Aber das Redliche betrifft doch eher das Handeln und das Wahrhaftige das Sprechen ... und Denken. Man könnte auch sagen: Redlichkeit ist die Aufrichtigkeit des Handelns, und Wahrhaftigkeit ist die Redlichkeit des Sprechens und Denkens.

Ich bin wahrhaftig, wenn ich nicht lüge. Aber die Seele kann sich auch selbst belügen. Sie muss also auch sich selbst gegenüber wahrhaftig sein. Und das ist vielleicht am schwersten! Und warum? Weil man sich selbst am liebsten belügt. Andere Menschen belügt man nicht gern – bei sich selbst sieht man die Wahrheit nicht gern... Das heißt, die volle Wahrhaftigkeit findet man erst, wenn man damit auch bei sich selbst ankommt.

19. Januar

Aber nun heilt eine Wahrhaftigkeit die andere. Wenn man anfängt, anderen Menschen gegenüber ehrlich, aufrichtig und wahrhaftig zu werden, dann wird man es auch immer mehr sich selbst gegenüber. Denn die Seele ist untrennbar, und die Tugend auch. Wenn sie sich entfaltet, entfaltet sie sich in der *ganzen* Seele. Und wenn die Seele dann anfängt, sich selbst anzuschauen, dann wird sie da *auch* immer wahrhaftiger. Und umgekehrt, wenn man die Sehnsucht kennengelernt hat, sich selbst gegenüber wahrhaftig zu sein, wird man wohl kaum noch andere Menschen belügen können.

Die Liebe zu einer Tugend kommt oft erst, wenn man sie wirklich tut. Natürlich beginnt man damit bereits auch schon wegen einer gewissen, verborgenen Liebe. Und wie gesagt lügt ja kein Mensch *gern*. Es liebt also jede Seele bereits die Wahrhaftigkeit – aber doch nicht so sehr, dass sie nie lügen würde. Wenn man sich aber wirklich bemüht, wenn man sich also anstrengt mit so einer Tugend; wenn man sich bemüht, *ehrlicher* zu sein als sonst ... dann merkt man mit der Zeit, wie wohl das tut! Wie schön das ist. Wie glücklich man dann wird. Wie sehr die Seele ... *auflebt*. Sie lebt wirklich auf, sie beginnt zu atmen, zu blühen... Daran sieht man, dass die Tugenden *Leben* sind. Das wahre Leben der Seele. Wenn sie damit wirklich anfängt, wird sie tief, tief glücklich...

Aber es gibt auch einen Teil, der es anstrengend findet. Der sagt: Wäre es nicht besser gewesen, halb unwahrhaftig zu bleiben, wie früher? Das ist der faule Teil der Seele, der hässliche – der, der sogar so weit kommen könnte, *gerne* zu lügen. Die Seele muss sich anstrengen, nicht auf diesen Teil zu hören. Denn sonst wird es sehr, sehr gefährlich. Dieser Teil will nicht, dass die Seele schön wird. Dass sie wirklich glücklich wird. Dass sie zu blühen beginnt...

20. Januar

Wenn man dann die Wahrhaftigkeit tief genug lieben gelernt hat, weil man immer wieder erlebt hat, wieviel Glück sie der Seele *zurückschenkt*, dann beginnt sich etwas aus der Seele herauszulösen. Es wird dann wirklich eine Liebe zur Wahrheit selbst. Es geht nicht mehr darum, ob man sich wohlfühlt, wenn man wahrhaftig ist – vielleicht muss man darunter ja auch sehr viel leiden. Trotzdem liebt man die Wahrheit *selbst* so sehr, dass man schon um ihretwillen nicht mehr lügen möchte. Man würde lieber Leid auf *sich* nehmen, als die Wahrheit zu verletzen und leiden zu lassen. Die Wahrheit wird einem etwas sehr, sehr Heiliges. Und immer mehr. Das nimmt kein Ende. Es kommt so weit, dass man spüren würde, man würde seine Seele beschmutzen, ja schänden, man würde sich versündigen, wenn man unwahrhaftig wäre. Und man würde zugleich das heilige Wahrheitswesen verletzen, und beides ist einem furchtbar, man würde es nie mehr tun...

Und erst mit diesen allerheiligsten Gefühlen, mit diesem tiefen Erleben, was man mit jeder kleinsten Lüge *anrichten* würde, macht man sich für die Erkenntnis der heiligsten Wahrheiten würdig. Irgendwann liebt man das heilige Wesen der Wahrheit so sehr, dass man keinen einzigen *Gedanken* mehr denken kann, der nicht wahr wäre. Die eigene Seele wehrt sich dagegen! Zuerst will man es nicht mehr – und irgendwann kann man es nicht mehr. Man könnte es nur noch, wenn man sich wirklich zwingen würde ... aber man will es ja gar nicht. Das ist Wahrhaftigkeit – auf ihrer heiligsten Stufe. Eine tiefe, tiefe Liebe zur Wahrheit, die zugleich wirkliche Erkenntnis des heiligen Wesens der Wahrheit ist. Und ein tiefes, tiefes Nicht-mehr-die-Unwahrheit-sagen-Können und auch -nicht-mehr-denken-Können.

Dann hat dieses heilige Wesen der Wahrheit in der eigenen Seele *Wohnung genommen*. Das ist etwas unendlich Heiliges! Man kann es nicht mehr beschreiben. Die Sonne kann nicht zu den Blumen kommen, obwohl die Blumen die Sonne lieben und es bei den Blüten so aussieht, als sei eine winzige Sonne in die Pflanze hineingedrungen. Aber bei der Seele ist dieses unendlich Heilige möglich. Die Wahrhaftigkeit ist auch eine Liebe zu einer Sonne – und dieses leuchtende, heilige Wesen ist das Heiligste, denn nichts ist außer der Wahrheit...

Glaube

21. Januar

Und heute möchte ich beginnen, die nächste Tugend zu beschreiben, denn ich leide schon die ganze Zeit daran, dass das Jahr mit einem Montag begann, der wahre Beginn der Woche aber der Sonntag ist! Heute ist Sonntag – und heute beginne ich mit der neuen Tugend. Die Tugend der vergangenen Woche war die Wahrhaftigkeit, die wie eine Blume der Sonne entgegenlebte, um diese zu empfangen: die Wahrheit. Also wäre der Sonntag der Tag der Wahrheit. Ist das nicht wunderbar? Die neue Tugend, die an diesem Tag aber beginnt und von der ich in dieser Woche schreiben möchte, ist der *Glaube*.

Man versteht ja die Tugenden heute gar nicht mehr. Schon mit der Redlichkeit war es so. Und mit dem Glauben ist es noch schlimmer. Redlichkeit gilt heute als Naivität, weil alle anderen nicht mehr wirklich redlich sind. Glaube gilt als Dummheit, weil alle anderen nicht mehr glauben – und nicht mehr wissen, was Glaube überhaupt ist. Glaube aber ist nicht einfach ein ‚Für-wahr-Halten', was man auch lassen könnte, um etwas *anderes* für wahr zu halten.

Glaube ist Wissen – aber ein Wissen des Herzens. Und morgen schreibe ich davon weiter...

22. Januar

Glaube ist ein Wissen des Herzens, schrieb ich. Natürlich ist es mit dem gewöhnlichen Glauben nicht so – da ist es wirklich nur das, was man gerade für wahr hält, weil es einem wahrscheinlich genug erscheint. Es gibt ja Spiele, wo man sogar damit spielt, Wahrheit und Lüge zu unterscheiden. Es werden sinnloseste Dinge ausgesagt, die man, weil sie so sinnlos sind, unmöglich wissen kann, und dann wird gefragt: richtig oder falsch? Man kann nur raten. Ist es absurd genug, um wirklich falsch zu sein – oder kann es gar nicht absurd genug sein, um es trotzdem zu geben? Und dann glaubt man eben dies oder jenes, wahr oder falsch, aber in Wirklichkeit rät man nur. Irgendetwas in der Seele findet es zu absurd oder eben doch irgendwo möglich.

Das hat mit Glauben nichts zu tun. Das ist eine *Beleidigung der Seele*. Man beschmutzt seine Seele mit Müll – und macht sich ein Spiel aus dem, was eigentlich etwas ganz und gar Heiliges sein sollte: der Glaube...

23. Januar

Wenn ich aber etwas glauben soll, was mit Erfahrungen verbunden ist, wird das Wissen schon sicherer – und trotzdem ist es meistens kein Wissen, man *denkt* es nur. Wenn ich noch nie in Amerika war, kann ich nicht sicher sein, dass es Amerika gibt – aber fast sicher, weil ständig darüber berichtet wird, sogar von Menschen, die ich selbst kenne. Aber was heißt dies eigentlich? Es heißt, dass ich all diesen Menschen glaube! Natürlich tue ich es, weil es gar nicht sein kann, dass alle lügen – ich kann es mir jedenfalls nicht vorstellen. Ich kann nur glauben. Aber gerade das ist es: Glauben ist ein Wissen. Ich *weiß*, dass nicht alle lügen können. Nicht, weil es absolut unmöglich wäre, aber weil ich es einfach weiß. Ich glaube es ganz sicher, dass nicht alle lügen.

31

Wissen kann ich nur, was ich selbst erlebt habe, ohne jeden Zweifel. Aber selbst dann glaube ich dem, was ich gesehen habe – ich glaube meinem eigenen Sehen...

Glaube ist also überhaupt nichts Schlechtes. Er ist notwendig. Würde man nicht glauben können, dann würde man zugrunde gehen. Nicht alles gleich zu glauben, mag auch notwendig sein. Aber wichtiger ist heute eigentlich, wieder mehr zu glauben – denn Unglaube und Misstrauen macht die Seele *krank*. Aber die anderen Tugenden helfen der Seele ja, das Wahre zu glauben und nicht das Falsche. Die Wahrhaftigkeit weiß, in welcher Richtung die Wahrheit zu suchen ist, so, wie die Blume weiß, wo die Sonne ist. Also ist auch der *Glaube* nicht blind, sondern sehend. Er hat seine Gründe.

24. Januar

Die Seele lebt heute sehr in der äußeren Welt. Deshalb könnte man denken, dass man nur wissen kann, was man auch sehen kann – oder dass es sogar nur gibt, was man sehen kann. Aber das stimmt nicht. Und man kann sogar lernen, Dinge zu sehen, die andere nicht sehen. Man kann zum Beispiel sehen, ob jemand die *Wahrheit* sagt, jedenfalls das, was für ihn selbst eine Wahrheit ist. Man kann sehen, ob jemand lügt. Auch das nicht vollkommen sicher, aber immer sicherer.

Vollkommen sicher ist man auch nicht, ob man in Amerika ist, wenn überall ‚Amerika' steht. Vielleicht gibt es noch einen anderen Kontinent, der unbedingt ‚Amerika' sein will. Das ist nur ein Beispiel. Man kann Aufrichtigkeit sehen. Natürlich kann man auch an einen Menschen geraten, der unbedingt aufrichtig erscheinen will – und deshalb unglaublich geübt hat, so auszusehen, obwohl er es nicht ist. Man kann es letztlich nur *glauben*. Aber immer mehr wird der Glaube ein Wissen.

Oft ist der Glaube aber auch schon ein Wissen, ohne dass man es weiß. Wenn ich zum Beispiel im Januar einen Baum sehe, sehe ich abgestorbene Blätter. Ich weiß nicht, ob der Baum noch lebt, ich kann es nur vermuten, weil es unwahrscheinlich ist, dass einfach so tote Bäume herumstehen. Aber was mein Kopf nicht weiß, weiß mein Herz vielleicht doch. Und dann *denke* ich nur, ich glaube, dass der Baum noch lebt, dabei *weiß* ich es!

Man kann auch etwas wissen, was noch nicht stimmt. Das klingt merkwürdig, aber es ist wahr. Wenn zum Beispiel ein Bettler mich um Geld bittet, weil er etwas zu essen kaufen will, und ich *glaube* ihm und gebe ihm Geld. Und wenn er dann in Wirklichkeit Bier kauft. Habe ich mich dann getäuscht? Oder habe ich ehrlich gesehen, dass auch er ehrlich sein *könnte* – auch wenn er es diesmal noch nicht geschafft hat? Vielleicht weiß ich ja mehr von ihm als er selbst von sich? Ich habe ihm geglaubt – aber zugleich habe ich gewusst, dass er ehrlich sein kann, und mein Glaube war auch dieses Wissen. Diesmal hat er es noch nicht geschafft – und doch habe ich ihm schon diesmal geglaubt, weil ich weiß, dass er es hätte schaffen können, und weil ich weiß, dass er es eines Tages schaffen wird. Vielleicht noch nicht in diesem Leben. Aber vielleicht habe ich ihm geholfen, es eines Tages zu schaffen – auch das glaube ich fest ... und weiß es.

Ist das nicht etwas Wunderbares? Dass der Glaube hilft, etwas Wirklichkeit werden zu lassen, was dann so wirklich ist wie das Wissen, was man dann auch wirklich haben kann? Aber der Glaube hat es schon vorher...

Wenn man an andere Menschen glaubt, verändert das immer die Realität – wie unscheinbar es zunächst auch sei. Es kann aber auch riesig sein. Mancher Mensch braucht nur *einen* einzigen Menschen, der an ihn glaubt, und schon ändert sich alles.

Der Glaube an einen anderen Menschen weiß immer mehr als dieser Mensch selbst – oder mindestens genauso viel. Der andere Mensch kann diesen Glauben dann ,enttäuschen', aber damit enttäuscht er auch sich selbst. Aber eines Tages wird er sich selbst

33

und den Glauben an ihn nicht mehr enttäuschen – und dann wird er sein, wer er wirklich sein kann. Und der Glaube an ihn wusste es schon immer... Der Glaube weiß es. Auch wenn es nie geschehen sollte – es läge nicht am Glauben. Er hätte immer gewusst, was möglich gewesen wäre, und es war möglich, er weiß es.

Dass etwas nicht eintritt, ist nie ein Beweis dafür, dass es nicht jederzeit hätte eintreten können. Aber weil es die Zukunft betrifft, und einen anderen Menschen, kann der Glaube nur der Möglichkeit sicher sein – was der andere Mensch macht, liegt ja trotzdem bei ihm. Aber der Glaube glaubt – und er weiß, dass er damit Recht hat... Der Nicht-Glaube wäre es, der keine Ahnung hätte, der überhaupt nicht weiß, wozu der andere Mensch in der Lage ist. Der Glaube weiß es, und er lässt sich davon auch nicht abbringen.

27. Januar

Und nun kann sich der Glaube aber auch auf das ganz Unsichtbare richten – also auf Gott. Aber für den Glauben wird Gott plötzlich überall sichtbar. Denn der Glaube *sieht* auf einmal, was er weiß – dass es Gott gibt und wo überall dessen Spuren und Offenbarungen zu sehen sind.

Es ist ja nicht so, dass der Mensch an etwas Unsichtbares, nie zu Beweisendes glaubt und sein übriges Leben einfach so weitergeht. Sondern der Glaube sieht, was der Unglaube nicht sieht. Der Unglaube ist nicht etwa blind, er ist nur zu dumm, seine Augen wirklich aufzumachen. Und also ist er doch blind. Schon das kleinste Spinnennetz in seiner ganzen Schönheit *beweist Gott*.

Niemals wäre so viel Schönheit auf Erden möglich, wenn es keine Schöpfung gäbe. Die Natur ist nicht einfach nur sinnvoll, angepasst oder was auch immer – sie ist auch ein Wunder an Schönheit. Sie ist so unglaublich schön, dass es im Innersten wehtut, es schmerzt im Herzen, so viel Schönheit zu sehen. Aber um sie zu sehen, braucht es noch andere Tugenden. Also braucht der Glaube vielleicht Hilfe. Und trotzdem wachsen auch dem Glauben selbst Augen, wenn er erst einmal angefangen hat...

Aber es gibt unendlich viel, wodurch das Herz weiß, dass es Gott geben muss, dass es ihn wirklich und wahrhaftig gibt. Unendliche Schönheit ist nur eines von ganz Vielem, was dem Herz diese Antwort unmittelbar sagt. Und *dieses* – dieses absolut sichere Wissen, das ist Glaube. Nichts anderes. Glaube ist Wissen – aber mit der ganzen Seele. Solange der Kopf von selbst nur glaubt, was er sieht, muss er glauben *wollen*. Die Seele aber *weiß*.

Unschuld

28. Januar

Die Tugend, die ich in dieser Woche beschreiben möchte, ist die Unschuld. Sie ist die wahrhaft heilige Tugend. Sie ist gleichsam das Herz der Tugenden – denn eigentlich sind alle Tugenden eine Rückkehr der Seele zur Unschuld, weil die Unschuld das wahre Wesen und Leben der Seele ist. Aber die Unschuld ist eben diese Tugend *selbst*.

Und deshalb ist sie sozusagen die Tugend der Rückkehr... Es ist die Tugend des ‚verlorenen Sohnes', die wahrhaft religiöse Tugend, im Sinne von: Wiederfinden... Unschuld ist das Wiederfinden zum heiligen Herzen der ganzen Seele und von da aus das Wiederfinden von allem übrigen.

Aber das wird nicht verstanden. Man sagt dann immer: ‚Man kann nicht zurückgehen'. ‚Das ist nicht möglich'. ‚Man muss vorwärtsblicken'. Aber das alles ist nicht wahr. Dieses heilige Zurückkehren ist gleichzeitig ein allergrößtes Vorwärtsschreiten. Es ist das größte ‚Vorwärts' überhaupt. Hier – hier und nirgendwo sonst – liegt die *reine Zukunft*. Unschuld ist nicht Vergangenheit – Unschuld ist Zukunft.

Das Paradies ist Vergangenheit, aber die Schuld ist auch Vergangenheit, alles, überall Vergangenheit: Schuld. Nun sagt man: ‚Einmal schuldig, immer schuldig, die Rückkehr zur Unschuld ist *unmöglich*.'

Natürlich, man kann die Vergangenheit nicht rückgängig machen. Aber das bedeutet nicht, dass das ‚Un' der Unschuld abgefallen wäre wie ein Blatt von einem Baum im Herbst und man nun für immer im Zustand der Schuld bleiben müsste. Denn es gibt ja auch den Frühling... Und die neue Unschuld ist eine *neue* Blüte, die es bis dahin nicht gab. Unschuld ist *Zukunft*...

29. Januar

Schuld ist immer Tod. Und Unschuld ist immer Leben. Gerade deshalb sind ja auch die Pflanzen so unschuldig – sie sind reines Leben, weil sie reine Unschuld sind. Aber sie haben noch keine Seele. Sie *können* nur unschuldig sein. Der Mensch aber kann schuldig werden. Und das Erste, was dann stirbt, ist ... die Unschuld selbst. Und dann stirbt langsam die Seele – denn die Unschuld ist ja das *Leben* der Seele.

Und was tritt an die Stelle der Unschuld? Der Selbstbezug der Seele. Jetzt ist sie nicht mehr unschuldig, jetzt liebt sie *sich*. Sich mehr als alles andere. Sich, sich, sich. Und so stirbt sie, weil sie immer mehr nur noch wie ein einsamer Stein in einem großen Meer ist, felsenfest, nicht von sich loskommend. Manchmal starr und hart gegen die Wellen, manchmal völlig von ihnen überspült, oder auch bedeckt von Schlick und Algen, immer aber dieser Fels. Tot und einsam. Man nennt das dann ‚Bewusstsein', ‚Ich-Bewusstsein', aber es ist ein Bewusstsein, dass durch solchen Tod erwacht. Es braucht diesen Tod, um zu erwachen. Der Selbstbezug *ist* gerade das Erwachen – aber dadurch ist man auf einmal nur noch ... man selbst.

Schuld ist Tod, Tod des vorherigen Lebens, und im Tod erwacht dieser kleine Fels – und das ist seine Schuld, dass er so klein und felsig geworden ist. Seine Unschuld hat er verloren, und damit auch alles Leben, was er hatte... Denn vielleicht war er vorher das ganze Meer – aber das weiß er nun nicht mehr, und er ist es auch nicht mehr.

36

Aber die Unschuld ist das Gegenteil. Nur wird ein toter Fels nicht von alleine wieder das heilige Meer – oder auch nur ein Fisch, der im ganzen Meer herumschwimmen kann, weil er das Meer liebt und das Meer ihn. Also was kann der Fels tun? Er bräuchte zuerst eine *Sehnsucht*. Und man könnte die Tugend zuerst auch *Unschuldssehnsucht* nennen – so, wie auch die Erkenntnissehnsucht eine Tugend ist. Aber Erkenntnis ist ja immer etwas Einzelnes, auch wenn die höchste Erkenntnis etwas Umfassendes sein kann. Die Erkenntnis selbst kann man aber schlecht ‚Tugend' nennen. Es ist aber eine Tugend, sich nach der Erkenntnis zu sehnen und eine solche Sehnsucht zum Leben der Seele zu machen. Bei der Unschuld ist dies anders. Einer Sehnsucht nach ihr wird sie selbst folgen, denn die Sehnsucht führt zu ihr hin – und die Unschuld kommt wie die Erkenntnis der Sehnsucht *entgegen*. Dann aber wird sie sich der Seele auch schenken. Die Erkenntnis wird, wenn sie sich schenkt, ein heiliges Wissen. Die Unschuld bleibt, was sie ist – Unschuld...

Darum kann man sich nach der Unschuld sehnen, aber wenn sie sich mit einem vereint, dann muss man sie hüten – und gerade dieses Hüten ist dann *selbst* Unschuld, die Tugend der Unschuld, des Bleibens der Unschuld, weil sie gehütet wird.

Früher kannte man diese Tugend der Unschuld auch. Da nannte man sie Keuschheit. Aber das bezog sich nur auf den Leib – und es war eine von Anfang an bewahrte Unschuld. Natürlich konnte man auch zur Keuschheit zurückkehren. Und daran sieht man schon, dass das möglich ist, eine Rückkehr zu dem, was man verloren hat. Nur ist die verlorene Unschuld hier, im Leiblichen, für immer verloren. Man kann seine Unschuld nur einmal verlieren... Danach kann man vielleicht zur Keuschheit wiederfinden, nicht aber seine einmal verlorene Unschuld wiederfinden.

Aber allein schon an der Keuschheit kann man viel über die Unschuld lernen – wenn man es schaffen würde, sie zu *fühlen*. Was sie ist, diese Keuschheit. Keuschheit muss man *fühlen* – alles andere nützt gar nichts. Man kann über sie nachdenken, dann kann man sie zum Beispiel verspotten. Man könnte sie sogar wollen, aber das würde auch nichts nützen. Keuschheit ist etwas, was man fühlen muss – sonst hat man sie nicht. Enthaltsam leben bedeutet nicht keusch sein. Keuschheit ist wirklich ein Fühlen. Es ist das ganz und gar *unschuldige* Fühlen. Die Unschuld *möchte* nicht von etwas anderem ‚beschmutzt' werden. Das ist ihr heiliger Wille: Unschuld zu bleiben. Aber dieser Wille geht aus einem Fühlen hervor, und dieses Fühlen *ist* die Keuschheit. Es ist eine heilige Unschuld im Fühlen.

Man würde nicht keusch sein, höchstens äußerlich, wenn man unkeusche Gedanken hätte. Man würde nicht keusch sein, wenn man Unkeusches wollen würde. Aber man will es nicht und man denkt es nicht einmal, weil man es nicht *fühlt*. Man fühlt auch nichts Unkeusches, und das ist der Ursprung. Die Seele ist ganz und gar rein – und das beginnt im Herzen. Es ist das Herz, das keusch ist – und darum ist es auch das Denken und der Wille und der Leib.

1. Februar

Aber die Keuschheit muss sich ja nicht nur auf den Leib beziehen. Sie kann sich auch auf die Seele *selbst* beziehen. Und das beginnt ja wieder im Herzen. Sogar die *Sehnsucht* nach der Unschuld ist bereits wieder eine zart beginnende neue Unschuld. Es ist ein Fühlen, das fühlt, dass es nicht mehr schuldig sein möchte... Aber wenn es *das* fühlt, hat es bereits ein Gefühl, das – unschuldig ist.

Aber wie wird nun die ganze Seele unschuldig? Zuerst muss auch das übrige Fühlen unschuldig werden. Das bedeutet, die Sehnsucht muss so groß werden, dass für die Schuld überhaupt kein Platz mehr bleibt. Die Sehnsucht wird ein Meer ... und sie spült die Schuld einfach fort. Und dann verzieht sich der Sturm, und das Meer liegt wieder sanft und ruhig da, aber der Stein ist weg, denn jetzt ist das *Meer* die Seele und nicht mehr der Stein.

Aber was ist dieses Meer? Es ist eben die Unschuld selbst. Und warum? Weil es nicht der Stein ist. Aber was ist der Unterschied zwischen Meer und Stein? Das Meer ist viel größer – aber es ist auch viel weicher. Und das Geheimnis der Unschuld ist gerade dies – ihre Sanftheit, ihre Zartheit. Das Meer kann auch wild sein, aber jetzt geht es um das Wasser. Die Unschuld ist zart – das ist ihr Wesen. Die Unschuld ist nie der Stein, sie ist das Wasser, sie ist die Sanftheit schlechthin. Und so, wie das Wasser sich an alles anpasst, nie seine eigene Form behalten will, weil es keine eigene hat und keine eigene braucht, außer, dass es *Wasser* ist, so ist auch die Unschuld ... reine Offenheit.

Es ist auch ein heiliges Geheimnis, dass gerade dann, wenn die Seele sich öffnet, das Wasser der Tränen erscheinen kann. Wenn die Seele weint, ist sie aber auch immer unschuldig... Und es ist das Wasser des *Meeres*, denn es ist salzig. Wenn die Seele weint, wird sie zum Meer – und das Meer bringt ihr die Unschuld wieder. Das sind alles heilige Zusammenhänge...

2. Februar

Wenn aber das Fühlen unschuldig wird, dann wird auch alles andere unschuldig, denn das Fühlen ist das Herz der Seele. Wenn die Seele unschuldig *fühlt*, dann kann sie auch unschuldig schauen, unschuldig denken und unschuldig wollen...

Und was heißt unschuldig schauen? Es heißt: Eintauchen... Denn wenn die Seele bei *sich* bleibt, dann schaut sie ja gar nicht. Sie sieht etwas, sie registriert, sie starrt, sie glotzt und sie bleibt blind. Oder arrogant. Oder beurteilend. Das alles ist kein *Sehen* – und es ist erst recht kein Eintauchen. Die unschuldige Wahrnehmung taucht völlig ein – und schon wieder haben wir das Meer. Aber wenn die Seele selbst Meer geworden ist, braucht sie davor ja gar keine Angst mehr zu haben. Sie kann in alles eintauchen, weil vorher schon das unschuldige Fühlen in *sie* eingetaucht ist – und sie in dieses. Das Meer des unschuldigen Fühlens...

Wenn die Seele ein solches Meer wird, hat sie keine Schwierigkeiten mit dem Eintauchen. Sie wird es lieben – weil sie wissen wird, dass dies der einzige Weg wahrer Begegnung ist. Begegnung hört aber auf, ein ,gegen' zu werden, es wird *Vereinigung*. Jede Wahrnehmung wird eine Hochzeit. Jede Wahrnehmung wird etwas zutiefst Heiliges. Das ist die Unschuld in der Wahrnehmung. Die Seele gibt sich hin, als Braut... Die wahre, die unschuldige Seele ist die ,Königin des Meeres' – und sie gibt sich dem hin, was sich umgekehrt *ihr* schenken möchte, was nur darauf wartet, dass sie es wahrnimmt, unschuldig wahrnimmt. Wahr, wie es ist...

Fast alle Dinge, Tatsachen und Wesen sind viel unschuldiger, als wir sie wahrnehmen, weil wir sie eben *nicht* wahrnehmen – sondern beurteilen, immer in Bezug auf uns. Und wir, wir, wir im Mittelpunkt. Aber wirkliches, heiliges Wahrnehmen ist das Gegenteil. Es ist ein Meer von Unschuld, das einem anderen Meer begegnet – und dieses andere ist meistens auch viel unschuldiger und schöner, als wir denken. Zuerst muss die Seele die Braut der *Unschuld* werden – muss *selbst* Unschuld werden, und dann kann sie unschuldig wahr-nehmen, was wahr ist, und sogar das, was noch nicht wahr ist, aber wahr werden könnte... Die Unschuld, die selbst etwas Zukünftiges ist, sieht sogar das, was im anderen noch zukünftig ist.

3. Februar

Und das Denken wird unschuldig, wenn es mit dem ständigen Urteilen aufhört. Das Urteilen ist der fortwährende Selbstbezug, die Schuld und das Steinwerden der Seele im Denken. ,Wer unter euch ohne Schuld ist, der werfe den ersten Stein.' Aber die Schuld ist selbst ein Steinwerden. Die Urteile sind Steine, die geworfen werden. Wer die Unschuld wiederfindet, *kann* keine Steine mehr werfen – denn er hat keine mehr...

Das Meer der unschuldigen Seele ergießt sich auch in das Denken. Und so kann die Seele auch *denkend* in das andere eintauchen, ohne *selbst* zu denken – sie denkt zwar, aber es ist nur die Bewegung des Wassers selbst, die sie führt, denn sie ist die Eintauchende. Geformt wird das Wasser nicht von ihr, sondern von der Wirklichkeit des anderen. Das andere denkt sich in ihr – aber in seiner Wahrheit. Und mit der gleichen Unschuld kann die Seele auch zuhören. Sie hört einfach zu – nichts weiter. Es ist das Meer der Unschuld selbst, das dann zuhört. Man sagt heute manchmal ‚Empathie' – aber was ich hier beschreibe, geht unendlich tief. Wenn die Empathie wirklich ein Meer wird, das mit dem Meer des anderen eins wird, dann wird es wahr. Nicht nur ein ‚Mitfühlen' – sondern ein wirkliches ‚Einfühlen', aber so, dass es vollkommen ist. Man *wird* das andere. Man sollte nicht Einfühlen, sondern Eintauchen sagen. Eintauchen mit der ganzen Seele, und ihr Mittelpunkt ist das Fühlen, und dies allein ist schon ein Meer...

Spüren, was die Blume spürt... Das hat Rilke geschrieben. Aber das kann man nur, wenn die Seele dieses Meer geworden ist. Ein Meer von Unschuld. Reines Fühlen – reines, zartes Fühlen. Fast *noch* unschuldiger als die Blume. Denn man muss sogar fühlen können, was die einzelne *Schneeflocke* fühlt, ja sogar, was sie *will*, in all ihrer Unschuld. Das ist die tiefste Unschuld. *Alles* fühlen zu können – weil die Seele selbst weiß und rein, heilig und unschuldig wie Schnee geworden ist. Und zugleich rot wie Blut – aber das kommt noch, es ist eine andere, heiligste Tugend...

Das heilige Bild der Unschuld ist die Lilie. Und die Taube. Und der Schnee. Und was Unschuld ist, kann man nur *fühlen*...

Ehrfurcht

4. Februar

Nun muss ich über die Ehrfurcht schreiben. Sie ist die heilige Schwester der Unschuld. Und nur weil man die Unschuld nicht mehr kennt, weiß man auch von der Ehrfurcht nichts mehr. Dennoch glaubt man etwas zu wissen – aber es ist nicht wahr. Denn die heilige Ehrfurcht wurde von den Menschen zu sehr missbraucht. Sie wurde verlangt, gefordert, befohlen ... aber wie kann je eine heilige Seelenregung befohlen werden? So kann das heilige Leben der Seele nur vernichtet werden. Und an seine Stelle tritt ... Gehorsam. Äußerer Schein. Verhärtung. Leben im Äußeren. Verrat am Inneren – am heiligen Inneren...

Dieser Verrat ging und dauerte so lange, dass heute die Seele nicht einmal mehr weiß, was wirkliche Ehrfurcht ist. Echte, wahre, heilige, kostbare Ehrfurcht... Sie weiß nicht einmal mehr, was ‚echt', ‚wahr', ‚heilig' oder ‚kostbar' bedeutet, nicht hier, nicht da, wo es die Seele selbst betrifft. Denn sie weiß nicht einmal mehr von sich selbst, sie hat sich völlig verloren. Und so verlor sie auch die heilige Ehrfurcht – jenes Leben, wo sie so sehr sie selbst wäre, Seele...

5. Februar

So, wie man das heilige Leben der Seele niemals fordern kann, so kann man auch die Ehrfurcht nicht fordern. Man kann einen Kuss nicht fordern, man kann Liebe nicht fordern, nicht Freude, nicht Trauer. Fordern kann man alles – aber wenn es überhaupt erscheinen würde, würde es ganz seine Aufrichtigkeit verloren haben, seine Heiligkeit, seine tiefe Reinheit – seine Unschuld...

Das Leben der Seele kann nur dann ein echtes und heiliges sein, wenn es *von selbst* aufblühen darf. Es muss in voller Unschuld von selbst da sein. Es ist die heilige Blume der Seele – ihr Leben. Auch eine äußere Blume kann man nicht aus dem Boden ziehen, um sie zum Blühen zu bringen. Um wieviel weniger das heilige Leben der Seele! Wenn es nicht von selbst blüht, aufblüht, vollkommen rein und unschuldig, wird es zu etwas völlig anderem. Anerzogen. Äußerlich. Maske. Gewohnheit. Pflicht. All dies ist schrecklich! Es vernichtet das Einzige, wirklich das Einzige, was allein Wert hat: das unschuldige *eigene* Leben der Seele. Die Seele muss das heilige Leben selbst finden – und nur dann *ist* es heilig, nur dann *ist* es Leben und nur dann ist es rein Seele, wirklich nur sie, heilige Seele...

6. Februar

Also die Ehrfurcht. Durch die jahrhundertelange Schändung der Ehrfurcht hat die Seele sogar die Ehrfurcht vor dem *Wort* verloren. Sie will damit nichts mehr anfangen, und sie kann es auch nicht mehr. Wie aber könnte ohne Ehrfurcht schon das *Wort* verstanden werden? Für *jedes* Verstehen, überall und immer, bräuchte es die Ehrfurcht, wo immer das Verstehen zu dem heiligen Wesen kommen will. Ohne Ehrfurcht braucht man dies gar nicht zu versuchen, denn man wird nirgendwo ankommen. Nur beim Alleräußerlichsten – nur da wird man irgendwo ankommen, und man wird überall nur beim Alleräußerlichsten ankommen. Ohne die Ehrfurcht kommt man nirgendwo an – denn man macht sich gar nicht auf den Weg! Die Ehrfurcht ist also die heilige Tugend des Sich-auf-den-Weg-Machens... Aber dieser heilige, dieser lange, lange Weg, könnte vielleicht allein nur darin bestehen, seinen Kopf in aller Aufrichtigkeit zu senken. Und wie lang wird diese Reise der Seele heute! Sie tritt sie gar nicht an, sie macht sie nicht. Sie macht sich nicht auf den Weg, sie bleibt zu Hause – zu Hause in ihrem Hochmut. Zu Hause in ihrer *verlorenen Unschuld.* Denn die Unschuld würde sich sofort auf den Weg machen. Sie würde immer schon auf dem Weg *sein.* Siehe – die Unschuld. Und siehe – ihre heilige Schwester, die Ehrfurcht. Sie gehen immer Hand in Hand, denn es sind Schwestern.

7. Februar

Wenn die Seele ihren Hochmut nicht hätte, so hätte sie sich ihr heiliges Leben bewahren können. Der Hochmut hat es vertrieben. Er ist wie ein Gift in die Seele eingedrungen – und nicht *wie* ein Gift, sondern er *ist* ein Gift. Er, der Hochmut, ist gerade das Gift, das alle Tugenden aus der Seele vertreibt. Das sie vernichtet, tötet und sich an ihre Stelle setzt.

Und hier setzt er an: bei der heiligen Unschuld und ihrer Schwester. Er hat sich aber die Unschuld als eigentliches Opfer gesucht. Sie ist wie dieses aller-allerschönste Mädchen, das er erst schänden und dann töten will – und er tut es, und er hat es längst getan. Er hat die Unschuld geschändet und dann getötet. Und dann hat er dasselbe mit ihrer Schwester getan.

Zwei heilige Schwestern, eine schöner als die andere – aber das konnte sein Herz nicht erreichen, denn der Hochmut *hat* kein Herz. Er hat sein schändliches und mörderisches Werk vollbracht und *sich* an ihren Platz gesetzt. Und als die Unschuld nicht mehr das Heiligtum in der heiligen Mitte der ganzen Seele hüten konnte, da konnte der Hochmut mit Leichtigkeit auch alle *anderen* Tugenden aus der Seele vertreiben.

Er war nun der große Herrscher, dieses hässliche Großmaul, das sein schmutziges Grinsen zeigt und die Füße hochlegt und dennoch glaubt, etwas zu *sein*. Sogar auf seine eigene Hässlichkeit bildet er sich noch etwas ein! Er ist aber nur ein Schänder und ein Mörder...

8. Februar

Wenn man wirklich Ehrfurcht hätte, würde man das Werk des Hochmuts erkennen können. Wenn man Ehrfurcht hätte, würde man um die beiden heiligen Schwestern weinen können – aber dann würden sie ja zurückkehren! Im selben Moment, wo die unschuldigen Tränen der Ehrfurcht die Seele wieder benetzen würden, würden auf dem heiligen Weg der Tränen beide Schwestern wieder zurückkehren können, auferweckt zu neuem Leben...

Und mit heiliger Gebärde, mit heilig-unschuldiger Weihe-Macht, die zugleich nichts anderes als heilige Anmut und die Anmut des Heiligen ist, würden sie den Hochmut aus der Seele weisen. Sanft wie ein Engelsflügel – und doch müsste der Hochmut weichen. Kein Fußbreit würde ihm in jener Seele bleiben, die die beiden Schwestern zurückruft...

Die beiden heiligen Schwestern, innig geliebt von allen Engeln! Die Unschuld ist wirklich das heilige Leben der Seele selbst – und die Ehrfurcht jene heilige Regung und jenes heilige Leben, mit dem sich die Seele *anderem* Heiligen zuwendet. Die Unschuld aber ist sich ihrer eigenen Heiligkeit gar nicht bewusst, und ihre Schwester, die Ehrfurcht, auch nicht. Und so wenden sie sich dem einzigen Heiligen zu, was sie sehen – dem Heiligen außerhalb von sich. Unschuldige Ehrfurcht...

Ach – am liebsten würde ich immer beide Schwestern erwähnen, niemals die Unschuld vergessen, die wirklich den heiligen Mittelpunkt hütet, das heilige Herz der Seele! Sie hütet diesen Mittelpunkt mit einer Treue und Aufrichtigkeit, dass man sie schon schänden und töten muss, um dieses Heiligtum an sich zu reißen. Aber ich vergesse sie nicht, auch wenn ich jetzt nur noch die Ehrfurcht erwähne. Und jeder andere gedenke auch in jedem Moment der Begleitung ihrer Schwester!

Die Ehrfurcht sieht das Heilige – und heiligt es. Die Ehrfurcht ist das heilige Leben der Seele *gegenüber* dem Heiligen. Man kann sagen, die Ehrfurcht ist das Auge gegenüber dem Heiligen *und* die Reaktion der Seele auf dieses. Aber diese ‚Reaktion' ist selbst heiliges Leben! Das muss man spüren. Heiliges Leben außerhalb weckt heiliges Leben innerhalb – und tut dies, weil es *erkannt* wird. Das wirkliche Auge aber ist wieder die Unschuld. Sie ist es, die das Heilige außerhalb erkennt – und ihre Schwester, die Ehrfurcht, eilt hinzu, um es ... zu ehren.

Ich sehe also, ich kann von den Schwestern niemals allein reden – nur von der Unschuld, nicht aber von der Ehrfurcht.

Man versteht die Ehrfurcht nur deshalb nicht, weil man schon ihre Schwester, die heilige Hüterin, nicht mehr versteht. Die Unschuld sieht aber überall Heiliges – und deswegen ist auch ihre Schwester überall. Es reicht doch die kleinste Blume, um einer heiligen Schönheit zu begegnen! Der Unschuld reicht dies – denn sie sieht die Blume. Sie sieht ihre ganze Schönheit. Sie sieht das, was niemand sieht. Sie sieht ... das Unbeschreibliche. Sie sieht Gotteswirken. Sie sieht Schöpfung. Sie sieht das, was über die Blume weit hinausgeht, aber was die Blume zeigt. Die Blume offenbart es, die Unschuld sieht es – und die Ehrfurcht geht heilig dem Heiligen entgegen...

10. Februar

Die Ehrfurcht ist heiliges Niederknien, innerlich, in Verehrung, aber diese Ehrfurcht ist nichts anderes als heilige *Liebe* – heilige, niederkniende, verehrende Liebe. Sie ist heiliges Staunen, das sich vertieft in Verehrung, in Ehrfurcht, aber dem zugrunde liegt Liebe, tiefe Liebe ... tiefe unschuldige, verehrende Liebe ...

Man kann Ehrfurcht nicht verstehen, wenn man nicht versteht, wie tief die Liebe werden kann, die Unschuld, die unschuldige Erkenntnis, das Staunen, die Verehrung. Und doch sieht die Unschuld das Heilige überall. Und immer dann begleitet sie die Ehrfurcht.

Die kleine Blume – ein Wunder. Unschuldige Anbetung... Staunen. Heiliges Erkennen. Die kleine Blume! Und dann auch: Ehrfurcht vor dem Leben. Vor *allem* Leben. Vor dem Leben der kleinen Fliege – denn auch sie will leben. Das Leben ist *heilig* – und die Ehrfurcht heiligt es, weil sie es in aller Tiefe spürt. Ehrfurcht vor dem Leben. Ehrfurcht vor dem einzelnen Sein, vor dem Wesen von allem. Nichts ist umsonst da, ein jedes ist an seinem heiligen Platz, nimmt mit einem heiligen Leben und Sein einen heiligen Platz ein – und die Ehrfurcht *erkennt* dies, mit ihrem eigenen heiligen Fühlen.

Die Ehrfurcht kniet innerlich nieder, weil sie das *Große* spürt, das Große, das Eigentliche, das hinter allem bloß Äußeren liegende Wunder. Die Ehrfurcht sieht es immer. Und weil sie die Schwester der Unschuld ist, kniet sie in einer heiligen Liebe nieder. Ehrfurcht ist das Gegenteil des Hochmuts. Der Hochmut ist blind, hochmütig und liebt nur sich selbst. Die Ehrfurcht ist zutiefst sehend, voll selbstloser Demut, und sie *liebt* dasjenige, was sie sieht. Sie sieht das *Heilige* – und sie kniet in tiefer Liebe nieder...

Hoffnung

11. Februar

Die nächste heilige Tugend ist die *Hoffnung*. Und was für eine wunderbare Tugend ist dies! Mit den weißen Flügeln der Taube erhebt sich die Hoffnung in die Lüfte...

Welche heilige Tugend fehlt den Seelen heute wohl am meisten? Ach – sie alle! Und man sagt dann, ‚die Hoffnung stirbt zuletzt', und man denkt, jede Seele hätte so viel Hoffnung, aber ist das auch wahr?

Die Hoffnung ist doch eine heilige Schwester des Glaubens. Und es sind alles furchtbare Phrasen, wenn man zum Beispiel sagt, ‚die Hoffnung stirbt zuletzt'. Was soll denn das heißen? Es heißt, dass der Glaube schon gestorben ist und dass man sich auch für die Hoffnung überhaupt keine *Mühe* mehr gibt! Das ist das Schlimmste: dass die Seelen sich für die heiligen Tugenden keine Mühe mehr geben. Weil sie nicht mehr fühlen, dass sie heilig sind – und weil sie sie auch gar nicht mehr kennen.

Deswegen wiederhole ich es: Die Tugenden sind heilig. Jede Tugend, die nicht in der Seele leben darf, ist nicht gelebtes Leben der Seele selbst! Die Seele ist sogar zu faul, dies zu wissen! Aber es ist nicht gelebtes Leben. Die Seelen sterben – sie sterben vor Faulheit! Ich hoffe so sehr, dass die Seelen wieder beginnen werden, sich nach ihrem Leben zu sehnen...

12. Februar

Jede Tugend ist eine heilige Kraft. Das Leben der Seele entfaltet sich ja nicht von selbst – wie sollte das denn gehen? Die Arme und Beine des Leibes bewegen sich auch nicht von selbst. Die Seele muss es wollen – sie muss es tun. Und genauso, wirklich ganz genauso, ist es auch mit den Tugenden. Was die Seele nicht will, das wird auch nicht lebendig – und dann sieht man es. Man sieht, dass es nicht da ist. Und das ist jedes Mal der Beweis, dass die Seele es nicht will. Denn sie tut es ja nicht...

Natürlich kann die Seele nur dann etwas wollen, wenn sie überhaupt weiß, dass sie es wollen kann. Aber die Seele weiß das! Alle Seelen wissen es eigentlich – aber die meisten interessieren sich gar nicht dafür. Und dann vergessen sie das, was sie eigentlich wissen. Aber es ist ihnen auch egal. Das meine ich mit Faulheit! Der Seele ist es egal, was aus ihr wird – denn sie kümmert sich um sich gar nicht. Sie kümmert sich um die Außenwelt, aber das ist falsch. Sie müsste sich *zuerst* um sich selbst kümmern – denn hier beginnt das Heilige erst. Es beginnt in der Seele, nur da, und wenn es da nicht beginnt, beginnt es nirgendwo. Alles, was die Seele bräuchte, wäre eine Sehnsucht nach diesem heiligen Leben, *das ihr eigenes ist*. Warum ist das so verschwunden? Ich hoffe so sehr, dass die Seelen wieder *aufwachen*! Dass ihre Sehnsucht wieder aufwacht.

13. Februar

Die Hoffnung hat Flügel. Sie *ist* die Flügel. Aber die Seele muss sie aufspannen – in heiliger Begeisterung. Begeisterung – wo ist sie in den Seelen? Die Begeisterung ist keine Tugend, denn sie ist dasjenige, was jeder *einzelnen* Tugend ihre Flamme verleiht. Begeisterung ist das heilige Feuer für das Heilige – und sie kommt direkt von Gott. Aber Gott hat sie der Seele geschenkt. Und was tut die Seele damit! Sie vergisst sie. Oder sie benutzt sie für etwas ganz anderes, aber nicht für die Tugenden.

Aber was meine ich mit Begeisterung? Kann man denn begeistert hoffen? Wenn es gerade schwer ist zu hoffen? Ja, gerade dann! Begeisterung bedeutet nicht ‚Genuss' oder Begeisterung für ein ‚Hobby' oder so etwas, sondern sie ist ein Glühen, ein heiliges Glühen und Brennen. Es ist eigentlich Liebe, bedingungslose Liebe, ein heiliges Wollen dessen, worauf sie sich richtet. Und ist die Hoffnung der Flügel der Seele, so ist die Begeisterung der Flügel *Gottes in* der Seele. Eigentlich sind alle Tugenden zugleich Flügel der Engel, aber die Begeisterung, die heilige Liebe, ist mehr, sie ist wirklich mehr...

So, wie jede Tugend das Leben der Seele ist, so ist die heilige Begeisterung *das* Leben überhaupt. Sie ist das, was das Herz oder auch das Blut für den Leib ist. Heilige Begeisterung... Man muss immer tiefer spüren, was das *eigentlich* bedeutet. Es bedeutet *Leben*, erwachendes Leben, heiliges Schlagen eines heiligen Herzens, heiliges Pulsieren eines heiligen Blutes, und das alles ist *unsichtbar*.

Hoffnung ist keine rationale Überlegung, sie ist überhaupt keine Überlegung. Sie hat nichts mit dem Denken zu tun. Der Glaube hat mit dem Denken zu tun. Er ist sozusagen ein wollendes Denken, das bereits weiß, obwohl es dies noch nicht weiß... Hoffnung dagegen wird empfunden, gefühlt. Das bedeutet nicht, dass sie einfach so ‚da' ist. Man muss auch das Fühlen wirklich *wollen*. Und das gerade ist dieses Ausspannen der Flügel – dieses weit, weit Ausspannen... Jede Seele hat Hoffnung, jede Seele hat Flügel – aber ob sie sie auch ausspannt...

Wenn sie sie *nicht* ausspannt, hat sie die Hoffnung nicht wirklich, dennoch hat jede Seele Hoffnung. Aber sie muss ihre Flügel *ausspannen* und ausstrecken. Darum geht es – bei allen Tugenden. Es geht um das Ausspannen, um das Entfalten, um das Aufblühen, man kann es bei jeder Tugend anders nennen, weil es immer ein bisschen anders ist. Bei der Hoffnung ist es unbedingt ein Ausspannen der Flügel...

Und wenn die Hoffnung dann ihre Flügel ausspannt... Ach, wie soll man *das* beschreiben! Es ist wirklich der Flug eines Phönix. Der Phönix ist der Feuervogel, der verbrennt, aber aus seiner eigenen Asche wieder aufersteht – sich wieder erhebend, in stolzem Flug. Und er soll wunderschön gewesen sein! Und wenn er der Hoffnung gleicht... Der Flug der Hoffnung ist aber unendlich sanft. Wie ein Engelsflügel.

Oder wie die sanfte Hand einer edlen Prinzessin. Ein dunkler Dämon will alle Hoffnung vernichten, und das dunkle Nichts breitet sich überall aus, frisst alles Leben in dem Reich der Prinzessin und langt schließlich bei ihr an. Nun ist alles aus – oder nicht? Aber da: die wunderschöne Prinzessin streckt nur sanft ihre Hand aus, wie ein Sämann, nur unendlich viel sanfter ... und sogleich muss das Dunkle zurückweichen, und alles, was von ihrer sanften, heiligen Geste auch nur unsichtbar berührt wurde, lebt wieder auf. Unter ihrer sanften Geste sprießt und sprosst neues Leben, hebt neues, heiliges Blühen an. Es ist Magie – das Ganze ist Magie, um die es hier geht. Die Hoffnung ist die Magie der Seele. Es ist nicht die Lüge des Baron Münchhausen, sondern es ist die Wahrheit des heiligen Feuervogels, des Phönix. Es ist die Wahrheit der sanften Prinzessin, die immer neues Leben hat, und alles, was sie berührt, hat es auch wieder. Das ist die Wahrheit der Hoffnung. Lebensträgerin. Wie ein Feuervogel, und zugleich sanft und heilig wie eine Prinzessin.

16. Februar

Das mit dem Feuervogel ist alles viel wahrer, als man denkt. Aber ein sanfter Feuervogel. Da, wo er zur Hoffnung wird, wird er ganz sanft. Ich habe doch von dem Glühen gesprochen. Was wird ein Feuer, wenn es sanft wird? Es wird ein Glühen. Aber jetzt muss man sich außerdem noch die Flügel vorstellen – weit, weit sich ausspannende Flügel... Kann man das? Beides zugleich? Diese weit, weiten Flügel, dieser heilige Flug – und dieses sanft, sanfte Glühen? Wenn man das kann, dann hat man wirklich die Hoffnung, dann spürt man wirklich, was sie ist – tief innerlich erlebt man dann ihr wahres Wesen.

Wenn man es doch *allen* Menschen erklären könnte! Wenn man es noch anders erklären könnte. Bis es von jedem nicht einfach nur verstanden, sondern auch erlebt wird. Hoffnung muss doch gespürt werden. Wie die Sehnsucht, mit der sie innig verwandt ist. Aber sie ist auch mit dem *Mut* verwandt. Hoffnung ist eigentlich die wunderschöne Tochter der Sehnsucht und des Mutes. Sie hat Ähnlichkeit mit ihren Eltern – aber sie führt ein eigenes Leben, sie geht ihre eigenen Wege, und sie geht sie auf ihre Weise.

Die Hoffnung ist unendlich viel sanfter als ihr Vater – und sie ist noch viel heilig-schöner als ihre Mutter. Man *kann* sie nur mit einer wunderschönen Prinzessin vergleichen, die alles, was sie in ihrer ganzen Sanftheit berührt, mit neuem Leben beschenkt. Das ist die Hoffnung – Lebensträgerin, Lebenschenkende... Sagt man nicht auch ‚Hoffnung schenken', ‚Hoffnung spenden'? Aber die Hoffnung *selbst* ist die Schenkende!

17. Februar

Man muss nur eines lernen: dieses heilige Ausspannen der Flügel – und dann fliegen. Nicht in den Abgrund stürzen, sondern sich zu dem heiligen Flug der Hoffnung erheben. Inniges, heiliges Glühen der Seele – und dann dieses heilige Ausspannen.

Man sieht Dunkles am Horizont? Es kommt näher? Oder man sieht bereits einen dunklen Abgrund vor sich? Die Hoffnung spannt die Flügel aus! Die Hoffnung glüht in heiliger Innerlichkeit – und sie spannt die Flügel aus, was auch immer vor ihr liegt... Und sie erhebt sich. Der Flug des Phönix... Die heilige sanfte Bewegung der Prinzessin, die alles Dunkle wieder zurückweichen lässt. Und wenn das Dunkle sie umschließt, geht die Prinzessin in unendlicher Sanftheit *dennoch* mitten hindurch...

Das ist die strahlend schöne Hoffnung und ihre heilig-sanfte Macht... Kann man jetzt nicht spüren, was für eine heilige Göttin die Hoffnung ist? Und wie man sie in seiner Seele *erweckt*? Hoffnung ist wie ein heiliges Vertrauen, so stark kann sie sein. Aber das ist nur, um zu spüren, was sie ist. Es geht so sehr, so heilig alles in das andere über. In Wirklichkeit ist Vertrauen schon wieder so etwas wie ein heiliges Kind der Hoffnung und des Glaubens...

Aber ich hoffe so sehr, dass die Seelen dies alles und noch viel mehr immer tiefer verstehen werden! Und dass auch *ihre* Sehnsucht danach wachsen wird. Ich hoffe das – und die Hoffnung ist die heilige Brücke in die Zukunft, das Mysterium des Regenbogens. Unbesieglich wie ein Phönix – und von ebenso unsagbarer Schönheit...

Sanftmut

Die Tugend, die ich von heute an beschreiben möchte, ist so heilig und schön, dass man gar nicht weiß, wie man von ihr zu sprechen beginnen kann. Man schämt sich im Grunde – auf einmal wirkt alles Schreiben und Sprechen nur noch wie ein schlimmes Gepolter. Vor *ihr*. Wenn man *sie* beschreiben wollte. Man möchte eine neue Sprache, ein neues Sprechen erfinden, um von ihr sprechen zu können. Und von welcher heilig-schönen Tugend will ich so gern sprechen? Von der Sanftmut...

Man spricht nicht wahr von den Tugenden, wenn man nur so von ihnen spricht, dass man sie eben ‚abhandelt'. Wer sie nicht in sich aufnimmt, in sein Inneres, mit ihnen ganz eins werdend, wie eine Hochzeit, der hat kein Recht, von ihnen zu sprechen, *denn er kennt sie nicht*. Der Krieger kann vom Frieden sprechen, aber er kennt ihn nicht. Der Spötter kann vom Ernst reden, aber er kennt ihn nicht. So kann auch der gewöhnliche Mensch von der Sanftmut reden, aber er kennt sie ja gar nicht!

Und kennt die Seele heute überhaupt noch eine Tugend? Nein, sondern erst, wenn sie wieder eine Sehnsucht nach ihnen findet. Es wäre aber die Sehnsucht nach sich selbst – denn sie verliert ihr Leben ohne sie, die Tugenden. Sie kann sie gar nicht kennen, weil sie alle so sehr verloren hat, so sehr... Und weil sie sie gar nicht mehr liebt, diese Tugenden. Sie möchte lieber *ohne* Tugenden leben. Aber sie vergisst eines dabei. Sie vergisst, dass sie dann gar kein Leben mehr *hat*. Die Tugenden sind so sehr das, was die Seele eigentlich *ist*, dass sie sich es gar nicht vorstellen kann. Sie verliert nicht nur die Tugenden. Sie verliert *sich selbst*.

Und gerade die Sanftmut kann dies nicht verstehen – wie dies geschehen kann...

Ach, wenn ich über die Sanftmut schreiben könnte! Jede Tugend ist heilig und schön, aber sie ... sie ist wie die heimliche Sonne von allen. Ihr Licht leuchtet wie das des zarten, frühen Morgens, das doch so sehr die noch schlafenden Blüten streichelt, während die Mittagssonne dieselben Blüten bereits versengen könnte. Sie leuchtet mit jener zärtlichen Anmut, die überall den Schleier heiliger Geheimnisse webt und überall auch diese Geheimnisse *sieht*. Während die Mittagssonne nur harte, nüchterne Schatten wirft, die alles stärker konturieren, als es *ist*.

Und so scheint es, als wären die Seelen heute von einem ganz anderen Licht durchdrungen, das eher der Mittagssonne ähnelt – und immer mehr aber sogar dem elektrischen Licht der Leuchtstoffröhren, der künstlichen Dioden, der Laserpointer. Einem Licht, das *keine Seele* mehr hat. Man kann die Sanftmut nicht verstehen, wenn man sie nicht hat... Verstehen allein würde gar nichts nützen, denn es *wäre* kein Verstehen. Man denkt heute so stolz über seinen Verstand – aber der Verstand versteht gar nichts. Nichts von den wirklich wichtigen Dingen. Und absolut nichts, nicht das Geringste von der Sanftmut...

Der Verstand ist wie ein künstliches Licht geworden. Er sieht das liebliche, das unvergleichliche, das einzigartige Morgenlicht um die noch schlafenden Blumen spielen, sie zärtlich weckend, sie voller Liebe streichelnd, und er sagt: Was soll mir dies? Denn er sieht *nichts*! Er sieht nur ‚Morgenlicht'. Er weiß, dass das Morgenlicht schwächer ist als das Mittagslicht, aber er weiß *gar nichts*. Er ist so arm, der Verstand, dass er in Bezug auf das *wirkliche* Leuchten reine Finsternis ist, während das Morgenlicht eigentlich strahlendste Schönheit ist, Schönheit, Wahrheit, Liebe, *alles*...

Die Sanftmut ist das Herz des gesamten Kosmos...

Das Morgenlicht ist die Sanftmut des Lichtes. Was ist dann *Sanftmut*? Es ist reinste Zärtlichkeit – aber mit dem ganzen Sein. Nicht eine vorübergehende, nicht eine aufgesetzte, nicht ein Als-ob, nicht ein Mal-eben, sondern ein Einziges. Immer. Unverlierbar. Und sie ist eigentlich unbeschreiblich – denn wie soll man Zärtlichkeit beschreiben, Zärtlichkeit der *Seele*? Man würde sie gerade zerschreiben, zerreden, denn sie verbirgt sich in heimlicher Heiligkeit wie das Morgenlicht vor dem Blick des tagesnüchternen Verstandes. Sanftmut ist ihrem Wesen nach *unbeschreiblich*. Man müsste das Heilige *selbst* kennen, um *sie* zu kennen. Denn sie ist das heilige, wahre, unendlich zarte Herz der Seele. Sie ist ihr innerstes Wesen. Sie ist eigentlich ... die Seele der Seele.

Von der Sanftmut kann man nicht schreiben, ohne in jedem Moment die Hoffnung zu haben, dass jede Seele sie haben würde. Man kann sagen: Sogar die Wahrheit könnte die Lüge ertragen, sogar die Redlichkeit könnte die Unredlichkeit ertragen, sogar der Glaube den Unglauben – aber die Sanftmut kann es nicht ertragen, dass die Welt so ganz und gar *unsanft* wird, ja ist, schon lange, sehr, sehr lange ... und immer mehr. Die Sanftmut kann es nicht ertragen. Verstehen kann sie es – aber ertragen nicht...

Und doch muss sie es ja. Aber daraus entspringt eine unbeschreibliche Sehnsucht. Aber auch diese Sehnsucht ist ja die Sanftmut selbst. Sie ist das heilige Licht der Seele, das sich nach dem *anderen* Licht sehnt. Und sie kann es nicht verstehen, nicht fassen, dass sich das heilige Licht überall *verliert*.

Aber was ist dann die Sanftmut selbst? Muss man nicht versuchen, sie weiter zu beschreiben? Gibt es denn einen anderen Weg? Ich *möchte* es versuchen – denn es gibt nichts Wesentlicheres, wirklich absolut nichts. Nichts!

Wenn die Sanftmut verschwindet, verschwindet *alles*. Das Leben der Seele – und schließlich das Leben des ganzen Kosmos. Es wird nichts übrig bleiben. Gar nichts. Man wird noch sehr lange Zeit glauben, ohne die Sanftmut auszukommen – aber es wird ein Irrtum sein. Kalt und immer kälter wird das Licht der Seelen sein. Und immer, in jedem Stadium, wird man glauben, das, was man hat, würde genügen – aber auch das wird man weiter verlieren... Man wird glauben, tolerant zu sein, aber man wird sich mit Worten die Köpfe einschlagen. Man wird glauben, verständnisvoll zu sein, aber man wird immer weniger empfinden. Man wird glauben, unendlich viel zu verstehen. Aber man wird immer mehr sein Fühlen verlieren – man wird es einfach verlieren, es wird verschwinden. Das ist das Schicksal der Seele, die sich selbst verliert. Zuerst aber: ihr eigenes Herz, ihre eigene Seele, die Sanftmut.

Die Seelen *haben* die Sanftmut schon verloren – und jetzt geht es immer weiter. Man bemerkt es nicht, weil auch ein leckes Schiff noch lange, lange auf dem Wasser treiben kann. Der Untergang kommt plötzlich und unerwartet, weil man das eindringende Wasser nicht bemerkt. Und die heilige Seele der Menschen steht schon längst ganz unter Wasser, und das Wasser erlischt die heilige Flamme, und die heilige Flamme war die Sanftmut.

22. Februar

Sanftmut ist reine Zärtlichkeit. Aber die Seele kann ohne diese Zärtlichkeit nicht *leben*, denn diese Zärtlichkeit *ist* ihr Leben. Sie kann etwas anderes als Leben definieren – den Verstand, ihr bloßes Dasein, ihr Vor-sich-Hinleben, aber sie merkt nicht, dass sie eine *wandelnde Tote* ist, weil sie ihre eigene Seele längst verloren hat. Die Erwachsenen glauben, dass die Kinder das Leben erst lernen müssen, aber Kinder *leben* noch – und Erwachsene leben nicht mehr.

Und jetzt meine ich nicht das kindliche Spiel, sondern ich meine das Leben der Seele. Ein Kind kann mit einer armen Biene, die fast ertrunken wäre und sich auf dem Boden müht, wieder zu Kräften zu kommen, tiefes *Mitleid* haben. Ein Erwachsener fühlt nichts. Seine Seele ist gestorben. Sie ist wirklich gestorben. Er denkt, sie lebt woanders, aber das ist nicht wahr. Schon ist es wahr. Aber das

Wesentliche ist gestorben, die heilige Quelle von allem. Sie ist versiegt – und alles wird trocken, so trocken... Sanftmut ist die heilige Quelle – die unendlich heilige, unbeschreibliche Quelle. Quellendes Heiliges... Früher gab es heilige Quellen. Heute weiß man nicht einmal mehr, was das ist. Weder, was eine Quelle ist, noch was ein Heiliges ist. Weil man innerlich beides verloren hat.

Was bedeutet denn dies – reinste Zärtlichkeit, mit der ganzen Seele, *als* ganze Seele, unverlierbar, als ein Einziges? Das ist das Wesen der Quelle! Sie ist mit sich selbst eins. Sie ist der Ursprung. Das lebendige Leben geht fortwährend aus ihr hervor, strömt aus ihr hervor, weil es *in* ihr strömt. Und das ist Sanftmut. Ihr Geheimnis ist das Geheimnis der Quelle. Zärtliches Strömen ... heilig strömende Zärtlichkeit ... *als sanftes Leben*.

23. Februar

Die Sanftmut ist das heilige Geheimnis von allem. Die Seele kann nichts lieben, wenn sie nicht *zärtlich* wird. Aber sie kann auch nicht zärtlich werden, wenn sie nicht liebt. Ihre Zärtlichkeit *ist* bereits Liebe – aber es ist Liebe im Zeichen des heiligen, sanften Morgenlichts... Es ist die Krone der Liebe, wie die Krone einer heiligen, anmutigen, sanften Prinzessin.

Und das Geheimnis der Prinzessin muss verstanden werden! Sie ist nicht die Königin, denn sie herrscht ja nicht. Aber – gerade *sie* wird geliebt. Nicht die Königin, sondern die liebliche Prinzessin. Die Königin auch, aber die Prinzessin mehr. Und hat nicht Goethe geschrieben: ‚Die Liebe herrscht nicht, aber sie bildet, und das ist mehr.‘ Und das, gerade das, trifft am allermeisten auf die *Prinzessin* zu! Die Königin selbst könnte voller Liebe herrschen, aber es ist die Prinzessin, die nicht herrscht und doch unendlich viel mehr als die Königin bildet. Denn die Prinzessin trägt in sich das heiligschöne Morgenlicht der Sanftmut – in der Stärke eines Orkans, wenn man dies überhaupt verstehen kann. *Sie* ist es, die die Herzen berührt, und so verwandelt *sie* die Herzen, erhebt sie, heiligt sie –

weil *sie* geliebt wird, wegen ihrer Sanftmut. Weil sie die Trägerin dieser Sanftmut ist, die das wirkliche Herz von allem ist.

Sanftmut ist reinste Zärtlichkeit – und Zärtlichkeit ist die reinste Liebe überhaupt, es ist die heilige Morgenröte, aber die Morgenröte ist der wirkliche *Tempel* des Lichts. Zärtlichkeit ist nicht *weniger* Liebe als ,andere Liebe', sondern mehr. Wenn der zarte Schnee sanft alles mit seinem heiligen Weiß bedeckt, beschenkt er die ganze Welt mit dem ur-heiligen Bild der *Reinheit*. Und es wird nicht mehr, wenn der Schnee meterhoch wird, wenn er zur Lawine wird. Das Heiligste steht am *Anfang* – in all seiner Zartheit.

So gibt es auch ein heiliges Sich-Verlieben. Es ist der Moment, wo eine Seele eine andere erkennt – auch wenn sie es nicht weiß, bewusst, mit dem ,Verstand'. Aber schon in diesem Moment ist verborgen die ganze, die vollkommene, die allerheiligste Liebe *anwesend*. Vielleicht am klarsten und heiligsten überhaupt. Das Sich-Verlieben ist das allerheiligste Mysterium, das es gibt. Danach kann die Liebe nur noch *abnehmen* – oder aber *bleiben* und so sich immer mehr offenbaren. Aber *anwesend* war sie von all diesem Anfang an. So wie das Licht mit dem Beginn des heiligen Morgens. Es mag sich den Tag über entfalten – aber der Morgen trägt für immer seinen heiligen, unübertrefflichen *Beginn* und sein ganzes, überwältigendes, allerheiligstes Geheimnis, sein Wunder, seine eigentliche Wahrheit...

24. Februar

Man sagt, Verliebte müssen noch lernen, einander treu zu bleiben, wenn die Verliebtheit aufhört – und erst das sei wirkliche Liebe. Aber das ist eine Lüge. Das Umgekehrte ist wahr. Verliebte müssen lernen, was das Geheimnis ihrer Liebe ist. Wenn sie das täten, würde das Wunder niemals aufhören – und *das* ist wirkliche Liebe. Das Bleiben des Wunders. Es ist aber zugleich das Geheimnis der Sanftmut, die das Wesen der Zärtlichkeit ist. Denn was ist die Sanftmut? Sie ist selbst die Quelle des Wunders, der Urgrund seines Bleibens...

Der Sanftmut enthüllen sich alle Dinge so, wie sie wirklich sind – erst ihr. Und sie enthüllen sich sogar so, wie sie erst werden können. Es ist die Sanftmut, die allen Dingen in ihr heiliges Herz blickt. Und dieses Herz der Dinge *wird* heilig, wenn die Sanftmut sie anblickt. Alles hört auf, so sein zu wollen, wie es gerade ist, und, erblickt von der Sanftmut, möchte alles so werden, wie es sein *könnte* – um ihr, dieser heiligen Schönheit, würdig zu sein... Die Sanftmut ist die heilige Prinzessin des Kosmos... Nichts ist ohne sie möglich, nichts wäre ohne sie wahre Liebe. Wie könnte man die Wahrheit lieben, wenn man sie nicht *zärtlich* lieben würde? Liebe ohne Zärtlichkeit macht noch immer hart. Wie könnte man jemandem je verzeihen, wenn man ihm nicht *zärtlich* verzeihen würde, und das bedeutet wirklich *ganz*? Wie könnte man jemandem je vertrauen, wenn man ihm nicht *zärtlich* vertrauen würde, und das bedeutet, bis in die zarten Tiefen der Seele hinein?

Sanftmut ist eigentlich das heilige, unbeschreibliche Mysterium der *Unschuld*. Und umgekehrt: die Unschuld ist das wahre Mysterium der Sanftmut. Man findet diese heiligste Tugend der Sanftmut nur, wenn man die Unschuld des Herzens wiederfindet. Denn diese Unschuld *ist* Sanftmut. Hier erst wird die Sanftmut das, was sie wirklich ist. Sie ist reinste Unschuld. Unschuld, die Zärtlichkeit wird. Das ist Sanftmut. Die morgenschön strahlende, heilige Prinzessin des ganzen Kosmos... Sie allein wendet sich allem mit ihrem ganzen Wesen zu – und alles wendet sich ihr zu, weil es von diesem heiligen Leuchten berührt wird, in doppeltem Sinne...

Hingabe

25. Februar

Und die nächste heilige Tugend ist die Hingabe... Sie werden eigentlich immer heiliger, und das hat auch seinen Grund. Aber es sind auch heilige Schwestern – und fast nie lassen sie sich allein... Wo also die eine ist, sind auch die anderen. Und wo die eine nicht ist, gehen auch die anderen, weil die Seele sich nicht Mühe macht, sie zu halten, sie zu lieben, mit allem, was sie hat. Sie wollen geliebt werden, diese Schwestern! Dann geben auch *sie* sich hin. Sie alle sind hingebungsvollste Wesen – aber man muss *ihnen* Hingabe erweisen, damit auch sie sich einem schenken können. Und das wollen sie! Aber zuerst muss man *sie* wollen...

Und das ist das Traurige, das Schlimme, die unendliche Tragik der Seele – dass sie nicht mehr lieben kann, dass sie diese Schwestern nicht mehr lieben kann, will, dass sie sich ihnen nicht mehr *hingeben* kann und will. Sie kann es nicht, und sie will es nicht – und das ist ihr Untergang. Denn so ist sie eine lebendige Tote. Die Seele will nur noch sich selbst, aber nicht mehr die Tugenden. Sie will sich selbst, aber nicht mehr die liebreizenden, heiligen Schwestern, die sich ihr sofort hingeben würden, wenn die *Seele* es tun würde – sich ihnen hinzugeben. Aber die Seele ist ohne Hingabe, und so fliehen auch die heiligen Schwestern sie, ängstlich, scheu, verwirrt...

Eine Seele, die die Hingabe an die heiligen Schwestern nicht kennt, ist keine Seele mehr. Sie ist tot, obwohl sie sich lebendig fühlt. Sie ist nur auf sich selbst bezogen, obwohl ihr wahres Leben die *Hingabe* sein müsste. Diese heilige Schwester ist also der Schlüssel...

26. Februar

Die Sanftmut, die heilige Schwester der Hingabe, trägt bereits das ganze heilige Wesen der *Zärtlichkeit*. So ist auch sie bereits tief vom Geheimnis der Hingabe umhüllt. Man kann sagen, dass die Sanftmut die Hingabe wie einen Brautschleier trägt.

Und so ist die Sanftmut sanft wie eine Braut, so bedeutet ihre Zärtlichkeit sanfte Zuwendung zu allem, was um sie ist. Aber diese sanfte, zärtliche Zuwendung *ist* bereits Hingabe. Das Wesen dieser heiligen Schwestern geht hier wirklich heilig ineinander über. Die reine, unschuldige Hingabe ist das Geheimnis der Sanftmut, wenn sie wirklich Zärtlichkeit, sanfte, zärtliche Zuwendung wird. Und umgekehrt liebt die Hingabe ihre Schwester über alles und wird nie wild und leidenschaftlich sein, wenn dies bedeuten würde, diese geliebte Schwester zu verlieren. So, wie die Sanftmut zärtliche Hingabe wird, so wird die Hingabe zärtliche Sanftmut bleiben wollen. Und in diesem heiligen Bund bleiben die Schwestern stets vereint – ihr gemeinsames Zeichen ist die *Zärtlichkeit*.

Aber die Hingabe kann sehr wohl auch leidenschaftlich sein, denn es gibt auch eine zärtliche Leidenschaft, eine Leidenschaft der Sanftmut. Das Geheimnis der Schwestern bleibt ihre heilige Verbindung. Zärtliche Hingabe, hingebungsvolle Sanftheit – das heilige Geheimnis aller, aller Liebe...

27. Februar

Die Seele, die nicht die heiligen Schwestern liebt, weiß nicht, was in Wirklichkeit Hingabe ist. Denn sie gibt sich höchstens sich selbst hin – ihren Bedürfnissen, ihren Begierden und momentanen Lüsten. Worauf sie gerade Lust hat, das macht sie. Soll man das Hingabe nennen? Das wäre eine schöne Hingabe! Es ist Selbstliebe, Selbstsucht, Lustprinzip. Hingabe daran. Hingabe an das Gegenteil der Hingabe...

Die echte, die heilige Hingabe ist gerade Hingabe an das *Andere*. An das wirklich Andere – und also ein Vergessen des Eigenen, dieses unheiligen, falschen, egoistischen ‚Selbst'. Wer sich diesem ‚Selbst' hingeben will, diesen fortwährend eigenen Lüsten, diesem fortwährenden Denken an sich selbst, diesem ewigen Bezug auf dieses eigene Selbst, der soll das tun – wer wird ihn denn je daran hindern können? Aber seine Seele ist tot. Und eines Tages wird sie es merken... Eines Tages wird die tote Seele merken, dass sie immer nur ihren eigenen Lüsten hinterherrennt und hinterhergerannt ist und dass sie davon leerer und leerer und leerer geworden ist.

Aber lange, sogar sehr lange Zeit kann sie glauben, dass sie gerade dadurch recht lebendig ist – eben dadurch, dass sie ihren Lüsten folgt. Denn was ist so lebendig, wie einer Lust zu folgen? Ist nicht die Lust gerade das pure Leben? Ja, es ist das pure Leben der selbstbezogenen Seele, des Selbstbezugs, des Egoismus – eines in sich selbst zusammenfallenden Selbstbezugs. Denn *dieser* gerade ist der Tod der Seele. In all ihrer Lust fällt die Seele in sich selbst zusammen und stirbt *fortwährend*. Ein ewiger Tod... Was sie ‚Leben' nennt, ist gerade ihr ewiger Tod. Ein völliges Verlieren, Vermeiden und Verkennen des wahren Lebens. Ein wirkliches, absolutes Daran-vorbei-Leben. Tod. Nichts als Tod. Die tote Seele...

28. Februar

Der toten Seele ist es egal, dass sie tot ist. Sie hält ihren Tod ja gerade für das Leben. Sie belächelt die *lebende* Seele und genießt ihr eigenes Aufgehen in purem Luststreben und sonstigem Selbstbezug. Dass sie sich ‚selbst' fühlt, das gerade ist ihr ‚Leben' – auch jenseits von Lust. Aber dieses ‚selbst' ist so *armselig* – so unglaublich armselig. Die Seele hält sich an dem Armseligsten fest, was es überhaupt gibt – und hält dies für ihr ‚Leben'. ‚Ich', sagt sie fortwährend – ‚ich bin doch ich, und das ist überhaupt das Wichtigste, dieses ‚ich' – und zwar ich, nicht der Andere, also ich, ich bin das Wichtigste...'

Obwohl die Seelen gar nicht *wissen*, dass sie dies fortwährend sagen, tun sie es dennoch. Sie leben in nahezu jeder Sekunde mit diesen Worten auf ihren Lippen, in ihrem Wesen. Sie brauchen es gar nicht äußerlich sagen – sie sagen es mit ihrem ganzen Tun, mit jedem kleinsten Gedanken, jedem kleinsten Gefühl, jeder kleinsten Handlung. ‚Es geht um mich. Um mich geht es. Um wen denn sonst? Mir geht es um mich.' Und dann geht es immer so weiter. ‚Und worauf ich Lust habe, das ist das Wichtigste von allem. Überhaupt die Lust. Aber ich – ich bin das Wichtigste.'

Die Seelen sind dem so unglaublich, so völlig verfallen – und sie merken es nicht einmal. Und manche denken, sie wären es nicht, aber sie sind es trotzdem. Überall ich, ich, ich. Und all diese Seelen, wirklich alle, kennen das heilige Geheimnis der *Zärtlichkeit* nicht. Sie kennen es nicht. Denn sie lassen es nicht an sich heran.

Die selbstbezogene Seele kann nicht zärtlich sein. Selbst wenn sie es wäre, wäre sie es wieder selbstbezogen – und also völlig falsch. Der Selbstbezug ist ein Gift, der alles durchtränkt. Das Heilige kann nicht heilig bleiben, wenn das Gift hinzutritt. Erst müsste das Gift geheilt und verwandelt werden, bevor das Heilige wirklich sich nahen könnte. Aber darum geht es. Das Heilige muss sich *nahen*, sich nähern dürfen. Andersherum geht es überhaupt nicht. Aber die selbstbezogene Seele denkt das.

1. März

Hier, an diesem heiligen Punkt, liegt das Geheimnis der Hingabe. *Alle* Tugenden sind heilig. Und man kann das Heilige nicht aus sich selbst heraus verwirklichen – denn dann wäre es nicht heilig. So einfach ist das – und zugleich so heilig-schlicht... Aber das Heilige kann sich auch nicht *selbst* verwirklichen. Denn dann wäre auch das Heilige selbstbezogen und egoistisch, das ist es aber gerade nicht. Also – was kann dann geschehen? *Das Wunder.* Das, was ich schon so oft beschrieben habe. Es ist wirklich ein Wunder, das heilige Wunder der ... liebenden Vereinigung.

Denn in der Seele lebt eine heilige Sehnsucht nach dem Heiligen, nach dem reinen, heiligen, unschuldigen Wesen der Tugenden. Diese lebt in der Seele, diese Sehnsucht. Und sie ist *auch* heilig. Und das ist das *einzige* Heilige, was in der Seele selbst lebt – diese Sehnsucht *nach* dem Heiligen. Und die Seele wird gerade völlig unheilig, wenn sie diese Sehnsucht dann auch noch verliert. Denn dann hat sie *gar* nichts mehr... *Hätte* sie aber diese reine, unschuldige, heilige Sehnsucht, dann hätte sie im Grunde schon alles, wirklich alles, denn der Rest ist das Wunder...

Und man kann dieses heilige Wunder beschreiben, aber wenn die Seele nicht selbst schon mit Ehrfurcht und Zartheit fühlt, dann fühlt sie gar nicht, was beschrieben wird. Dann nimmt sie es wie alles andere – und versteht nicht das Geringste! Denn das Heilige kann man nicht verstehen, man muss es vor allem *fühlen*!

Aber dies nun ist das Wunder: Dass es zwischen der Seele und dem Heiligen eine *liebende Vereinigung* geben kann. Was für ein heiliges Wunder! Und sie sind füreinander geschaffen, füreinander bestimmt, und nur deswegen gibt es diese Liebe, auf beiden Seiten, füreinander, bedingungslos und unendlich... Die Seele liebt das Heilige, und das Heilige liebt die Seele. Sie *wollen* ja zueinander – und die wirkliche Vereinigung ist das Seligste, was es überhaupt gibt, auf Erden und im Himmel...

Das Geheimnis der Liebe ist das gleiche Geheimnis wie das der Hingabe – und das ist dieses völlige Sich-Schenken, ein Wunder, ein absolutes Wunder.

Aber nun ist dieses Wunder wirklich gegenseitig. Als erstes die Seele: In der Seele lebt diese heilige Sehnsucht ... die Sehnsucht nach dem Heiligen. Die Seele möchte in ihrem tiefsten Wesen gar nicht ohne die Tugenden leben, sein, sie *kann* es nicht. Das heilige, unschuldige, tiefste Wesen der Seele *sehnt* sich zutiefst nach den Tugenden, nach den heiligen Schwestern. Sie *möchte* sie in sich aufnehmen, ihnen Wohnung geben, sich mit ihnen durchdringen, sie möchte mit ihnen eins werden. Heiligste *Sehnsucht* ... sie möchte es. Aber nur in ihren innersten, heiligen Tiefen.

Da, in diesen Tiefen, da *ist* ihr Wesen eigentlich schon unendlich rein und unschuldig – und da ist es zugleich auch mit allen heiligen Tugenden vereint. Es ist, wie wenn die heiligen Schwestern und der heilige Kern der Seele von aller Ewigkeit her in einem heiligen Bund verbunden sind, untrennbar, wirklich ewig. Aber dieser heilige Kern der Seele ist ja in der übrigen Seele *gefangen* – und dieses Gefängnis wird immer schlimmer!

Das Geheimnis ist, dass dieser unschuldige Kern der Seele seine zarten, heiligen Flügel ausspannen will, sein zartes, heiliges Wesen sanft ausbreiten will, statt *zertreten* zu werden, unterdrückt und verschüttet, gefangen und eingekerkert. Der unschuldige Kern will sich sanft ausbreiten – und das, dieses sanfte Sich-ausbreiten-Wollen, das ist die Sehnsucht, die sogar die *gewöhnliche* Seele spürt. Sie spürt, dass sich da in ihr etwas ausbreiten will, was nicht sie selbst ist. Denn sie selbst ist der schuldig gewordene Teil, aber in ihr spürt sie den zutiefst *unschuldigen* Teil.

Und wenn nun die schuldig und selbstbezogen gewordene Seele dann beginnt, selbst *auch* eine wachsende Sehnsucht nach dem Heiligen zu empfinden – nach dem heiligen, unschuldigen Kern der Seele in sich, den sie bisher verraten hat, und nach dem Heiligen außerhalb von ihr, dann beginnt das Wunder. Denn der heilige Kern der Seele muss sich nicht mit den Tugenden vereinigen, er ist es schon, aber die ganze übrige Seele muss es – aber zuerst muss sie es überhaupt wollen... Zuerst muss sie überhaupt eine heilige Sehnsucht empfinden. Und dann muss sie die Hingabe lernen...

3. März

Da aber, wo die Seele beginnt, die Sehnsucht zu lernen, wirklich diese zarte Sehnsucht nach dem Heiligen, die selbst zart schon etwas immer Unschuldigeres wird, und so zugleich immer mehr *Sehnsucht*, wirkliches, zartes, leises Bitten um das ersehnte Ziel, das aber *selbst* lebendig ist, selbst ein Wesen ist ... da kann sich dieses sanfte, heilige Wesen dann auch umgekehrt nähern. Denn das heilige und auch heilig-ersehnte Wesen *braucht* die zarte Hingabe, um sich nähern zu können. Sehnsucht *ist* aber Hingabe... Wenn sie wirkliche Sehnsucht wird, wird sie auch wirkliche Hingabe. Und was dann passiert, ist, dass das so heilig-unschuldig Ersehnte auch wirklich zu einem kommt. So, wie die Seele zu *ihm* kommt, so kommt es zur Seele. Und so, wie die Seele sich in ihrer liebenden Hingabe und Sehnsucht *ihm* schenkt, so schenkt es sich ihr...

Das Heilige schenkt sich immer, wenn die Seele sich schenkt. Aber die Seele schenkt sich nicht immer. Der Schlüssel zum Heiligen, auch zu den heiligen Schwestern, ist die Hingabe. Die Schwestern schenken sich einem nur, wenn man sich auch ihnen schenkt – und sich mit ganzem Herzen nach ihnen sehnt. Aber in demselben Maße, wie dies wahr wird, ist die Vereinigung schon da, denn sie warten nicht, sich zu schenken; sie warten nur, dass man ihnen die Tür seines Herzens öffnet – auch in der ganzen übrigen Seele.

Ist die Hingabe an die Tugenden da, so sind auch die Tugenden für einen da – sie lassen einen nicht allein. Die mit den Tugenden vereinte Seele aber vermag auch alles andere. Sie ist der Sonnenquell dieser Welt. Aber sie ist es, weil die Tugenden sie zur Sonne machen. Die Tugenden machen die Seele zu einem lebendigen Diamanten. Und die Hingabe der Seele an sie macht sie dazu. Der Diamant leuchtet, weil er durchsichtig geworden ist. Aber das Leuchten selbst kommt nicht von ihm, sondern von dem Licht. Er ist ein Wunder von Licht, aber er ist nicht selbst das Licht...

Das Geheimnis des Diamanten ist dasselbe wie das der Seele. Der Diamant gibt sich zuerst dem Licht hin. Und dann kann er sich auch allem anderen hingeben und sein Wesen schenken...

Mitleid

Jetzt gab es drei mal drei Tugenden, das sind neun. Und nun gibt es noch *drei* Tugenden, und diese sind wie eine Krone. Neun Tugenden, die selbst wie eine heilige Prinzessin sind – obwohl schon jede Einzelne von ihnen dies auch ist –, und nun aber diese drei, die noch mehr sind, wirklich wie eine Krone... Aber man muss dies richtig empfinden und mit der Empfindung verstehen. Man kann sich fragen: Ist die Krone etwa mehr als die Prinzessin? So aber darf man es nicht verstehen. In der äußeren Welt hält man so etwas wie eine Krone heute nur noch für ein ‚äußeres Ding'. Aber wir befinden uns nicht in der äußeren Welt – sondern im Reich der Tugenden. Diese Welt ist noch viel realer, aber sie ist nicht äußerlich. Sie ist gerade innerlich. Hier ist alles so real, dass nichts, wirklich nichts, einfach nur ‚Ding' oder ‚etwas' ist. Alles ist *jemand*, alles ist heiligstes *Wesen*. So ist es hier – im heiligen Reich der Tugenden. Im heiligen Reich der *Seele*.

Und deswegen kann das, was ich hier ‚Krone' nenne, noch mehr und noch heiliger als die Prinzessin selbst sein. Denn was wäre die Prinzessin ohne die Krone? Sie *ist* gerade Prinzessin, weil sie mit ihrem ganzen Wesen weiß, dass sie ihr Prinzessinnen-Sein etwas *verdankt*. Und dieses ‚Etwas' ist dasjenige, was sie krönt. Sie wäre auch ohne die Krone eine Prinzessin – aber erst jetzt wird sie ... eine *Prinzessin mit Krone*. Man kann das, was hiermit ausgesprochen wird, nur empfinden.

Die Prinzessin weiß selbst am allerbesten, dass sie ohne Krone eigentlich noch ein ‚Nichts' wäre. Aber diese Krone ist kein äußeres Ding, es ist etwas ganz und gar Lebendiges. Es ist ihre reale *Krönung*. Es ist ihr reales Gekröntwerden, ihr reales, wirkliches Zur-Prinzessin-Werden. Das ist die Krone. Sie kommt von einer heiligen Welt, sie *ist* selbst heilige Welt. Und wenn die Prinzessin selbst auch schon eine heilige Welt ist, so kommt die Krone aus einer *über*-heiligen Welt. Die Krone krönt die Prinzessin, und die Prinzessin beugt sich in Demut, um sie zu empfangen...

5. März

Die erste der drei heiligen Tugenden, die die Krone sind, ist das *Mitleid*. Das Mitleid ist gleichsam das Herz der Krone. So, wie ich die Unschuld das Herz aller Tugenden nannte und sie das Herz aller Tugenden ist, so ist das Mitleid das Herz der Krone, der drei krönenden Tugenden.

Und jetzt kann man es vielleicht alles verstehen. Aber man muss es mit dem Herzen verstehen, und man muss im Herzen das Herz aller Tugenden haben, man muss mit der Unschuld selbst verstehen, mit der Unschuld des Herzens. Also die Unschuld... Heiligstes Herz aller Tugenden. Ach, könnte die Seele der Menschen sich nur für einen einzigen Augenblick *ganz* in dieses Allerheiligste versenken! Ganz in die völlige, in die reine, in die schneeweiße Unschuld... In die heilige Quelle eines unvorstellbar Reinen und Guten, aber als lebendige Seele. Es würde der dies empfindenden Seele unmittelbar klar werden, warum dies das *Herz* ist, das Herz aller Tugenden...

Aber nun das Andere. Was webt als Geheimnis zwischen Unschuld und ... Mitleid? Was ist dieses Geheimnis?

Die Unschuld ist bereits die ganze Prinzessin. Es ist ihr Geheimnis. Nur durch die Unschuld ist sie es – ist sie die Prinzessin. Das Wesen der Prinzessin, das Herz der Prinzessin ist ... Unschuld. Aus ihr geht alles andere lebendig hervor. Und auch alle anderen heiligen Tugenden sind *unschuldig*. Sie sind rein, sie sind heilig, sie sind die heiligen Glieder der Prinzessin, ihrer Seele. Aber was ist dann das Mitleid...?

Das Geheimnis des Mitleids... Das Herz der Krone, die aus einer über-heiligen Welt die Prinzessin krönt, und die Prinzessin neigt sich in Demut, weil sie weiß, dass dies ihre Krönung *ist*...

Es ist, wie wenn die unendlich sanftmütige, unendlich unschuldige Prinzessin am Morgen erwacht und ihre Augen aufschlägt. Hat jemand jemals diesen heiligen Moment miterlebt? Nein – wie denn auch? Aber vorstellen kann man es sich, in heiligster Innigkeit und Aufrichtigkeit. Zuerst die ganze Fülle des heiligen Wesens der Prinzessin, alles, wirklich alles – und in seiner Mitte diese unvorstellbare *Unschuld*. Und was ist dann *noch* unschuldiger als eine schlafende Prinzessin? Aber nun ist früher Morgen, und die Nacht ist vorbei, und dieses heiligst-unschuldige Wesen, die Prinzessin, schlägt die Augen auf...

Wer von diesem Moment nicht zutiefst ergriffen und berührt wird, der hat keine lebendige Seele... Ja, gerade das ist der heilige Prüfstein, an dem man erkennen darf, wie es um die eigene Seele bestellt ist – ob sie noch Leben in sich hat, und wenn ja, wieviel... Der Moment, in dem die Prinzessin erwacht.

Aber nun sind wir schon viel, viel weiter als das. Uns geht es jetzt bereits um das heilige Geheimnis, das zwischen Unschuld und Mitleid webt. Aber auch das werden wir lebendig empfinden und mit dieser lebendigen Empfindung verstehen, wenn wir uns diesen heiligsten Moment vorstellen, ganz und gar real, lebendig, innig, wesentlich, aber nun auf einer höheren Stufe. Nicht bloß das Erwachen am Morgen, das bereits ein allerheiligstes ist und das man nie verstehen wird, wenn man es nicht *so* versteht und erlebt. Aber jetzt ein noch höheres Erwachen, ein zweites, und nun wird es wirklich über-heilig.

Und die Unschuld ... wird Mitleid...

Mitleid... Das heilige Herz der Krone... Das Mitleid wird aus der Unschuld geboren, weil es gerade die Unschuld ist, die sich in das andere Wesen hineinversetzen kann.

Die Unschuld ist zu grenzenloser Hingabe fähig, weil sie nichts hat, woran sie selbstisch haften muss. Sie braucht nicht an *sich* denken, sie muss und will nicht *sich* fühlen, sie braucht nichts für sich wollen. Und gerade das ist Unschuld – dieses tiefe, heilige Fehlen des schlimmen, alles hässlich und armselig machenden Selbstbezuges. Der Unschuld fehlt er einfach! Er fehlt, er ist nicht da, er ist einfach nicht da... Und deswegen ist gerade das Andere da: die liebevolle, sanfte, fortwährende Hingabe an das Andere, von dem sie gar nicht getrennt ist, die unschuldige Seele, sondern mit dem sie gerade innig verbunden ist.

Heute müssen sich die Seelen so unglaublich anstrengen, um noch ansatzweise bei irgendetwas einen leisen Anklang von Mitleid zu empfinden. Sie müssen sich anstrengen! Wie weit ist es mit der Seele bereits gekommen, wenn sie sich *anstrengen* muss, um überhaupt noch bei irgendetwas Mitleid zu haben? – Die unschuldige Seele muss sich nicht anstrengen. Sie müsste sich anstrengen, bei irgendetwas *kein* Mitleid zu haben. Aber so sehr sie sich auch anstrengen würde – es wäre ihr gar nicht möglich...

Das Mitleid entspringt nicht einem abstrakten ,Sich-Hineinversetzen'. Es entspringt auch nicht einem abstrakten Wissen, dass der oder das Andere auch ein Wesen ist. Sondern es entspringt unmittelbar aus dem Herzen, ohne Vermittlung. Die unschuldige Seele muss nicht erst eine ,Verbindung' zu diesem Anderen aufbauen – sie *hat* sie schon, von Anfang an. Die unschuldige Seele ist nie *ohne* Verbindung zum Anderen.

Deswegen ist es für die unschuldige Seele so schwierig, sich vorzustellen, wie man *kein* Mitleid haben kann. Aber das ist ja bei allen Tugenden so. Die unschuldige Seele kann es sich nicht vorstellen, wie das, was aus ihrer eigenen Unschuld fortwährend lebendig hervorströmt – und das sind *alle* Tugenden –, bei einer anderen Seele *nicht* lebendig da sein kann. Beim Mitleid ist es aber besonders schlimm, dies zu bemerken, denn da steht die unschuldige Seele *erschüttert* vor der Tatsache, wenn es nicht da ist. Und warum? Weil hier wirklich das *Gute* unmittelbar betroffen ist – und nicht nur betroffen, sondern es wird *sichtbar*, sein Fehlen, das Fehlen des Guten in Bezug auf den Anderen, das Andere, überhaupt andere Wesen.

Jemand muss nicht ‚tugendhaft' sein, er kann eine ganz gewöhnliche, mehr oder wenige hässliche Seele haben, die kein heiliges *Leben* in sich trägt – es ist erst einmal seine Sache. Es ist sein eigenes, trauriges Versäumnis, wenn er sich um seine Seele nicht kümmert, sondern sie geradezu sterben lässt. Man kann ihn nicht daran hindern, wenn er nicht begreift, was er ihr antut. Aber das tut er zunächst nur *sich selbst* an. Aber im Falle des *Mitleids* wird es unsäglich schmerzlich und erschütternd offenbar, wie tot die Seele wirklich ist. Denn da offenbart sie es in ihrem Verhältnis zum Anderen – das kein Verhältnis *ist*, sondern ein absolutes *Fehlen* von einem Verhältnis, also ein Nichts, eine Leere, ein erschütterndes Fehlen von etwas, was da sein sollte, unbedingt, so notwendig wie die Luft zum Atmen...

9. März

Eigentlich betreffen alle Tugenden das Gute – immer geht es um das Gute, immer. Es geht um die Sehnsucht der Seele nach dem Guten, ihre Liebe zum Guten, ihr Leben im Guten. Keine Tugend ist etwas anderes. Es ist immer dieses. Wenn die Liebe zum Guten nicht das Lebensblut der Seele ist, sie durchströmend wie das andere Blut den lebendigen Leib, dann lebt sie nicht wirklich. Ihr Leben ist genau dieses und kein anderes. Die Seele hat nur ein wirkliches Leben, und dieses Leben betrifft das Gute, dieses wunderbare Geheimnis des Guten und dieser Liebe zu ihm. Die Liebe zum Guten ist das Leben der Seele – und das Fehlen dieser Liebe zum Guten, die um sich greifende Indifferenz, Lauheit, der wachsende Egoismus und Selbstbezug, das ist das Sterben der Seele.

Man kann nicht zwei Herren dienen. Entweder wird man den einen lieben und den anderen verachten, oder man wird dem anderen anhangen und den einen vergessen. Entweder die Seele hat diese zarte, reine, aufrichtige, unschuldige Liebe zum Guten – oder sie hat nur ‚Liebe' zu sich selbst. Dann aber wird die andere, die wahre Liebe immer weniger werden und sterben. Und die Seele wird hässlich werden und selbst *auch* sterben. Die Selbstliebe der Seele ist gleichzeitig ihr Tod.

Aber im fehlenden Mitleid nun wird dieser Tod sichtbar. Und die Seele merkt ihn sogar selbst. Da endlich merkt sie ihn! Ich glaube, es gibt keine Seele, die an dem Mangel ihres Mitleids nicht irgendwie auch selbst merkt, wie es um sie steht... Aber selbst das ist der Seele meistens egal! Sie ist schon so sehr gestorben, dass sie nicht mehr zurück kann... Sie *will* gar nicht mehr leben. Sie weiß gar nicht mehr, was das ist. Sie ist schon tot, obwohl sie noch nicht völlig tot ist. Eigentlich ist sie schon völlig tot. Sie lebt nur noch in ihrem eigenen Tod, ihrer Selbstliebe. Tote Seelen, die den Tod als Leben betrachten und doch genau wissen, dass es kein Leben ist – und dennoch den Tod nicht mehr verlassen können, sondern immer nur noch mehr sterben, im Tod versinken...

10. März

Wenn man sieht, wie die Seelen sterben, überfällt einen selbst für sie ein unendliches Mitleid. Dabei sind sie es doch, die mit ihrer Gleichgültigkeit und ihrem Selbstbezug alles zerstören – alles, was Schönheit und Sinn, alles, was Wert, Leben und Dasein hat. Alles, was uns umgibt, die wunderschöne Natur, die wunderbare Schöpfung, noch die kleinste Spinne und der Grashalm am Wegesrand. Zuerst wird dies alles der Seele egal, weil sie *blind* ist. Und dann zerstört sie es, weil es ‚einfach so ist', weil die Zerstörung ihren Gang, ihren Lauf nimmt und die Seelen längst in Gleichgültigkeit versunken sind. Weil sie *kein Mitleid haben*. Weil sie, bevor sie das Wunderbare, das Wunderschöne vernichten, längst schon *sich selbst* vernichtet haben. Und auch die Seele war einmal, einst, ganz früher, wunderbar und wunderschön... Sie war es, als sie noch das Mitleid kannte...

Es ist schwer, Mitleid mit jemandem zu haben, der alles zerstört, weil ihm egal ist, was mit der Natur und der Welt passiert – Hauptsache, sein Kühlschrank ist voll, Hauptsache, sein Urlaub ist gesichert, Hauptsache, ihm geht es gut. Dass aber seine *Seele* leer ist, dass *ihr* Leben überhaupt nicht gesichert ist und dass es ihr absolut nicht gut geht, weil sie mitten im Sterben liegt ... das interessiert ihn nicht! Er lebt in jenem Teil der Seele, der in Hässlichkeit lebt und der die ganze übrige Seele, die unschuldige Schwester, *umbringt*. Jede Seele, die sich in ihrem hässlichen Selbstbezug auslebt, hat Blut an ihren Fingern – das Blut ihres eigenen Wesens, ihres eigentlichen, ihres wahren, ihres unschuldigen Teils. Von diesem hat sie sich entfernt, und nun bringt sie ihn um, wie die eigene Schwester.

O, ihr Seelen, habt doch Mitleid! Wenn nicht mit der übrigen Welt, so doch mit jenem wahrhaft unschuldigen, reinen, wunderschönen Teil eurer selbst, den ihr fortwährend tötet, mordet, umbringt! Merkt ihr denn nicht, wie ihr euch damit *selbst* tötet und umbringt? Habt doch Mitleid...!

Achtsamkeit

11. März

Die zweite Tugend der Krone ist die Achtsamkeit. Ach! Die Menschen wissen gar nicht mehr von der Heiligkeit all dieser Dinge. Sie wissen nicht mehr von der Heiligkeit der Seele – und was alles in ihr liegt, wenn es denn geheiligt würde.

Aber diese Heiligkeit muss empfunden werden. Wenn die Fähigkeit, zu empfinden, so abgestorben ist, dass man nicht mehr empfindend dahin ahnen kann, nicht mehr ahnend dahin empfinden kann, wie heilig all diese Dinge sein könnten, die Seele selbst ... dann ist alles verloren. Die Seele muss wieder spüren, was sie *ist*. Sie kann empfinden! Sie ist etwas rein Innerliches – sie ist ein *Innenwesen*.

Wenn sie allein nur ein einziges Wort verstehen würde, ganz und gar. Dieses Wort heißt ... ‚innig'. Sie müsste es in tiefster Zartheit verstehen! Was heißt denn das – dieses wunderbare Wort? Was heißt es denn? Innig... Die Seele müsste *selbst* ganz innig werden, ganz, ganz innig. Ganz einhüllen müsste sie sich in ihre heilige, ihre reine Fähigkeit, zu *empfinden*. Nur ganz, ganz innerlich. Die Außenwelt vergessend. Sich nur besinnend auf das, was sie da hat: diese heilige, heilige Empfindungsfähigkeit. Und dann diese ganz, ganz zart sprechen lassen...

Alle Härte kommt daher, dass die Seele sich selbst vergisst, denn dieses unendlich Zarte ist ihr heiliges Wesen: empfinden zu können. In unendlicher Weichheit, Zartheit, Feinheit, noch wie die leichteste Feder, wie ein Hauch. Empfinden wie ein Hauch... Aber dies in voller Tiefe. Unendlich zart – und doch unendlich tief und intensiv. Das gerade ist die Sanftheit, dieses unendlich Heilige...

Die Seele findet sich erst wahrhaft wieder, wenn sie sich wirklich wie zu einer *Feder* machen kann, einer Daunenfeder, eine so unendlich weiche, leichte Daunenfeder. Wenn sie alles so fühlen kann, wie wenn man mit einer solchen hauchzarten Feder über die Dinge streicht... Streicheln muss man. Die Seele *selbst* muss wie ein Streicheln werden. *Dann* wird sie ihre eigene Wirklichkeit gewahr. Erst dann...

12. März

Ich spreche von einer unendlichen Aufmerksamkeit – und, ja, mehr als das. Zuwendung... Von einer heiligen *Zuwendung* zu den Dingen und zu allem spreche ich.

Es würde nicht nützen, wenn man dies nur lesen würde. Die Seele würde gar nicht in Wirklichkeit verstehen, was ich meine, wenn sie es nicht selbst täte. Sie muss diese innere Bewegung selbst zu machen versuchen. Es ist eine innere Handlung. Und auch eine Haltung, aber mehr noch eine wirkliche Handlung, ein inneres Tun.

Und am liebsten möchte man schweigen, um es zu erklären. Man möchte es fortwährend real vormachen. Aber das ginge nur, wenn man einander gegenüberstünde, wenn man beisammen wäre – und selbst dann müsste man noch immer erklären, beschreiben, wie das eigentlich *geht*, wie es möglich ist, wie man es macht. Denn die

Seele macht es nicht deshalb nicht, weil sie nicht will – sondern weil sie es gar nicht mehr kann!

Und so ist Achtsamkeit eine völlige Verwandlung, im Vergleich zu dem, was die Seele sonst die ganze Zeit tut – und nicht nur tut, sondern ist. Es ist eine Seins-Frage. Achtsamkeit ist nicht nur ein Tun. Es ist ein Sich-in-einen-völlig-anderen-Zustand-Bringen. Das ganze Sein der Seele wird ein völlig anderes. Alles, was sie tut, wird anders. Ihr Blick wird anders, aber sie bleibt nicht dieselbe, sondern die Verwandlung ihres Blickes wird eine vollkommene Verwandlung ihres ganzen Seins, ihres Zustandes. Die Tugenden ergießen ihr Wesen in die Seele und verändern sie wie Zauberinnen. Nichts bleibt, wie es war...

13. März

Heute will ich von dem schreiben, was ich ‚Blick' nannte. Und vorher nannte ich es ‚Zuwendung'.

Ist ein Blick nicht immer Zuwendung? Einerseits ja – aber diese Zuwendung kann auch Böses im Sinn haben. Der ‚objektive', der distanzierte Blick macht etwas und macht jemanden zum Objekt. Es gibt den gehässigen Blick, den verachtenden Blick, den abschätzenden Blick. Es gibt Blicke mit Hintergedanken, mit unguten Absichten. Die Frage ist immer: was verbirgt sich hinter einem Blick, hinter dem Blicken?

Und in all diesen Fällen bleibt der Blickende bei sich. *Er* ist es, der das Andere und den Anderen zum Objekt macht. Er und sein Blicken. Sein Blicken ist nicht unschuldig und nicht gut – es ist voller Selbstbezug und unguter Absichten. Die entsprechende Seele *benutzt* das, was sie anblickt. Es ist kein Miteinander, keine unschuldige, zarte Begegnung, sondern es ist ein Benutztwerden, eine Unterwerfung, eine Degradierung.

Das sollte man einmal sehr tief und deutlich fühlen. Was die Art und das Wesen des Blickes und des Blickens ist, die man fortwährend zu einer Wirklichkeit macht. Wie blickt man? Wie ist es mit dem Selbstbezug? Und was tut man den Dingen und Wesen mit seinem Blick an?

Die meisten werden denken, sie haben keine unguten Absichten. Aber haben sie dann *gute* Absichten? Oder haben sie nur die alles wie einen Mehltau überziehende Gleichgültigkeit? Und wie ist es dann? Mit dieser Gleichgültigkeit... Wie ist es dann?

14. März

Ich musste gestern mit dieser Frage aufhören, denn es ist wichtig, solche Fragen wirklich zu fühlen und in Ruhe zu beantworten – selbst. Man muss sich Zeit lassen – und alles wirklich erfahren, in seiner Wirklichkeit. Es muss zur Erfahrung werden, sonst bleibt es ein Nichts. Und die Seele bleibt bewusstlos, wesenlos, unverwandelt, bleibt, wie sie ist, und weiß nicht einmal, wie sie ist. Sie muss all diese Dinge wirklich innerlich erfahren. Die Erfahrung muss eine Realität werden, und dadurch wird die Seele eine völlig andere.

Denn dann werden ihr nicht nur Dinge und Wirklichkeiten bewusst, sondern *sie selbst* gewinnt Bewusstsein. Aber das ist etwas, was mit nichts anderem vergleichbar ist. Eine gewöhnliche Seele kann tausend gewöhnliche Dinge machen – sie bleibt immer, was sie ist. Aber nun das, was ich beschrieben habe: Wenn sie zu einer Erfahrung kommt... Wenn sie eine wirkliche, innere Erfahrung macht...

Hier entsteht Bewusstsein. Aber die Seele gewinnt nicht einfach Bewusstsein, das Bewusstsein kommt zu *ihr*. Es ist wie ein Licht, mit dem die Seele sich auf einmal durchdringt, weil sie von diesem Licht durchdrungen *wird*. Es wird ihr geschenkt. Auf einmal ist dieses Licht mit dabei, dieses Bewusstseinslicht. Bei allem. Bei jedem Blick, auch bei dem Blick auf sich selbst. Auf einmal ist immer dieses Licht mit dabei. Es ist ein Wunder.

Man kann dann sagen, die Seele sei sich ihrer selbst bewusst geworden, aber das ist nur ein Teil der Wahrheit. Dieses Licht wird ihr fortwährend *geschenkt*. So wie auch die Atmung, so wie auch das Leben. Es wird geschenkt. Und wirklich fortwährend. Und dieses Licht ist *auch* Leben. Es ist eine Art höheres Leben, ein Leben jenseits des Physisch-Sinnlichen. Es ist Licht, das sich in die *Seele* ergießt...

Und nun wieder der Blick, das Blicken... Die Frage ist: Wie blickt man? Was lebt in dem Blick? Was lebt in der Seele, wenn sie blickt? Welches Leben ist in ihr, wenn ihr Blick in die Welt geht, auf das andere zu? Was ist das Sein und Leben der Seele in diesem Moment, in diesem Tun? Und was ist dadurch das Leben und das Wesen ihres Blicks, ihres Blickens?

Man kann nicht einfach ‚blicken'. In dem Blick lebt immer das, was die Seele ist. Und wenn in dem Blick nichts Besonderes lebt, dann liegt das *auch* an der Seele – dann lebt in ihr nichts Besonderes, vielleicht gar nichts...

Warum sind die meisten Blicke so gleichgültig? Weil die *Seele* gleichgültig ist. Aber das bedeutet, in ihr lebt nichts, ein Nichts. Gleichgültigkeit ist ein Nichts. Es ist seelisches Nichts. Wenn es hoch kommt, ist es schlichter Selbstbezug. Andernfalls ist es seelischer Tod. Aber schon der Selbstbezug ist ja schleichender Tod. Gleichgültigkeit ist entweder die Hässlichkeit der Seele – oder aber ihr Tod. Bevor die Seele stirbt, wird sie hässlich, und dieses Hässlichwerden ist bereits ihr Sterben.

Die Seele kann dann sagen: Ich habe es nicht anders gelernt. Oder: Zu mir sind auch alle gleichgültig. Und anderes. Das kann man alles verstehen. Es sind Selbstentschuldigungen. Aber sie helfen der Seele nicht – jedenfalls nicht darin, *anders* zu werden. Ist es denn so ein Trost, zu sagen: Es sind die anderen, die mich umgebracht haben? Ist es wirklich so ein Trost? Es mag sein, dass es ein Trost ist, aber dennoch ist die Seele dann selbstverliebt in ihre eigene Tragik und nicht bereit, daran etwas zu ändern, weil sie ihr Unglück mehr liebt als ihr Glück, für das sie jederzeit etwas tun könnte, wenn sie nur *wollte*.

Das Einzige, was sie tun müsste, wäre, ihr Glück mehr zu lieben als ihr Unglück; die Liebe mehr als den Hass; die Hingabe mehr als die Vorwürfe; das innere Tun und Tätigwerden mehr als die Faulheit; die Wandlung mehr als die Erstarrung; das Leben mehr als den Tod...

Der Blick, das Blicken ... ist entweder Tod oder Leben. Wie ist ein Blicken, das das Leben in sich aufgenommen hat? Ein unendliches, aber zugleich unendlich zartes, sanftes, lebendiges Leben, ganz ebenso wie die kleinsten Blattspitzen, die sich im Wunder des Frühlings leise und zärtlich in die Wirklichkeit schieben...

Wenn man sich in diese Blättchen hineinversetzen könnte ... wenn man mit dem heiligen *Empfinden* der Seele sich hineinversetzen könnte in diese feinsten Blattspitzen, die gleichsam aus einer Welt der völligen Unsichtbarkeit in die Sichtbarkeit treten, sich von dem einen Reich kommend zart in das andere Reich hineinschmiegen... Wenn man das empfinden könnte! Wie genau dies wirklich geschieht...

Und mit der Achtsamkeit ist es genauso. Wirklich genauso. Denn die Aufmerksamkeit ist zartes Licht, lichte Zartheit, die sich von dem Reich der Unsichtbarkeit, der lebendigen Seele, ausgehend in das Reich der sinnlich vor einem sich entfaltenden Welt hineinschmiegt, dabei diese Welt sanft wie eine Daunenfeder streichelnd. Das ist der heilige Blick. Es ist Zärtlichkeit, die ganz Blick geworden ist. Das ist Achtsamkeit.

Achtsamkeit ist nicht ‚reines Gewahrsein', wie so viele denken. Natürlich kann man dieses ‚Gewahrsein' üben, und natürlich ist auch dies Licht. Aber was würde es nützen, wenn wir nur dieses Licht hätten? Nichts. Es würde nur einem neuen, höheren Selbstbezug dienen. Man würde denken, eine hohe ‚Stufe' erreicht zu haben, und den Dingen trotzdem wieder irgendwie unbeteiligt gegenüberstehen – oder auch sich einbilden, mit ihnen ganz ‚verbunden' zu sein. Oder auch sich einbilden, selbst das Licht zu sein. Das ist man aber nicht, auch wenn man es sich einbildet, weil es ja in einem ist und sogar ganz mit einem verbunden zu sein scheint, ja sogar, von einem ausgehend. Aber das ist es nur, weil es *sich schenkt.* So sehr, dass man sogar dies glauben kann. Erleuchtet zu sein, obwohl man nur er-leuchtet ist, durchdrungen vom Licht... Aber das Licht schenkt sich, weil es noch viel tiefer erkannt werden möchte. Es möchte erkannt werden als noch viel mehr als nur ,Licht'. Denn auch die Sonne ist nicht nur Licht, und auch das Licht der Sonne ist nicht nur dies. Die Sonne beleuchtet die Blumen nicht nur, das Licht kommt zu den Blumen nicht nur, um sie zu beleuchten – sondern es liebt die Blumen, und *weil* es sie liebt, schenkt es ihnen das Leben. Das Licht der Sonne ist *mehr* als nur Licht. Es ist Licht, Leben und Liebe...

Und Achtsamkeit ist weit, weit mehr als nur ,Gewahrsein'. Es ist inneres, tiefstes, zartestes Leben der Seele, und es ist *sich schenkendes Leben*. Es ist heiligste Zuwendung. Zuwendung ist das Sich-Schenken selbst. Durchdrungen von Licht. Lichtvolle Zuwendung, sich zuwendendes Leuchten. Achtsamkeit. Zärtliche Liebe im heiligen Kleid des Lichtes, des Bewusstseins. Das ist Achtsamkeit.

Liebe

18. März

Und was ist nun die dritte Tugend der Krone und die letzte der zwölf Tugenden überhaupt? Es ist die Liebe selbst.

Die Liebe ist die Vollendung aller Tugenden. Und zugleich ist sie aber auch ihr Ursprung. Sie ist die wahre Sonne. Ohne die Liebe gäbe es keine einzige Tugend – und gäbe es überhaupt nichts. Nichts gäbe es ohne die Liebe. Und wie keine einzige Tugend ohne sie existieren würde, so kann auch keine einzige Tugend ohne die Liebe verwirklicht werden. Denn um jede der Tugenden in der Seele lebendig werden zu lassen und zu hüten, muss die Seele sie zuvor ... lieben. Alles, worum die Seele sich bemüht, liebt sie. Und je inniger sie lernt, zu lieben, um so tiefer wird sie sich mit dem heiligen Wesen der Tugenden verbinden. Unendlich wird sie sie lieben lernen, sich nach ihnen sehnen, sie wie ihr eigen Fleisch und Blut betrachten – ihr zutiefst Eigenes, das Heilige, was ihr eigener, wahrer, heiliger Kern sein sollte. Dem wird die Seele nachstreben –

in heißer Liebe zu den Tugenden, die eben das Geheimnis *der Seele selbst* sind.

Die Liebe ist Ursprung und Vollendung zugleich. Das ist ihr Geheimnis. Und die Seele ist dasjenige Wesen im Kosmos, das sich mit den Tugenden verbinden *darf*. Dem es vergönnt und geschenkt ist, in heißer Sehnsucht nach den Tugenden zu entbrennen, um sie zu suchen, nach ihnen zu streben, sich mit ihnen zu verbinden, sich mit ihnen zu erfüllen, sich durch sie zu heiligen. Zu heiligen und zu heilen, denn die Tugenden erfüllen die Seele auch im Sinne der Erfüllung. Die Tugenden sind die Erfüllung der Seele. Sie machen die Seele vollkommen, so, wie sie sein soll. Aber die Seele darf dies *selbst* ersehnen!

So sehr hat die Liebe die Seele geliebt, dass sie sich selbst der Seele geschenkt hat. Nun darf die Seele *auch* lieben. Und sie darf dasjenige lieben, was sie selbst vollkommen machen wird: die Tugenden – von denen die Seele so sehr fühlt, dass sie ihr Eigenes sind; dass nichts teurer, heiliger, kostbarer ist, als sich mit ihnen zu erfüllen.

19. März

Die Tugenden sind die heilige, unschuldige, erste Liebe der Seele. O, wie heilig ist die erste Liebe! Aber lange, bevor die Seele sich zum ersten Mal in einen anderen Menschen verliebt, so rein, so tief, so unschuldig, wie sie es beim ersten Mal tut ... lange vorher liebt die Seele bereits die Tugenden, auch wenn sie es noch nicht weiß, weil sie sogar von sich selbst noch fast nichts weiß.

Schon das Kind liebt die Tugenden. Es liebt die Gerechtigkeit, die Aufrichtigkeit, die Treue, die Wahrheit. Ein Kind ist *durchdrungen* von Tugenden. Sie umhüllen es, leiten es und erfüllen noch ganz seine Seele. Später dann kommt es zu einem Bruch, zu einer gewissen Trennung. Es ist, wie wenn die erste große Liebe der Seele auseinandergeht, zerbricht, wie wenn die Geliebten sich wieder trennen würden. Das ist eine Tragik. Denn ohne die reine Geliebte, ohne die Tugenden, wird die Seele hässlich...

Und doch lassen die Tugenden, die heiligen Geliebten der Seele, es zu, dass die Seele sie verlässt. Sie sind so rein und unschuldig, dass sie die Seele dennoch lieben, auch wenn sie von ihr verlassen werden. Wie die treueste Geliebte harren sie aus und warten und hoffen, bis die Seele zu ihnen zurückkehren wird. Sie verlassen die Seele nie – aber die Seele verlässt sie. Und so warten sie, treu bis in den Tod...

Und das große, heilige Geheimnis ist, dass die Seele ihre erste große Liebe dennoch immer im Herzen behält. Und das meine ich wörtlich. Denn ich sagte: Die Tugenden verlassen die Seele nie. Auch das meine ich wörtlich. Die Seele hat sie immer in ihrem Herzen – aber sie vergisst und verlässt sogar ihr eigenes Herz. Die Seele ist nicht nur den Tugenden gegenüber untreu, sondern sogar sich selbst gegenüber. Die Tugenden sind der Seele treu, aber sie selbst ist sich nicht treu.

20. März

Aber warum schreibe ich dies alles, wo es doch um die Liebe geht? Weil all dies durchdrungen ist von Liebe. Denn wie viel Liebe muss dazu gehören, die Seele gehen zu lassen, *obwohl* sie mit unendlicher Liebe geliebt wird? Wie viel Liebe muss dazugehören, sich *verlassen* zu lassen, obwohl es so klar, so deutlich, so unwiderruflich ist, dass beides zusammengehört – die Geliebte und der Geliebte, die Tugenden und die Seele? Unendliche Liebe ist es, sich verlassen zu lassen und ... zu *warten*.

Und jede leise Stimme der Seele, in der sie ihr Gewissen fühlt, in der sie auch eine leise, reine, heilige Sehnsucht fühlt, und sei sie nur so leicht wie ein Hauch – all dies ist der leise, zarte, reine, unschuldige Ruf der Tugenden, der Geliebten. Die Seele hat keine Sehnsucht ohne die Tugenden – die Geliebte ruft immer schon *vorher* das Geliebte, die Seele. Und es ist *ihr* Ruf, der sich in der Seele als Sehnsucht nach der Geliebten *widerspiegelt*. Die Seele denkt, sie hat Sehnsucht, fühlt sie auch, aber es ist der Ruf der Geliebten, den sie fühlt. Und sie fühlt ihn im Herzen, weil die Geliebte dort *ist*!

Und noch einmal sage ich: Wie viel Liebe gehört dazu, so einsam zu warten, so geduldig, so treu, nur hoffend, dass die Seele eines Tages begreifen wird, wer ihre wahre, ihre tiefste Liebe ist... Eine menschliche Geliebte kann treu sein. Die Tugenden aber sind übermenschlich treu, sie sind unfassbar treu, sie warten bis in die Ewigkeit – und sie kommen aus der Ewigkeit.

21. März

Die Seele hat die Gnade bekommen, die Liebe *lernen* zu dürfen. Sie besitzt sie von Anfang an, als Geschenk, und darf sie dennoch lernen. Denn sie wird von ihr getrennt, trennt sich durch trennende Einflüsse von ihr ... um sie wiederfinden zu dürfen. Ob sie es aber auch *tut*, liegt an ihr...

Die Liebe ist die höchste aller Tugenden – und alle anderen entspringen auch aus ihr. Anfang und Ende ... alle Tugenden *münden* auch in die Liebe. Und alle Tugenden sind eine Offenbarung der Liebe. Die Liebe ist die Quelle, ist der Fluss und das Meer. Sie ist in jedem Moment sie selbst und doch immer in anderer Gestalt.

Nehmen wir die Unschuld, von der ich so oft sagte, dass sie wie eine Quelle ist. Was ist die Unschuld? Spüren wir es doch nur! In der Verwirklichung der Unschuld wird die Seele *selbst* klar wie eine Quelle, durchsichtig wie ein flüssiger Diamant – und was geschieht dann? Die Liebe selbst kann sie ohne alle Hindernisse erfüllen, durchdringen, aus ihrem Herzen überfließen... Die Seele ist nicht deshalb unschuldig, weil sie wie ein Tor nichts von dem begreift, was um sie herum vorgeht, sondern weil sie bei allem, was um sie herum vorgeht, sofort etwas empfindet; weil sofort und unmittelbar der heiligen Unschuld alle übrigen Schwestern zu Hilfe eilen und die Seele, erfüllt von Unschuld, mit allen Tugenden anwesend ist und so, unschuldig und reich erfüllt von den Schwestern, denkt, fühlt und handelt.

Das ist Unschuld – aber darum ist die verwirklichte Unschuld zugleich auch die reinste Liebe. *Jede* Tugend ist Liebe, in jeweils anderer Gestalt. Und alle Tugenden zusammen sind die vollkommene Liebe, die Erfüllung der Seele mit reiner Liebe, ohne Rest. Und die

Seele verwirklicht die Tugenden gerade dann, wenn sie die Unschuld wiederfindet – denn dann kann nichts und niemand mehr sie daran hindern...

22. März

Die Liebe ist zugleich das Gute. Und alle Tugenden, die aus der Liebe entspringen, sind zugleich wiederum Liebe zum Guten. Die Seele, die die Tugenden liebt und ihnen nachstrebt, liebt das Gute und erfüllt sich mit Liebe zum Guten.

Was aber ist dann der Unterschied zwischen der Liebe und dem Guten? Es gibt keinen. Die Liebe *ist* das Gute. Und das Gute ist die Liebe. Nichts ist gut, wenn es nicht die Liebe in sich trägt. Man kann sagen, dass auch das Böse seinen Sinn hat und von daher gut ist. Aber es *ist* nicht gut, es *dient* dem Guten nur.

Die Liebe wiederum kann auch das lieben, was sie nicht ist. Im Grunde liebt sie unendlich viel von dem, was sie nicht ist – denn wie lieblos ist alles! Die Liebe kann sogar das Böse lieben – nicht, selbst das Böse zu tun, sondern das Böse aus Mitleid um dessen Gefallensein und in tiefer Hoffnung auf seine Rettung. Und nicht nur Hoffnung, sondern sogar Willen. Die Liebe *will* das Böse retten. Gerade das ist ihre Liebe...

Und so ist die Liebe der gute Wille – in seiner tiefsten Tiefe. In einem heiligen Brennen. Es ist der Wille, der nichts anderes will als das Gute, das Beste, das Allerbeste. Liebe ist Flamme, Feuer, heiliges Feuer. Liebe ist Hingabe aller guten Kräfte, bewusst, wirklich dies wollend. Liebe ist wie ein Komet, der das Gute bringt, weil er es selbst ist...

23. März

So, wie ein Feuer nicht fragt, ob es weniger brennen soll, und so, wie ein Komet nicht fragt, ob er langsamer fliegen soll, fragt auch die Liebe sich nicht, ob sie sich verringern soll. Die Liebe denkt nie an *sich* – denn dann wäre sie nicht die Liebe. Selbst in ihrem

Brennen ist sie nicht selbstbezogen. Dieses Brennen, was ich meine, hat nicht mit äußerer Heftigkeit zu tun, sondern es ist eine rein innere Qualität. Die Bedingungslosigkeit der Liebe liegt *innen*, in ihrem Wesen, nicht außen.

Außen kann die Liebe sehr wohl sehr, sehr sanft sein – wie ja überhaupt die Liebe niemals überwältigen will, denn auch dann wäre sie nicht die Liebe. Aber das heißt, heiße, tiefe Bedingungslosigkeit verträgt sich sehr wohl mit tiefer Sanftheit und zärtlicher Hingabe. Nicht die äußere Wucht kennzeichnet die Liebe, im Gegenteil, sondern die innerste Unschuld.

Die Liebe *weiß*, dass sie überwältigen könnte – und tut es gerade nicht. Denn sie weiß, was Überwältigen ist, weil sie immer vom Anderen her denkt, empfindet und handelt. Die Liebe ist die Verwirklichung der Umstülpung, einer heiligen Alchemie zwischen Innen und Außen, zwischen Du und Ich, zwischen Fremd und Eigen. Für die Liebe ist das Andere das Eigenste und das Eigene ist ihr gerade fremd. Deshalb wird in der Liebe der Eigenwille zum *sanften* Willen, der sich dem Anderen hingibt.

Die Liebe bestimmt nie, sondern sie lässt sich bestimmen. Das Wohl des Anderen ist ihr Ziel, und diesem Ziel folgt sie. Es ist, wie wenn sie von außen gelenkt würde, aus dem Umkreis, nämlich dem, was mit dem Anderen zu tun hat. Aber genau das will sie, genau das ist ihr Eigenwille. Sie strömt diesen Eigenwillen nach außen, und von außen strömt ihr Eigenwille ihr dasjenige zurück, was *das Gute* ist.

24. März

Und so ist die Liebe der wahre Fischerkönig. Sie wirft ihre Netze aus, und übervoll zieht sie sie wieder ein, lässt sich von dem, was sie ‚gefangen' hat, darüber belehren, was sie tun soll, weil sie nun weiß, was das Gute ist, wessen das Geliebte bedarf.

Die Liebe öffnet ihre Augen und sieht, was sie tun kann. Und noch bevor die eine Hand von der anderen weiß, tut sie es... Das ist die Liebe. Sie ist so lebendig wie quellendes Wasser. Ebensowenig, wie ein Feuer sich zurückhält, hält sich auch eine Quelle zurück.

Sie sprudelt! So auch die Liebe. Unerschöpflich ist sie nicht auf sich bedacht. Die Hingabe ist ihr Wesen, aber noch mehr – unermüdlich forscht sie, was sie *tun* kann in ihrer Hingabe. Wie wenn das Feuer forschen würde, wem es leuchten, wen es wärmen kann, das Wasser, wem es fließen, wen es laben kann. Mit Hingabe forscht die Liebe, wie sie sich hingeben kann – dem, was sie liebt.

Aber die Liebe zieht keine Grenzen. Wohl kann sie mehr und weniger lieben, weil alles auch mehr oder weniger liebenswert ist. Aber sie kann nicht *nicht* lieben – denn dann würde sie sich selbst verleugnen. Und so sieht sie überall das Liebenswerte und richtet sich *darauf*. Und sucht und forscht, was sie tun kann, und dann tut sie es, mit Hingabe. Die Liebe ist ein Feuer, und dieses Feuer ist unerschöpflich.

Die Liebe ist die allerheiligste Kraft im Kosmos, und alles geht aus ihr hervor. Sie aber ist es selbst, in ihr offenbart sich der Ursprung und die ewige Vollendung. Die Liebe ist das Höchste. Und sie ist nur begreifbar, indem man sich von ihr entzünden lässt. Gleiches kann nur von Gleichem erkannt werden. Die Liebe muss einen *erfüllen*. Dann erkennt die Liebe in einem, was die Liebe ist... Erfüllt von ihr wird man ihr gleich und begreift...

Karwoche

25. März

Und nun ist Palmsonntag, und das ist der Beginn der Karwoche. Der vom Volk bejubelte Einzug von Jesus in Jerusalem! Und dennoch ist es der Beginn. Denn wie wankelmütig ist dieses Volk. Schon wenige Tage später wird es diese furchtbaren, furchtbaren Worte rufen: ,Kreuzige, kreuzige' ... nicht wissend, was es tut.

Bei Matthäus aber sind es die *Kinder*, die im Tempel ,Hosanna dem Sohn Davids!' rufen – und die Hohepriester und Schriftgelehrten werden darüber ärgerlich. Kein größerer Gegensatz ist denkbar: die Kinder mit ihrem unverfälschten Herzen, die sehen, wie Christus die Menschen heilt, und unmittelbar spüren, was dies bedeutet, und auf der anderen Seite die Schriftgelehrten mit ihren *verhärteten*

Herzen, die ebenfalls alles sehen, aber nichts davon empfinden, sondern nur Hass in sich finden können. Was für eine Tragik!

Eifersüchtig sind sie, diese Schriftgelehrten, tief eifersüchtig darauf, dass hier ein reiner Mensch steht, einer, der die unendliche Fülle der göttlichen Liebe in sich trägt, der eins ist mit dem göttlichen *Wesen* dieser Liebe – ja!, sie stehen vor dem allerhöchsten Gotteswesen selbst, aber sie sehen nur den Menschen, und sie sind eifersüchtig! Weil sie nie so sein werden wie er. Weil sie nie ein so reines, liebendes Herz haben werden; weil sie die *Liebe* niemals kennen werden, und weil ihr innerstes Herz dennoch weiß, dass dies das einzige Ziel ist und dass sie gerade dieses verfehlen. Christus zeigt ihnen, was sie verfehlen – und dafür hassen sie ihn; in Wirklichkeit hassen sie *sich*, aber das müssen sie sofort nach außen wenden, gegen das *Wesen der Liebe*. Welch eine Tragik...

26. März

Und Christus selbst? Er treibt am nächsten Tag die Händler aus dem Tempel – die auch nicht wissen, was sie tun und was sie tun *sollten*.

Und die Frage ist: Wissen wir es denn? Wie sehr sind wir denn heute Volk und Händler? O, wie bequem ist es, den Blick nach außen zu richten, sogar in die Vergangenheit, auf eine ferne ‚Geschichte‘, wo irgendetwas passierte, was mit uns heute ‚gar nichts‘ zu tun hat. O, wie blind bist du, der du dies glaubst! Und wie faul, wie hässlich in deinem Inneren!

Diese ‚Geschichte‘, wie sehr sich inzwischen auch schon die Jahre zwischen uns und sie geschoben haben, hat mit uns *alles* zu tun – so unendlich, wie man es sich nur vorstellen kann. Was sich zwischen uns und sie geschoben hat, sind nicht nur Jahre, die überhaupt keine Rolle spielen würden, sondern es ist die unermessliche Lauheit und Trägheit der Herzen! Denn dieses Wesen, das da den äußeren Tempel reinigt, ist uns überhaupt nicht fern, ist uns sogar unendlich nahe – nur wir, die geradezu durchsetzt sind von Lauheit und Trägheit des ganzen inneren Wesens, gehen darüber hinweg, als ob es nicht so wäre! O, wie furchtbar ist dieses Versäumnis!

Christus treibt die Händler aus dem Tempel. Und genau das ist es, was auch wir tun sollten. Alles, alles aus dem inneren Heiligtum unseres Tempels, unseres Herzens hinausweisen und austreiben, was nicht dorthinein gehört. Und wie viel ist das! Die Reinigung des Tempels, die tiefe, tiefe Heiligung unseres wirklichen Heiligtums. Das heilige Herz... Das ist die Botschaft. Taucht eure Herzen ein in die Heiligkeit, derer sie bedürfen...

27. März

Der Kardienstag – hier treffen das Gute und das Böse ganz und gar aufeinander. Am Tag des Mars – denn noch die Franzosen kennen den Marstag, *mardi*.

Die Hohepriester fragen Christus im Tempel nach seiner Vollmacht. Er aber antwortet ihnen mit der Frage nach der Taufe des Johannes, worauf sie verstummen. Und dann spricht Christus viele Gleichnisse aus. Und er zeigt den Schriftgelehrten, dass die Zöllner und die Dirnen eher in das Gottesreich gelangen werden als jene, weil sie Johannes geglaubt haben.

Ein weiteres Gleichnis ist das von den Weingärtnern, die sich dem Besitzer des Weinberges widersetzen und sogar seinen Sohn töten. Dann das Gleichnis von dem Hochzeitsmahl, zu dem niemand kommen will und deren ankündigende Diener sogar umgebracht werden – worauf der König einfache Gäste von der Straße holt.

Dann die Fangfrage der Pharisäer nach der kaiserlichen Steuer – und die Antwort von Christus, Gott zu geben, was Gottes ist. Dann die Frage nach dem wichtigsten Gebot – und die Antwort von Christus: die Liebe Gottes und die Liebe zum Nächsten. All das weisen sie aber ab! Christus sagt ausdrücklich, man soll Gott lieben mit ganzem Herzen, mit ganzer Seele und mit seinem ganzen Denken. Aber niemand, niemand nimmt diese Worte ernst, denn niemand weiß, was die *Liebe* ist – und niemand lässt sie in sich zu... Zulassen müsste man diese unendliche, innige, wundersame, einzigartige, reine Liebe – einfach nur zulassen...

Und Christus offenbart das ganze Heuchlertum der Schriftgelehrten und Pharisäer. Er sagt: Ihr siebt die Mücke aus und verschluckt das Kamel. Und sie sind wie getünchte Gräber, außen schön anzusehen, innen aber voller Unreinheit. Danach geht Christus auf den Ölberg und spricht dort die Worte der Ölberg-Apokalypse. Viele schlimme Dinge werden geschehen. ‚Und weil die Gesetzlosigkeit überhandnimmt, wird die Liebe bei vielen erkalten.' O, wie wahr ist das!

Und dann folgen noch die beiden Gleichnisse von den törichten und klugen Jungfrauen und von den anvertrauten Talenten. Und dann die Scheidung der Geister bei der Rückkehr des Menschensohnes und all seiner Engel. Und die Guten werden fragen: Herr, wann haben wir dich aufgenommen? Und er wird sagen: Was ihr einem meiner geringsten Brüder getan habt, das habt ihr mir getan.

All dies geschieht in ungeheurer Dramatik an einem einzigen Tag. Und hinter den Schriftgelehrten stehen die Dämonen, und in ihren Herzen herrschen sie und wüten – und Christus offenbart ihr wahres Gesicht. Apokalypse – das ist Offenbarung. Überall Dämonen, überall Dunkles in den Herzen, und Christus ist einfach nur da, und schon sein *Dasein* offenbart das, was bei den Anderen *nicht* da ist...

28. März

Und nach diesem Tag, dem Kardienstag, halten die Hohepriester am nächsten Tag Rat, wie sie ihn, den Messias, töten können. Und sie beschließen, ihn mit List in ihre Gewalt zu bringen, noch vor dem Passahfest.

Und wieder der größte Gegensatz dazu: Christus selbst ist an diesem Tag im Hause Simons, eines Aussätzigen. Zu ihm aber kommt eine Frau mit kostbarem Salböl, und sie gießt dieses über sein Haupt. Die Männer aber, die Jünger, werden darüber unwillig, weil man das Öl hätte verkaufen können. Jesus aber verteidigt sie – und Judas geht zu den Hohepriestern...

Die Männer denken an das Geld, das äußere Geld, selbst wenn sie es den Armen geben wollten. Die Frau aber weiß in ihrem Herzen, was noch unendlich viel wichtiger ist. Auch sie tut eine äußere Handlung, aber diese ist getragen von Liebe zu Christus.

86

Liebe zu Christus, Liebe zu diesem Wesen, innige Liebe des Herzens zu diesem Wesen – das ist das Eine, was Not tut. So, wie Maria, die eine Schwester des Lazarus, zu den Füßen von Christus saß, um ihm zuzuhören, nur das... Ach! Wie unendlich wenig haben die Jünger verstanden...

Wenn man dieses Eine mit dem Herzen miterleben würde – nur diesen einen Moment. Man hätte in demselben Moment den ganzen Sinn des Christentums verstanden. Nur dieser eine Moment: Die Frau kommt mit dem kostbaren Öl zu Christus, und über seinem Haupt gießt sie es aus, in ihrem ganzen Herzen wissend, warum sie dies tut. Was für eine heilige Liebe liegt in diesem Tun! Bis in alle Ewigkeit ist dieses Bild in der Welten-Erinnerung aufgeschrieben. Die Männer verstehen es nicht, aber das Herz und die Seele der Frau wenden sich innig liebend dem Christus-Wesen zu. Die treue Liebe eines menschlichen Herzens salbt das Wesen der göttlichen Liebe – wenn man diese Tat wirklich begreifen würde, müsste sie einen zu Tränen rühren...

29. März

Der Donnerstag ist dann der Tag des Abendmahles und der Gefangennahme in der darauffolgenden Nacht.

Im Abendmahl verbindet Christus sein Wesen mit Brot und Wein. Seitdem sind diese beiden heilig. Das Brot, gewonnen aus dem Korn des Feldes, und der Wein, gewonnen aus der Frucht des Weinstockes. Beides sind Früchte der Sonne, reifend durch die Liebe des Sonnenwesens selbst. Christus ist dieses Wesen – er ist das Brot des Lebens, er ist der wahre Weinstock. Mit den heiligen Worten des Abendmahles beginnt die Heiligung der Erde, die sich dann später durch ihn bis in die Tiefe fortsetzen wird.

O, wie wenig wird heute das heilige Mahl noch ernst genommen! Müsste man nicht vor *jedem* Stück Brot im Herzen ein heiliges Beben empfinden, sich in heißer Liebe sagend: du bist auch von dem, was der Herr geheiligt hat? Aber wie wenig sind die Herzen heute noch zu dieser Innigkeit, dieser Treue, dieser Hingabe, dieser unendlichen Sehnsucht nach ihm fähig?

Jene beiden, die nach Emmaus gingen, erkannten den Auferstandenen, als er sie wieder verlassen hatte – und woran erkannten sie ihn? Sie sagten: ‚Brannte nicht unser Herz in uns, als er unterwegs mit uns redete', aber sie erkannten ihr eigenes Herz nicht. Erst, als er mit ihnen in Emmaus *das Brot brach*, da erkannten sie, was ihr Herz schon vorher erkannt hatte...

Seit dem Abend dieses letzten Abendmahls ist um das Brot etwas Heiliges – und man muss dies bis in die Tiefe ernst nehmen. Denn die Seele kann wirklich *alles* leugnen und ignorieren. Gerade darin besteht ihre Lauheit. Sie vergisst selbst das Heiligste vollkommen – und kann leben, wie wenn sie unter tausend Grabsteinen verschüttet läge, während in der eigentlichen Wirklichkeit das zarte Sonnenlicht fortwährend Bande der Liebe webt...

30. März

Abcr dieses Wesen der Liebe wird in der Nacht zum Karfreitag im Garten Gethsemane gefangengenommen. Der Hohepriester Kaiphas und der ganze Hohe Rat verurteilen ihn. Dann wird er vor Pilatus geführt, den römischen Statthalter. Jesus aber antwortet auf keine einzige Frage. Pilatus aber weiß sogar, dass die Juden ihn nur aus *Neid* ausgeliefert hatten. Und dann bittet ihn sogar noch seine Frau wegen eines Traumes, Jesus freizulassen. Das Volk aber, überredet von den Hohepriestern und Ältesten, fordert die Freilassung eines Verbrechers...

Pilatus, der keine Schuld an ihm findet, wäscht sich vor den Augen des Volkes seine Hände in Wasser, und sagt, dass er am Blut Jesu unschuldig sein werde. Dann liefert er ihn zur Kreuzigung aus. Und die Soldaten, die ihn abführen, hängen ihm einen purpurnen Mantel um, setzen ihm eine Dornenkrone auf und verspotten, bespeien und schlagen ihn, tun dies alles mit dem Wesen der Liebe...

Dies alles – dies alles kann man nur *begreifen*, wenn man es *empfinden* kann. Was hier geschieht, ist unfassbar – aber nur das wirkliche Herz kann dies begreifen. Alles andere ist längst viel zu tot, abgestorben, vernichtet, in seiner Fähigkeit irgendetwas zu begreifen. Der einzige Lebenspol, der die Wirklichkeit spüren kann, liegt im Herzen... Und dieses Herz, es muss den überall sich ergießenden Seelentod spüren, dieses lähmende Nichts, diese Totheit, diesen absoluten Verlust von allen reinen, zarten, aufrichtigen, lebendigen Empfindungen; diesen Verlust des zarten Lebendigseins des Herzens selbst, der eigentlichen Seele. Da ist nichts! Überall ist es tot. – Und angesichts dieses Todes, überall, angesichts dieses Todes muss das Herz diese tiefe, leidvolle, entbehrende Sehnsucht nach Leben empfinden. Nach dem zarten *Leben* der Seele, das überall nicht mehr da ist. Unsägliche Sehnsucht, und überall ... nicht da...

Und dann ist da dieses Wesen, diese eine, Einzige, und da *ist* dieses Leben, und es ist da, weil dieses Wesen dieses Leben selbst ist, das heilige Geheimnis dieses heiligen Lebens, das die Seele sucht und inniger liebt als alles andere. Die Seele sehnt sich nach etwas unendlich Zartem, unendlich Lebendigem, zart, frühlingshaft, wie in den Knospen, das heilige *Prinzip* des Lebens, die unbeschreibliche Kraft des zarten, unerschöpflichen Lebens, etwas wirklich Unbeschreibliches, weil es in seinem Geheimnis *gespürt* werden muss. Aber in diesem Wesen, diesem göttlichen Wesen, ist dieses Unbeschreibliche da, denn er *ist* dieses Unbeschreibliche. Aber das Herz darf nicht vergessen, dies zu *empfinden*, zu erkennen; die wirkliche Empfindung *ist* die Erkenntnis, aber sie ist nur da, wenn sie gegenwärtig ist.

Und wenn sie da ist, diese unbeschreibliche, seelenerschütternde, bestürzende Erkenntnis; wenn die Seele nichts inniger will, als diesem Wesen *nahe* zu sein, sich gleichsam in *seinem* Leben sanft zu wärmen, das eigene wunde Herz in diesem heiligen, heilenden, tröstenden, sanft leuchtenden und wärmenden Leben innig zu bergen ... wenn die Seele dieses ganz und gar unbeschreibliche Wunder *empfinden* kann – dann erkennt sie erst wirklich, was hier, am Karfreitag geschieht.

Es ist der erschütterndste Moment der gesamten Weltgeschichte. Das nicht zu begreifende Wesen der Liebe, dem man sich überhaupt nur mit dem *Herzen* wirklich nähern kann – es wird verspottet, es wird bespuckt... Für das Herz ist dies gänzlich unfassbar, es fühlt sich geradezu zerrissen, in ein namenloses, wahnsinniges Leid hineingetrieben; denn was hier geschieht, *ist* Wahnsinn, es ist eine Wider-Logik, die das Herz geradezu zermalmt, nicht zu begreifen, rasende Furchtbarkeit... Und dann ... wird dieses unbeschreibliche Wesen, das *die Rettung des Herzens* ist – gekreuzigt!

Es wird gekreuzigt. Der Mensch, mit dem das wahre Leben ganz eins geworden ist, wird gekreuzigt – von den toten Seelen, die nichts begreifen und die ihre eigene Rettung, ihren eigenen Heiland, das Heilende überhaupt, ans Kreuz schlagen.

Und Jesus stirbt. Und die Sonne verfinstert sich. Und es ist Karfreitag. Unfassbarer Karfreitag. Finsternis auf Erden. Finsternis in den Seelen. Finsternis...

31. März

Karsamstag. Die Jünger trauern. Sie sind entsetzt und können es nicht fassen. Die Frauen trauern auch und weinen. Niemand weiß, was jetzt passieren soll. Der Sabbat wird der Tag des Todes. Das völlig Unvorstellbare ist geschehen. Und Petrus hat Christus sogar noch verleugnet. Wie kommt er nun damit zurecht? Auf diesen Fels soll die Kirche gebaut werden? Aber welche Kirche? Es ist doch alles verloren...

Die Frauen weinen. Aber die Erde, auf die ihre Tränen tropfen, frohlockt, denn sie durfte schon Leib und Blut Christi aufnehmen. Das Blut vom Kreuz, den Leib im Grab. Und die Erde weiß, dass dies kein Tod ist, sondern eine Erlösung. Die Erde frohlockt, denn sie durfte den Beginn der Erlösung als erste schmecken. Das heilige, heilende Blut Christi – es schenkt sich der Erde und schenkt ihr den ersten Beginn, von einem ersterbenden Planeten zu einer *Sonne* zu werden. Zu einem Lebensquell. Beginn einer kosmischen Wandlung, begonnen mit dem Blut von Golgatha.

Und die nächsten Begnadeten sind die Toten. Sie, die nichts mehr hoffen durften, seit Anbeginn der Zeiten; sie, die Verlorenen, die Vergangenen, die Vergessenen, die Schattenseelen, die wirklich *Toten* – zu ihnen kommt der Herr als erstes. Er, der Todüberwinder, der Todbesieger, er, der *nicht* dem Gesetz des Todes unterliegt, sondern dem der Tod selbst unterliegen muss. Er, der in das schwarze Nichts des Todes sein flammendes Liebe-Wesen wirft und von nun an mit den Toten ist, auf dass sie nicht mehr Tote, sondern Lebende sind. Er, der von nun an jede Seele am Tor des Todes erwarten wird, sie in tiefer Liebe aufnehmend, empfangend, in ihrer wahren Heimat, die er ist...

Das ist der Karsamstag. Für die Toten ist es bereits Ostern. Hölle, deine Pforten sind überwunden! Tod, wo ist dein Stachel? Christus, der Herr, ist überall, sogar im Tod. Es gibt keinen Ort, nirgendwo, wo nicht sein erlösendes Wesen auch sein kann. Christus der Pantokrator, der Allherrscher – er, der durch *Liebe* herrscht. Er, der die Liebe überall hinträgt. Der Heiland der Liebe.

Die Jünger trauern, die Frauen weinen, aber nur für die Lebenden ist Karsamstag. Die Toten haben längst das Licht geschaut – und der Tod ist längst überwunden. Karsamstag...

Ostern

1. April

Christus ist auferstanden! Der Heiland, der Retter, die *Weltenliebe*. Sie ist auferstanden. Am Ostermorgen, noch in der Frühe, tritt sie aus dem Grab – und die Welt empfängt den Weltensonnenstrom... Und ein einzelner Mensch sieht ihn zuerst, eine Frau. Es ist Maria Magdalena. Johannes erzählt es ausführlich. Sie kommt noch im Dunkeln zum Grab und findet es offen. Da läuft sie zurück und erzählt es Simon Petrus und Johannes, und sie laufen zum Grab und sehen es ebenfalls leer, dann kehren sie wieder zurück. Maria aber *bleibt* bei dem Grab – und weint. Und als sie so weinte, beugte sie sich in das Grab hinein – und da sieht sie zwei Engel. Und sie sitzen zu Häupten und zu Füßen da, wo der Leichnam lag, und sie fragen Maria, warum sie weine (denn es gibt keinen Grund, aber das versteht Maria noch nicht). Maria aber sagt: ‚Sie haben meinen Herrn weggenommen, und ich weiß nicht, wo sie ihn hingelegt haben.'

Kann man diese Worte der Weinenden *empfinden*? Welch eine unendliche Liebe und Treue! Aber nun: ‚Und als sie das sagte, wandte sie sich um und sieht Jesus stehen und weiß nicht, dass es Jesus ist.' Und auch er fragt sie, warum sie weint und wen sie suche. Sie aber meint, es sei der Gärtner, und sie bittet ihn, wenn er ihn weggetragen habe, ihr zu sagen, wo er ihn hingelegt habe. Da nennt Jesus sie bei ihrem Namen – und sie erkennt ihn...

Die einstige Sünderin erkennt das Welten-Liebe-Wesen, das nun in seinem Auferstehungsleib erscheint. Ein reiner, heiliger, nicht-stofflicher Leib, auch wenn er so erscheinen kann. Er ist aber voller Leben, heilendes, heiliges Leben. Nur deshalb ist Maria so verwirrt, und ihr nächster Gedanke ist, es sei der Gärtner. Welcher Gärtner? Gibt es dort einen Gärtner? Aber ein Gärtner ist immer ein Hüter der *Lebenskräfte*. Das ist das Wesentliche. Sie denkt, es ist ‚der Gärtner‘. Es ist aber das Leben selbst, die lebendige Liebe, die vor ihr steht.

Und warum zeigt sich die Liebe wohl zuerst einer Frau – und nicht irgendeiner, sondern *dieser* Frau? Weil diese Frau ihn, Christus Jesus, offenbar am allermeisten liebte. Weil *sie* es war, die schon im Dunkeln zum Grab kommt; weil sie es war, die die beiden Jünger holt und von neuem bleibt, als diese wieder weggehen. Weil sie es war, die weint, die um ihn weint...

Johannes ist der Jünger, den Jesus liebte – aber Maria ist die Jüngerin, die *ihn* liebte, mehr als alle anderen. Und so ist sie die Erste, die ihn sehen darf, weil er sich ihr als erster zeigt.

Wer aber liebt die Liebe so, wie sie alles liebt? Wer erkennt die Liebe *aus Liebe* zu ihr? Wer ist wie Maria? Christus ist auferstanden! Es ist Ostern! Die Liebe lebt – und sie durchdringt alles mit ihrem Leben...

2. April

Niemand versteht das Wesen der Liebe, der in seinem Herzen eng oder heuchlerisch ist. Im siebten Kapitel des Lukasevangeliums sagt Christus, dass alles Volk, einschließlich der Zöllner, Johannes dem Täufer geglaubt habe und sich taufen ließ – nicht aber die Pharisäer und Schriftgelehrten. Und dann beweist er ihnen ihr Heuchlertum und ihre Hartherzigkeit: ‚Denn Johannes der Täufer ist gekommen und aß kein Brot und trank keinen Wein; und ihr sagt: Er ist von einem Dämon besessen. Der Menschensohn ist gekommen, isst und trinkt; und ihr sagt: Siehe, dieser Mensch ist ein Fresser und Weinsäufer, ein Freund der Zöllner und Sünder!' Die, die nicht umkehren, sondern sich schon für ‚gut' halten, sind die mit den härtesten Herzen!

Und nun schließt sich direkt die Begegnung von Jesus und Maria Magdalena an, die bei Lukas nur ‚eine Sünderin' genannt wird. Ein Pharisäer bittet Jesus nämlich, mit ihm zu essen, und Jesus tut es. Dieser Pharisäer heißt auch Simon, und es scheint fast die gleiche Geschichte zu sein, wie sie Matthäus für den Karmittwoch erzählt, und doch ist dort Simon ein Aussätziger und die Jünger sind mit dabei – hier ist es aber ein Pharisäer, und Jesus ist mit ihm allein. Und nun kommt die Frau mit einem Alabastergefäß mit Salböl, und jetzt zeigt sich, dass es wirklich zwei völlig unterschiedliche Geschehnisse sind.

Denn sie gießt das kostbare Öl nicht auf sein Haupt, sondern sie tritt von hinten an Jesus heran und weint und beginnt, seine Füße mit ihren Tränen zu netzen und mit ihren Haaren zu trocknen, und sie küsst seine Füße und salbt sie mit dem kostbaren Öl... Mit ihrem ganzen Wesen erkennt sie, dass dies der Heiland ist, der Heilende, die heilende Liebe...

Der Pharisäer aber spricht bei sich selbst: Wenn er ein Prophet wäre, wüsste er, was das für eine Frau ist. Christus aber antwortet ihm mit einem Gleichnis. Ein Gläubiger hatte zwei Schuldner, einer schuldete fünfzig, einer fünfhundert Silbergroschen. Da sie nicht bezahlen konnten, schenkte er es beiden. Und er fragt Simon: Wer von ihnen wird ihn mehr lieben?

Und als Simon ihm antwortet, fährt Jesus fort, dass Simon ihm kein Wasser für seine Füße gab, diese Frau sie aber mit ihren eigenen Tränen netzte, mit ihrem Mund küsste, mit Salböl salbte. ‚Deshalb sage ich dir: Ihre vielen Sünden sind vergeben, denn sie hat viel geliebt; wem aber wenig vergeben wird, der liebt wenig.'

Und das ist Ostern! Die Liebe strömt in die Welt und sie *möchte* heilen. Aber die Menschen müssen sich auch heilen lassen *wollen*. Sie müssen die Weltenliebe lieben, wie diese Sünderin sie geliebt hat. Und deshalb frage ich wieder: Wer ist wie Maria? Wer liebt wie Maria?

Und Christus macht sehr deutlich, wie jeder, jeder Mensch krank ist, krank an Sünden, an verlorener Unschuld und Reinheit. Denn ein Gläubiger hatte *zwei* Schuldner. Jeder ist ein Schuldner – jeder schuldet Gott fünfzig oder mehr Silbergroschen. Es gibt vor Gott keine Un-schuld, weil jeder seine Unschuld längst *verloren* hat. Das verstehen die Menschen so wenig! Sie verstehen nicht, wie sie längst Schuldner sind – längst, längst, längst. Sie verstehen nicht, dass *wir alle* Schuldner sind. Jeder Einzelne. Es kommt nicht darauf an, ob mehr oder weniger, sondern nur *dass*. Zwischen Simon und Maria besteht kein prinzipieller Unterschied. Der Unterschied ist nur, dass Simon seine Schuld nicht begreift, und dass er Maria deshalb verachtet – während *sie liebt*. Und deshalb vergibt Christus gerade ihr alle Schuld, *gerade ihr*!

Das ist das Geheimnis der Liebe – in beide Richtungen. Und deshalb ist dies Ostern, gerade dies.

Gott ist die Liebe, und wer in der Liebe bleibet, der bleibt in Gott und Gott in ihm...

Christus ist auferstanden!

3. April

Ostern ist wie eine Naturgewalt. Es ist das Geheimnis der Macht der Liebe. Diese Liebe ist nicht Natur, sie ist eine Macht, die aus einer heiligen Sphäre in die Natur ... einschlägt. Sie überwindet die Naturgesetze. Welche Macht könnte größer sein als die, die selbst den Tod überwindet? Wenn der Tod überwunden werden kann, kann *alles* überwunden werden – und so ist es auch. Genau das ist die Liebe. Es heißt auch, dass der riesige Stein vor dem Grab am frühen Ostermorgen mit der Gewalt eines Erdbebens fortgerollt wurde. Dies aber war die Geistgewalt der reinen Auferstehungs-Liebes-Kraft, die am Karsamstag bereits den Tod überwunden hatte. Nun wird auch die physisch-feste, tote Substanz des Steins mühelos hinweggefegt – und es bricht wie Sonnenstrahlen aus dem Grab hervor.

Und zugleich, vollkommen zugleich, ist diese Liebe das Zarteste, was im Universum überhaupt existiert. Im ganzen Evangelium gibt es keine zartere Szene als diese, wo Maria den auferstandenen Christus erkennt und wo dieser sagt, sie möge ihn nicht anrühren... Noli me tangere. Aber das gerade ist das Geheimnis dieser auferstandenen Kraft – sie soll ganz und gar mit dem *Herzen* empfunden, erfahren, begriffen werden. Nicht, wie es dann Thomas, der Zweifler tut, dem der Herr es sehr wohl erlaubt, seiner Finger an die Stellen der einstigen Wunden zu legen, woraufhin selbst Thomas glaubt und begreift. Sondern mit dem *Herzen*. Und Maria, die Liebende, ist auserwählt, ihn ohne jede Berührung zu erkennen, denn das Erkennende ist *immer* das Herz – immer.

‚Rühr mich nicht an' – das bedeutet: berühre mich nicht mit deinen äußeren Händen. Berühre mich mit deinem Herzen, und siehe – fühlst du nicht längst, wie du berührt *wirst*?

Die Berührung des Christus zu fühlen – das ist ihn erkennen. Jede Erkenntnis von Christus ist die Erkenntnis des Berührtwerdens von ihm. Der Mensch, die Seele, das Herz werden von Christus immer schon berührt, bevor es uns bewusst wird. Was uns dann bewusst wird, ist das, was längst geschehen ist, weil es immerfort geschieht: die Berührung, das Umfangenwerden von Christus. Jede Erkenntnis ist immer nur nachträglich – selbst wenn sie gegenwärtig ist. Denn Christus umfängt uns längst, *bevor* wir es erkennen.

Siehe – das ist Ostern. Das Umfangenwerden von Christus. Die ganze Welt ist seit diesem Ostergeschehen von ihm umfangen. Und sie wird es immer mehr...

4. April

Christus ist auferstanden... Und so, wie dieses Geschehen des Ostermorgens der Weltenwendeaugenblick ist, jener Moment, der der ganzen Welt eine unendlich neue Wende und Wandlung gibt, so ist es die andere, unendliche Wende und Wandlung, dieses Geschehen zu *erkennen* und die Gegenwart des Christuswesens zu *empfinden*. Denn da, in diesem, setzt sich die Auferstehung fort. Was real und tatsächlich geschehen ist, soll von dem lebendigen, realen Herzen empfunden werden, weil dort das Geschehen *weitergeht*.

Die Auferstehung ist kein historisches Ereignis. Sie ist nicht *bloß* historisch. Sie ist immer gegenwärtig. Am Ostermorgen ist die Auferstehung in die Welt gekommen – und seitdem ist sie dort, sich ausbreitend und zugleich wartend, wartend und hoffend auf Menschenherzen. Die Menschenherzen sind die Orte, wo die Auferstehung hinströmen will, denn *dort* strömt sie erst wahrhaft hin, wenn die Herzen es zulassen, und das bedeutet: wenn sie es selbst empfinden...

Empfinden bedeutet Zulassen, weil Empfinden immer Hingabe ist, *dieses* Empfinden, das ich jetzt meine. Man kann Christus nicht empfinden, ohne sich hinzugeben. Die Hingabe *wird* dieses Empfinden von Christus.

Das Christuswesen möchte im Herzen des Menschen Wohnung finden, aber dafür muss das Herz ihm Wohnung *geben*. Und dafür muss es die Hin-Gabe lernen. Die Sehnsucht, überhaupt geben zu *können*. Was für eine Tragik ist es, dass das Herz überhaupt nicht mehr geben kann, dass es dies ganz verlernt hat! Es muss es wieder er-lernen. Die einfachsten Dinge muss das Herz wieder lernen. So etwas Einfaches und Wunderschönes wie Hingabe...

Und mit diesem Ur-Einfachen, der Hingabe, öffnet das Herz eine Tür, öffnet es *sich* – und das heilig-heilende, sanfte Christus-Wesen, eine unsäglich zarte Kraft, die aber ein *Wesen* ist, kann eintreten...

5. April

Christus ist auferstanden... Aber die Welten-Liebe, die die ganze Welt erschaffen hat, die gewaltiger ist als alle Naturgewalt, die erst durch sie ihr Dasein hat, ist gegenüber dem Menschen so zart wie nur vorstellbar. Noli me tangere...

Christus will nicht überwältigen, und er tut es auch nicht. Und deshalb ist gerade seine Zartheit, seine Sanftheit so unendlich überwältigend... Es gibt im ganzen Kosmos nichts, was zarter und sanfter ist. Selbst die weichesten Kirschenblüten oder Daunenfedern sind nicht so sanft wie er. Selbst die zarten Pflanzensprossen, die *mit* ihrer Zartheit noch den härtesten Asphalt durchbrechen, sind nicht so zart wie das lebendige Wesen der Liebe. Denn Kirschen-blüten, Daunenfedern und Pflanzenspitzentriebe haben noch immer etwas Physisches, auch wenn sie bis an die Grenze des Unphysischen, des rein Lebendigen, Zarten, vordringen, fast selbst über-sinnlich-ätherisch werden. Das aber, wovon ich jetzt spreche, ist rein ätherisch, über-sinnlich, es erschüttert mit seiner Zartheit nicht den Tastsinn, sondern die *Seele*.

Auch die Seele hat eine Art Tastsinn, auch sie spürt ein Berührt-werden, ein Umfangenwerden, ein Durchwobenwerden. Und *dies* ist noch unendlich viel erschütternder als das tiefste Tasterlebnis des Leibes.

Und zugleich hat das Christuswesen auch mit dem Geheimnis des Physischen zu tun, sein Geheimnis dringt bis in das Physische – aber selbst dies auf über-sinnliche Weise. Es ist das unendliche Geheimnis der *Heiligung* des Leibes. Eine unbegreifliche, über-sinnliche Heilung des Leibes. Die Welten-Liebe ist zugleich der Welten-Arzt. Sie heilt, indem sie durchgeistigt. Das Christuswesen durchdringt alles mit *seinem* Wesen – und dieses Wesen ist heiliger Art. Und so wird alles geheilt und geheiligt, dies ist ein und das-selbe.

Die heilende Oster-Liebes-Kraft strömt und webt in der Welt und wartet auf das Geheiltwerdenwollen der Herzen ... um dann bis tief in den Leib hinein heilen zu können.

6. April

Es ist unmöglich, das Oster-Wesen mit einer Haltung zu empfin-den, die heute die fast allein herrschende geworden ist: Die inner-lich sich zurücklehnende Seele. Die sich fragt: ‚Was bringt mir das? Wie lange dauert das? Was kostet das?' Eine solche Seele ist *absolut unfähig*, das Christuswesen zu fühlen. Denn ihre Gedanken und ihre Gefühllosigkeit vertreiben dieses Wesen geradezu. Das Kennzeichen dieser Haltung ist gerade die Totheit der Gefühle, das Abwesendsein des wirklichen Empfindens.

Das wahre Wesen der heiligen Fähigkeit des Empfindens ist das Wesen des Zarten und Sanften selbst. Empfindung *ist* Sanftheit.

Sanftes Sich-Hingeben und sanft-zärtliches Hinspüren zu dem, was empfunden werden will...

Und jede ‚Konsumhaltung' und jede Art von Selbstbezogenheit verrammelt dieses heilige Geheimnis mit eisenharten Mauern und Panzertüren. Man kann nicht cool und lau und passiv sein und erwarten, die heilige Fähigkeit des Empfindens zu behalten – sondern man *verliert* sie in demselben Moment. Man wird ein Verräter und Mörder seines eigenen wahren Herzens. In dem Moment, wo man den Genuss seiner ‚Coolheit' und dieser bequemen Konsumhaltung gewinnt, verliert man das Kostbarste, was man bis dahin hatte – die heilige Unschuld reiner Empfindungsfähigkeit.

Ein einziges kann sie wieder erretten. Ein einziges kann das Herz das sonst für immer Verlorene wiederfinden lassen: Das Herz muss sich selbst wiederfinden. Und das Herz lebt nicht in Selbstbezug, sondern gerade in Hingabe. Das Herz muss also eine heilige, aufrichtig empfundene *Sehnsucht* nach Hingabefähigkeit in sich finden. Diese Sehnsucht ist zugleich die Sehnsucht des Herzens nach seinem verlorenen eigenen wahren Wesen.

Sehnsucht nach Hingabe. Aber die Hingabe hat dann auch ein Ziel. Sehnsucht danach, sich dem heilenden Wesen wieder hingeben zu können. Sehnsucht nach der heilenden Weltenliebe, die man noch nicht kennt und doch im innersten des Herzens so sehr kennt und darum um so aufrichtiger sucht...

7. April

Man kennt die Weltenliebe im Innersten des Herzens deshalb so sehr, weil man sie selbst verraten hat. Jeder Mensch weiß, was er aus seinem Herzen ausgeschlossen und verbannt hat. Die Weltenliebe ist uns seit dem Welten-Ostermorgen so nah, dass kein Herz verleugnen kann, dass es diese Liebe einlassen könnte, wenn es nur wollte. Wir mögen es in unserem Bewusstsein abstreiten, aber unser *Herz* weiß, dass es die Weltenliebe fortwährend abwehrt, um sie nicht einlassen zu müssen. Wir sind nur deshalb so liebesarm, weil wir unsere Herzen verschließen. Auch wenn wir die Weltenliebe nicht in unserem Herzen haben, kennen wir sie unendlich gut, denn wir *versperren* ihr gerade die Tür! Man weiß sehr genau, wem man die Tür zuhält...

Und zugleich kann man die Sehnsucht danach kennen, die Tür wieder öffnen zu lernen. Denn das Zusperren ist eine Gewohnheit geworden, und mehr noch, etwas, was wir gar nicht mehr anders können. Es ist, wie wenn die Tür im Zugesperrtsein verrostet wäre, aber das sind wir selbst. Wir sind die verrostete Tür und das Zuhalten, es ist unser eigenes Wesen geworden. Wir sind Zusperrende geworden – und in uns kann eine Sehnsucht erwachen, dass wir wieder andere werden mögen.

Und der erste Schritt dazu ist diese Sehnsucht selbst. Sie ist bereits eine zarte Verwandlung. Denn auch wenn wir noch Zusperrende sind, so ist doch die *Sehnsucht* bereits etwas von dem, was wir verloren haben – denn Sehnsucht ist neue, zarte Hingabe...

Indem wir uns danach sehnen, uns wieder hingeben zu können, *beginnen* wir schon, uns wieder hingeben zu können. Und deswegen ist Sehnsucht der Weg zu ihm, der Weltenliebe. Machen wir nur unsere Sehnsucht so groß, wie es nur möglich ist! Christus ist auferstanden – aber unsere Sehnsucht muss auch auferstehen, um *ihn* zu finden...

8. April

Und der Auferstandene ist bei den Jüngern. Kann man sich das vorstellen? Welche Freude, welche Unvorstellbarkeit dies ist, dass er da ist, wirklich da? O, die Lauheit der Herzen, die sich dies nicht vorstellen können – ja, sich nicht einmal *Mühe* geben! O, die Lauheit der Seelen, an denen dies alles vorbeizieht, während sie ihr Leben dahinbringen, sinnlos, während sie meinen, es hätte Sinn. Sie vertun ihr kostbares Leben und gehen an dem Wichtigsten vorbei, an dem Allerwichtigsten. Nur wegen der Lauheit...

Ach, wenn die Seele einen einzigen Augenblick *Ostern* fühlen könnte! Schon dieser Augenblick würde sie ja verwandeln. Aber dann auch zu spüren: Ostern *ist*. Es ist nicht nur ein Tag, nicht nur zwei. Aber, o Trägheit der Seele! Schon ist der Ostersonntag vorbei, und schon ist sie wieder in den Alltag gefallen. Aber war sie wenigstens einen Tag österlich gestimmt, von österlichem *Leben* erfüllt? Wenigstens eine Stunde? Eine heilige Stunde dieser heiligen Freude?

Aber es ist nicht nur eine Stunde. Es ist Ostern – der Auferstandene ist da, er ist da! Ach, wie sehr setzt die Seele alles voraus, wie wenig kann sie treu sein, wie wenig weiß sie überhaupt noch, was Treue überhaupt wäre! Treue, indem man das Geliebte gar nicht mehr liebt? Indem man sich daran gewöhnt hat? Kann das jemals Treue sein? Es ist Verrat – Verrat an der Liebe, die nicht mehr lebendig ist, sondern zu Boden gesunken, in eine Gewohnheit, die gerade Tod ist. Tod der Liebe, Tod der Treue gegenüber der Liebe. Man hat die Liebe sterben lassen. Mag man noch meinen, sie zu empfinden, aber sie ist ja bereits ganz ohne Freude, ganz ohne Leuchten, ganz ohne wirkliches Leben. Die Seele hat sich keine Mühe gegeben, sie lebendig zu halten, ihr Leben zu geben. Sie hat es zugelassen, dass die Gewohnheit die Liebe erschlägt...

9. April

Ostern... Das ist die Tatsache der Auferstehung, und es ist die Gegenwart des Auferstandenen. Und dies – dass er da ist, dieses Einzigartige, es dauert nicht einen Tag, es dauert jetzt vierzig Tage. Und doch hängt alles davon ab, überhaupt den Moment des Ostermorgens empfinden zu können. Was ist Ostern? Kann das Herz dies in sich einlassen? Ein wirkliches Erleben? Hat es den Mut, überhaupt wirklich etwas zu erleben? Hat es den Mut, die tödliche Lauheit von sich zu werfen? Mut...?

Um etwas zu erleben, braucht man Hingabe. Denn ohne Hingabe erlebt man höchstens sich, und die Hingabe ist gerade die Bewegung der Seele, von sich loszukommen. Ohne Hingabe erlebt man nur *sich*, und nur mit Hingabe erlebt man anderes – und dem gibt man sich gerade hin...

Hingabe hat man aber nur, wenn man diese Hingabe *will*, man muss sie wollen, es ist eine innere Bewegung und Kraftentfaltung – die Entfaltung des Willens, der sich aber gerade *hingibt*. Hingabe ist die Entfaltung des sich hingebenden Willens, aktiv. Das Wort heißt so, wie es auch wirklich ist: Hin-Gabe. Geben ist eine Aktivität. Und obwohl die Hingabe gerade das Aufhören aller eigenen Aktivität nach außen hin ist, ist sie nicht passiv, sondern etwas sehr Entschlossenes. Man gibt auch die eigene Aktivität nach innen hin auf, man denkt nicht mehr an sich, sondern der Wille, diese urinnere Kraft, richtet sich auf etwas *Anderes*. Umfassend, bedingungslos und ganz bewusst. Er gibt sich dem Sich-Richten auf dieses Andere völlig hin. Und es ist keine scharfe Konzentration, kein scharfes Fokussieren, sondern auch hier Hingabe. Hingabe ist etwas viel Zärtlicheres, Demütigeres als Konzentration. Konzentration ist noch immer viel zu selbstbezogen, viel zu sehr bei sich. Hingabe ist wirklich auch ein Sich-Schenken. Man braucht das Wort nur ehrlich zu nehmen – jeder weiß, was damit gemeint ist. Hingabe...

Und wie ist es nun mit der Freude? Es ist Ostern! Vierzig Tage lang ist der Auferstandene wirklich da... Wie ist es nun mit der Freude? Mit der Hingabe...? Mit dem Mut... Wie ist es damit? *Hat* man den Mut?

10. April

Freude kann man nicht herbeizwingen. Man kann sich nur schämen, wenn man sie nicht hat. Die Scham kann man auch nicht herbeizwingen – wenn man *sie auch* nicht hat, dann ist so gut wie alles verloren. Dann sollte man verzweifelt danach suchen, ob man noch irgendwo doch irgendeine *Sehnsucht* empfindet – und ihr dann nachlauschen...

Und ganz ähnlich ist es mit der Freude, wenn sie nicht in voller Tiefe da ist. Das, was da ist, sollte man so sanft, so rein, so aufrichtig wie möglich spüren – und dann versuchen, *dieses* zarte, kostbare Heiligtum zu vertiefen...

Alle Gefühle, alle reinen, heiligen Empfindungen vertiefen sich, wenn man sie zart und sanft *versucht* zu vertiefen, vertieft zu empfinden. Bei diesem Versuch geht es um nichts anderes als darum, zu einer tiefen Aufrichtigkeit zu kommen. Das Durchdringen der

Empfindungen mit *Sanftheit* ist gerade die wahre Konzentration im Fühlen. Denn die Sanftheit ist sozusagen das heilige Herz des Fühlens. Kommt man zu ihr und durchdringt das Empfinden mit ihr, so kommt man zum Wesen des Fühlens und lässt alles andere hinter sich. Das Eintauchen in das Sanftwerden ist das Hinter-sich-Lassen des Gewöhnlichen, des Lauen, des Nicht-wirklich-Fühlens. Im Eintauchen in das Sanfte wird das Fühlen etwas Wirkliches – aber es wird zugleich etwas Heiliges. Das Fühlen findet seine heilige Wirklichkeit...

Und so auch mit der Freude. Hat man etwas von der heiligen österlichen Freude, so möge man sie in das Geheimnis der Sanftheit tauchen und ihr *nun* weiter nachlauschen, Freude und Sanftheit *gemeinsam* fortwährend leise mit heiligem Leben durchdringend. Es geht um das heilige, leise, sanfte Tätigsein der Seele. Freude ist eine Bewegung der Seele, Sanftheit auch, und auch das Durchdringen der einen Empfindung mit der anderen. Man kann zärtlich *wissen*, was man da tut...

11. April

Das einzig Wichtige ist immer, es selbst zu tun. Manches, was man zu beschreiben versucht, klingt schwierig – aber es ist es gar nicht. Aber es hat alles keinen Sinn, wenn man es nicht selbst versucht. Und so ist das einzig Wichtige, dies zu tun.

Die Osterfreude ist reines Leben, für Leib und Seele. Die Tatsache der Auferstehung sendet diese Freude in Leib und Seele des Menschen – und auch in alle Natur. Aber es ist Christus selbst, der dies tut. Von ihm selbst geht wie von einer Sonne etwas aus, was die Herzen unmittelbar freudig stimmt, lebendig, und dies beides ist eins: das Leben und die Freude. Die Freude ist Leben, und das Leben ist Freude. Es geht nicht um eine Osterbotschaft, sondern um die Osterrealität. Und diese Realität ist das Christuswesen – und von ihm geht das Heilende aus, und es verwandelt sich in Leben, in Freude, bis in den Atem hinein, bis in das Blut hinein.

Die Osterfreude ist eine Freude, die mit nichts anderem vergleichbar ist. Schon andere Freude kann den ganzen Leib ergreifen. Aber das Ostergeschehen führt zu einer Freude, die mit einer heiligen Begnadung zu tun hat, reinstes Geschenk und reinstes Leben, überhaupt in allem reines, heiliges Leben. Die Osterfreude ist ein heiliges Leben, eine Heilung und Belebung der Seele und sogar des Leibes, wie beide, Seele und Leib, es sonst nicht kennen.

Eine heilige, gnadenvolle Erfüllung zieht ein in Blut und Atem, und dies gerade ist die Freude. Sie webt im Blut, webt im Atem. Christus ist da! Er ist auferstanden! Dies und die Freude ist eins... Und dies alles geht von *ihm* aus...

Und was ist der Sinn all dieses unbeholfenen Beschreibens? Dass die Seele etwas davon fühlt – und dass sie sich im heiligen Empfinden dieser Freude, wie leise auch immer sie zunächst sei, hingeben kann... Dass sie gerade *das* lernen kann – sich hinzugeben, auf den zärtlichen Flügeln dieser Freude...

Das Osterwunder, die österliche Freude – Urbild zärtlicher Seelen-Regung überhaupt...

12. April

Welche Farbe ist es, die dieser österlichen Freude entspricht? Dieser Freude, die unmittelbar da ist, die aus dem tiefsten Herzen kommt und dort ein ganz neues Leben erweckt?

Es ist ein helles Rot, ein Orangerot, wie wenn das Blut selbst sich zärtlich mit leuchtendem Sonnengold durchdrungen hat. Freudiges Rot, österliches Rot, die Freude selbst als Farbe!

Und es ist nicht nur die Freude, die bis in den Leib hinein Leben spendet – es ist zugleich umgekehrt das *Leben*, das von Christus ausgeht, das bis in den Leib hinein Freude spendet. Die Seele spürt das Lebenserneuerungswunder – und bis in Blut und Atem hinein wird sie von einer unsäglichen, tiefen Freude durchwoben.

Dies muss man begreifen! Dieses heilige Geheimnis der Auferstehung. Seelenbegnadung und -heilung, Leibesheilung und -begnadung. Die Auferstehung, der auferstandene Christus und das, was von ihm ausgeht, begnadend, heilend, durchdringt alles, Natur, Leib, Seele. Nichts bleibt unberührt, das Leben hat den Tod besiegt, und es ist zu *spüren!* Denn dieses Leben, dieses heilende Leben, der Heiland, der Lebendige – er schenkt sich selbst. Wie könnte dies nicht unendlich zu spüren sein – und wie könnten dann Leib und Seele nicht mit unmittelbarer Freude antworten?

Und doch ist dies alles zugleich auch ein allerzärtlichstes Geschehen. Bewusst schenkt es sich nur dem, der sich diesem Wunder mit sanftem, hingebungsvollem Bewusstsein zuwendet. Nur dem, der auch eine heilige Dankbarkeit, eine heilige Sehnsucht, die heilige Fähigkeit der Hingabe kennt. Eine solche Seele aber kann das Osterwunder immer tiefer empfinden. Werden ihre eigenen Regungen tief und heilig genug, kann sie von dem unbeschreiblichen Wunder der Ostergnade geradezu überwältigt werden – *weil sie es will.*

13. April

Ich frage mich: Wie wenig empfindet die Seele überhaupt, wenn sie vom Osterwunder *nicht* überwältigt wird? Dass Christus selbst nicht überwältigt, ist klar – sonst wären alle Menschen Christen. Aber – nichts anderes auf der ganzen Welt ist so unbeschreiblich einzigartig, so weltenverändernd, so alles, wirklich alles verändernd, wie die Auferstehung am Ostermorgen. Wenn *dies* nicht empfunden wird, als ein unbeschreibliches Wunder, als etwas wirklich nicht zu Beschreibendes ... dann kann die Seele eigentlich *nichts* mehr empfinden.

Und genau dies ist ihre Lauheit, eigentlich ihr Tod. Sie empfindet alles Mögliche, aber nicht das Allerwesentlichste. Sie empfindet alles Mögliche, was mit ihrem persönlichen Leben zu tun hat, weil sie so selbstbezogen ist, aber sie merkt nicht, dass sie von dem einzig Wesentlichen längst *abgeschnitten* ist, weil sie nichts davon fühlt oder auch nur fühlen will! Sie hat sich selbst abgeschnitten, egoistisch und ignorant, lau und gelähmt, satt und selbstbezogen. Unglaublich, wie dies möglich ist!

Man spürt das Wesentliche deshalb nicht, weil man es eben bereits nicht mehr spürt. Deswegen stört es einen auch gar nicht, dass man es nicht spürt. Statt das Osterwunder der Gegenwart des auferstandenen Christus zu spüren, spürt man einen Kinofilm, ein leckeres

Essen, ein weiches Sofa und den Kaugummi im Mund! Welch eine Tragik, welch ein *Tod der Seele*!

Gibt es daraus überhaupt einen Rückweg, einen Ausweg? Oder stürzt die Seele immer mehr in ihrer Selbstsucht zusammen, wie ein Kartenhaus, immer mehr leer bis ins Innerste? Wann wird die Sehnsucht wieder spürbar? Wann fühlt die Seele, wie sehr sie ihr eigenes Wesen verraten hat? Wann? Wenn sie völlig verzweifelt am Boden liegt, weil sie niemanden hat – weil sie die ganze Zeit nur das Leere, Wesenlose getan und gespürt hat? Wann wird sie diesen Endpunkt der Leere spüren? Wenn es längst zu spät ist, weil sie das Empfinden der *eigentlich* wichtigen Empfindungen längst völlig verlernt hat? O, wann, Seele – wann wirst du umkehren?

14. April

Christus ist auferstanden! Und sein machtvoller Lebens-Gnaden-Strom, der aber nur ganz zärtlich bis in das Bewusstsein der Seele herantritt, nur so zärtlich wie eine sanfte Liebkosung, wird für die hingebende Seele zu dem unbeschreiblichsten Ereignis einer zärtlichen *Freude*, die im Atem webt, im Blutpuls lebt. Und wenn sie am Altar das österliche, junge, helle Rot sieht, dann jubelt die Seele, indem sie in dieser freudig-einzigartigen Stimmung erkennt, wie sehr diese Farbe ihr eigenes inneres Leben offenbart...

Das österliche Rot am Altar ist nicht mehr einfach nur Rot – es ist ganz aufgenommen worden in die Ostersphäre, das Ostergeschehen, das Leben des Oster-Christus-Wesens, um *seine* Farbe zu werden – seine Farbe und die Farbe der Seele, die die Auferstehungs-Gegenwart dieses Wesens empfindet.

Und das alles ist Ostern! Man kann es nicht immer wieder mit neuen Worten sagen – aber das ist auch gar nicht nötig. Nötig ist nur, dies wahrzumachen. Eines ist Not – wie sehr gilt dieses eine, wahre Wort immer wieder!

Die Seele verzettelt sich und lässt ihre Kräfte in Wesenloses und Unwichtiges zerfließen. Sie verliert sich selbst, zugleich mit ihren Kräften. Sie tut dies und das, aber nicht das Wichtige. Wie heilend wäre es, sich auf *eines* zu besinnen, sich wirklich zu konzentrieren, sich zu zentrieren, im Sinne der Hingabe...

Aber es ist nicht zu spät. Und es ist auch im nächsten Jahr wieder Ostern. Aber was wird sich bis dahin auf unserer Erde verändert haben? Und wie wird sich die eigene Seele verändert haben? Und wie viel Zeit bleibt ihr noch in ihrem Leben? Denn das Leben ist kürzer, als sie denkt. Und sie hätte unendlich viel mehr Möglichkeiten, als sie denkt. Sich dem Christus zu nähern, ist das Wichtigste, das Herz all dieser Möglichkeiten. Sich ihm zu nähern. Denn *er* hat sich *ihr* längst zutiefst genähert, mit was für einer unglaublichen Tat, mit was für einer heiligen Liebe...!

15. April

Die Seele kann ohne Christus nicht sein. Und das ist ebenfalls Ostern – dass sie dies begreift. Nicht mit dem Kopf, nicht einmal so sehr mit dem Herzen, sondern *unmittelbar*; im unmittelbaren Erleben als Seele. Sie kann sich *in* diesem Erleben wirklich real Christus nahe fühlen, seine Anwesenheit spüren, sein *Wesen*.

Die Seele muss aufhören, sich mit ihrem Leib zu identifizieren und sich nur über diesen nach außen zu wenden – ja, sich überhaupt nur nach außen zu wenden. Sie muss sich ganz nach innen wenden. Aber auch dies nicht mit dem ‚Außenblick', sondern mit ihrem eigenen Wesen. Was ist dieses Wesen? Es ist eben nicht dieser rationale, kühle ‚Punkt', der wie das Denk- und scheinbar auch Bewusstseinszentrum im Kopf ruht und thront, unbeteiligt, gelangweilt, nüchtern, alles abschätzend, alles beurteilend, selbst ganz lieblos – der *tote Punkt* unseres Bewusstseins. Hier stirbt der Mensch wirklich, hier stirbt die Seele – im Kopf! Aber das ist sie nicht. Das ist nicht die Seele – da bringt sie sich nur um. Aber wo ist sie dann?

Sie muss ihre Heimat wirklich im *Herzen* findet. Aber nicht als Kopf im Herzen, kopfig und sich krampfhaft bemühend, ein wenig Herz zu finden, sondern Herz im Herzen. Sie muss spüren, was *sie selbst wirklich ist*. Sie ist *Seele* – nicht Kopf! Sie ist Seele! Und schon das Wort sagt doch eigentlich alles. Wenn man hört ‚seelisch', ‚seelenvoll', ‚beseelt' – dann weiß man doch unmittelbar, was damit gemeint ist? Wenn etwas *Seele* hat, dann ist es gerade nicht kopfig, sondern das volle, volle Gegenteil. Seele ist die Fülle. Die wirkliche Fülle. Ein Segenstrom, ein Lichtstrom, Seele ist *Empfindung* – heilige, tiefe Fülle des Empfindens.

Und in diesem reinen Reich des Empfindens kann die Seele den Christus finden. Nicht der Kopf findet Christus, er *kann* ihn gar nicht finden, sondern das Herz. Das Herz als Wahrnehmungsorgan der Seele. Aber die Seele nimmt ihn unmittelbar wahr – sie ist *selbst* wie ein Herz. Man sagt auch ‚ein Herz und eine Seele‘. In Wirklichkeit ist das fast das Gleiche. Die Seele ist nur da Seele, wo sie heilig, rein, seelisch ... empfindet. Wo sie nicht empfindet – was soll sie dann sein? Aber wenn sie wirklich eintaucht in das heilige Empfinden, in ihr eigenes Sein, dann findet sie nicht nur sich, sondern dann kann sie auch unmittelbar den Christus finden, denn er ist *bei ihr*. Und dieses Erleben ist zugleich Ostern – nichts anderes.

16. April

Nun kommen die Leute, die sagen: Aber die Seele ist doch nicht nur Fühlen – sie ist auch Denken und Wollen. Das weiß ich selber. Aber diese Leute *reden* nur über die Seele. Sie wissen gar nicht, was die Seele selbst ist. Um die Seele selbst zu finden, um sich selbst zu finden, *als* Seele, muss man das wirkliche Empfinden kennenlernen – *als* Empfinden. Und wer dies nicht kann, der findet auch nicht die Seele.

Solange man über die Seele nur spricht, findet man auch nur den Kopf. Der Kopf ist aber nicht die Seele. Er ist Kopf und sollte sich nicht mehr darauf einbilden, als ihm gut tut. Ihm tut nichts gut – das meiste macht er falsch. Der Kopf ist *der* Hort des Hochmuts und damit ein Einfallstor für die Sünde. Aber die Sünde hat ja einen Namen: Gegenmacht. Teufel. Natürlich kann man hochmütig sein – aber dann verbündet man sich mit ihm. Und man verliert alles, was einem heilig sein sollte, weil es eines ganz *anderen* Bundes bedürfte. Man verliert sogar die Fähigkeit, etwas Heiliges zu empfinden, selbst. Der Hochmut nimmt einem alles. Und der Kopf tut dies auch, wenn er mit Hochmut angefüllt ist, was er meistens ist. Außerdem ist er mit Tod angefüllt – Hochmut und Tod, wahrhafte Brüder im Geiste, trotz aller Gegensätze.

Solange die Menschen nicht begreifen, dass sie auf den Schwingen von Hochmut und Tod daherkommen, reden sie mir nicht von Seele! Sie können sie ja gar nicht finden! Sie müssten erst aus ihrem Kopf heraus und dann noch alles Tote und Hochmütige hinter sich lassen. Dann erst könnte man anfangen, über die Seele zu sprechen. Aber dann bräuchte man auch nicht mehr zu sprechen, denn dann würde man selbst *erleben*. Nicht nur die Seele, sondern sich als Seele. Und wieder würde man ganz nahe bei Christus sein und er bei einem...

17. April

Es gibt auch ein heiliges Denken, aber es hat keinen Sinn, davon zu reden, bevor man nicht das heilige, reine, wirkliche *Fühlen* gefunden hat. Denn das Fühlen ist die Seele der Seele. Es ist Herz, Auge und Tastorgan der Seele in einem. Das Denken ist nur dann heilig, wenn es dem *Fühlen* folgt. Es ist nur dann heilig, wenn es selbst mit dem Fühlen vereint ist – und wenn es das nicht mehr ist, wird es unheilig.

Das Fühlen, das ich meine, ist wiederum mit dem heiligen guten Willen vereint – es ist nicht ohne Willen, sondern mit ihm. Und in diesem zarten, sanften guten Willen lebt *das Gute*. Der gute Wille weiß, was das Gute ist – und insofern ist er Denken, aber wieder rein dienendes Denken. Das Fühlen weiß auch, was das Gute ist, und insofern ist es wiederum Denken – denkendes Fühlen, denkendes Wollen.

Die Seele, die in ihrem *Empfinden* erwacht, ist gerade erfüllt von heiligem, zartem Bewusstsein – gerade das ist ihr Erwachen. Aber es bleibt Empfindung, das wahre, heilige Sein der Seele. Man kann auch sagen, das heilige *Leben* der Seele, denn die Empfindung ist von Augenblick zu Augenblick ihr Leben. Sie lebt nur da, wo sie empfindet.

Was ist nun die Seele? Das wahre Sein der Seele? Man kann sagen: Es ist ihr guter Wille, versetzt in das *Herz*. Es ist ein heiliges, moralisches Sein, das einfach beginnt, zu leuchten, zu *sein*. Und dieses Sein geht aus von der Empfindung – denn diese Empfindung ist das Wahrnehmungsorgan für die Welt, und in der Welt gibt es Gut und Böse, und die Empfindung *reagiert* darauf. Sie empfindet es – und liebt die Schönheit, hat Mitleid mit dem Hilfebedürftigen, fühlt eine Abscheu vor herzlosen Taten und unendlich viel anderes. Die Seele lebt nur, wo sie dies alles *empfindet*, und zwar tief und aufrichtig. Ist ihr Empfinden blass und oberflächlich, ist es auch ihr Leben. Die meisten Seelen leben gleichsam nur ‚asthmatisch‘, nicht *wirklich*.

Und wieder – wer ist denn der Heiler, der Seelenarzt? Christus! Aber das alles versteht man erst nach und nach...

18. April

Die Seele findet sich, wenn sie das äußere Leben für einen Moment mal verlieren kann. Sie muss sich *einmal* auf sich selbst besinnen – wie soll sie sich denn sonst finden? Und dann, wenn sie die äußere Welt mal äußere Welt sein lässt und ruhen lässt und sich *ganz* mit sich allein befindet, dann muss sie wirklich auch noch die *Art* vergessen, wie sie sich normalerweise verhält, nämlich dumpf und empfindungsarm im Kopf zu wohnen. Alle tun das! Aber jetzt, in diesem Moment, muss es ganz, ganz, ganz aufhören. Nicht nur die Welt muss die Seele hinter sich lassen, sondern auch ihre eigene Art, die nämlich gar nicht *ihre* Art ist, sondern nur das, was sie sich *angewöhnt* hat.

Die Seele hat sich abgewöhnt, wirklich sie selbst zu sein – sie ist es nicht mehr. Sie hat sich selbst entfremdet, und wirklich auch: sich entseelt. Die Seele hat sich entseelt! Und dieses Beseelte wiederzufinden – wie schwer wird dies den Seelen! Dabei wäre es gar nicht so schwer. Eigentlich müsste die Seele nur den Mut haben, zuzugeben, dass sie in Wirklichkeit viel seelischer ist, als sie immer tut. Sie müsste nur den Mut haben, endlich einmal *Seele* zu sein!

Sie müsste nur zugeben, dass in ihr, in ihrer wahren Tiefe, unglaublich viel guter Wille wohnt. Zugeben, dass in ihrer wahren Tiefe, die sie vielleicht gar nicht mehr kennt, die aber dennoch *mehr* sie selbst ist als sie selbst (im übrigen) – dass also in dieser wahren Tiefe ein geradezu *unglaublicher* guter Wille wohnt; und alles übrige loslassend und sich nur auf diesen unglaublichen Willen besinnend, aber als *reines Erleben* ... würde die Seele endlich, endlich ihr wahres Wesen finden lassen.

19. April

Der Mensch ist dasjenige Wesen, was einen guten Willen nicht nur haben kann, sondern hat. Aber die Seele vergisst das. Und dann kommt etwas anderes hinein – und dann wird es, wird sie, unmenschlich. Weil sie selbst *Seele* verliert. Weil sie *sich* verliert. Das ist der einzige Grund. Würde sie sich selbst nicht verlieren, würde sie auch das Gute nicht verlieren – und würde auch Christus nicht verlieren.

Und wenn die Seele wenigstens einmal *anfängt*, sich auf sich selbst und ihr wahres Wesen zu besinnen, so wird ihr all dies, werden ihr diese ganzen Zusammenhänge auch nach und nach klar werden. Sie muss nur anfangen!

Der gute Wille ist das eigentliche Geheimnis des Menschen – was denn sonst? Aber welche Kunst ist es, sich einmal in aller sanfter Ausschließlichkeit darauf zu besinnen! Wie sehr vermeiden es die Seelen – um sich *selbst* zu vermeiden!

Wieder fehlt also der Mut. Was ist das also für ein Mut? Der Mut, wirklich man selbst zu sein – als Seele. Und das ist gleichbedeutend mit dem Mut, *gut* zu sein – denn die Seele ist gut! Die wahre Seele ist gut. Und so setzt sich die Seele zusammen aus diesem wahren Teil und einem übrigen, der sie davon *abhält*, sich zu diesem wahren Teil zu bekennen. Aus einem wahren Teil und einem Widerstand dagegen. So ist es wirklich. Es gibt diesen unglaublich reinen, aufrichtigen Teil, der ihr wahres Wesen ist, und dann gibt es einen Teil darumherum, der schon *nicht* mehr ihr wahres Wesen ist und wo die Gegenmacht Macht bekommen hat. In dem wahren

Teil leben die Engel, aber sie haben gar keine Macht über die Seele, brauchen sie auch nicht, sondern die Seele *will* bei ihnen sein, und sie sind bei der Seele, und das ist ihr wahres Wesen – dieser gute Teil, der mit den Engeln ganz vereint ist, denn wo sollen die Engel sonst sein, wenn nicht da, wo das Gute ist. Es ist aber mitten in der Seele!

20. April

Und dieser andere Teil ist nicht die Seele, sondern das, was aus der Seele geworden ist – eine Abschattung, ein Schatten ihrer selbst. Nicht gut, nicht böse, sondern dazwischen, aber so eben lau und doch ziemlich selbstsüchtig. Die Gegenmacht hat die Herrschaft – nicht auffällig, denn das wäre wirklich böse, aber unauffällig, eben genau so, wie sie es macht. Heimliche, raffinierte Selbstbezogenheit – gut genug, um sich auch für andere zu interessieren und vor allem auch, um ihr Interesse zu bekommen, aber doch völlig vergessen, was ihr eigenes Wesen *wirklich* ist.

Die wahre Seele ist kein Mischmasch. Dieses Mischmasch entsteht nur, weil die Gegenmacht eine Trübung hineinbringt – das, was man Egoismus nennt, überhaupt Selbstbezug, den Bezug auf sich selbst. So wird jede Seele egoistisch, selbst wenn sie nicht so wird wie das, was man normalerweise ‚egoistisch' nennt. Sie steht dennoch ganz im Zentrum, und sie hat ihr wahres Wesen dennoch längst verloren. Denn dieses wahre Wesen hat *nichts* davon. Es ist völlig anders. Und wie ist es dann?

Es ist wie ein sanftes Licht, was nicht auf sich selbst schaut und sich selbst durchaus ziemlich wichtig findet und sich auch immer wieder um sich selbst kümmert – sondern dieses sanfte Licht *leuchtet* einfach. Was denn sonst? Das sanfte Licht braucht nicht sich selbst zu beleuchten, wozu denn? Es ist für andere da. Es schenkt sich selbst, das ist sein Wesen. Warum sollte es sich selbst beleuchten, wozu sollte das gut sein? Es ist sinnlos, und die Seele fühlt unmittelbar, wie schlimm und geradezu ekelhaft dies wäre. Hier fühlt die Seele auf einmal das Wesen des Egoismus – bei sich selbst aber nicht...

111

Und Ostern, das Geheimnis von Ostern, bedeutet, ganz und gar zu erleben, was dies *heißt*.

Das Auge ist auch nicht dafür da, sich selbst anzuschauen und stolz auf sein Augesein zu sein und das Leben für sich zu genießen und nicht mehr für den übrigen Leib zu gucken. Die Nase ist nicht dafür da, sich selbst zu beriechen. Die Sonne scheint *auch* nicht für sich selbst, sondern für andere! Für alles andere.

Aber die Seele möchte nicht mehr wie ein Licht sein, was sie ihrem Wesen nach *ist*, sondern sie möchte so sein, wie wenn die Sonne für *sich* leuchten würde, was schon in der Vorstellung furchtbar ist, weil wir dann alle kaum existieren würden. Aber die Seele möchte so sein! Denn sie hat die Dunkelheit bereits in sich aufgenommen, und so ist sie selbstbezogen geworden. Sie ist nicht mehr, was sie eigentlich ist, sondern sie ist sich fremd geworden – und wandelt auf Abwegen. Und diese Abwege und Abgründe sät sie in die Welt hinein... Sie sät, was sie geerntet hat, nämlich das Böse, als Abwesenheit des Guten. Sie sät den Mangel, der sich in ihr selbst eingenistet hat. Die Seele sät Finsternis, weil sie ihr eigenes Licht vergessen hat.

Und so kann sie nie, nie, nie Ostern begreifen. Denn Ostern ist das volle Gegenteil dessen. Ostern ist Hervorbrechen des Lichts, aus dem dunklen Grab, aus der Grabeskammer; der Felsen kann nicht bleiben, er wird fortgestoßen, das Licht bricht wie eine Naturkraft aus dem Grab hervor, und das reine *Leben* tritt aus dem Grab heraus – Leben, das eins ist mit Licht und mit Liebe. Liebe, Leben und Licht. Drei-Einigkeit, alles eines. Das muss man sich vorstellen, empfinden, erleben! Man muss es wirklich, wirklich erleben. Dann versteht man Christus, dann erkennt man ihn, dann weiß man, was das heilige Wesen ist – und dann versteht man Ostern. Dieses heiligste aller Feste, dieses Wunder, dieses Einzigartige.

Christus ist auferstanden! Die Liebe selbst ist es, die Liebe, das Leben und das Licht. Ostern, der heilige, unendlich unbeschreibliche Ostermorgen...

Die modernen Seelen schätzen die Empfindung gering – je moderner, desto geringer. Aber sie wissen gar nicht mehr, was sie geringschätzen und was sie verloren haben. Denn sie *haben* es verloren. Sie schätzen gering, was sie verloren haben – und glauben, sie brauchen es nicht mehr. Sie glauben sogar, es sei ‚modern', dies nicht mehr zu haben. Dies, was sie doch erst zu *Menschen* macht! Und die sogenannte Modernität besteht aus der Entmenschlichung. Die Moderne ist die Flucht des Menschen vor sich selbst. Die Moderne ist der Sieg der Gegenmächte über den Menschen. *Sie* treiben ihn weg von der wahren, heiligen Tiefe der Menschlichkeit. Sie treiben ihn weg vom Empfinden und entreißen ihm dieses heilige Licht...

Ja! Empfindung ist das heilige Licht der Seele. Denn nur, wo etwas *empfunden* wird, wird es in seinem Wert erkannt, mit dem ganzen eigenen Wesen. Die Empfindung ist das heilige Auge und das heilige Herz der Seele. Licht des Herzens, heilige Hand, Berührung...

Ohne die Empfindung kann die Seele auch Christus nicht finden. Wie sollte dies denn geschehen? Die Empfindung aber ist das Auge der Seele. Sie spürt: Er ist da... Sie spürt seine zarte, reine Anwesenheit, die liebende Gnade seiner Gegenwart – und was diese *bedeutet*. Sie empfindet *ihn*, das tiefst-heilige Wesen, und sie empfindet die Bedeutung dessen, denn was geschieht? Die Gegenwart dieses Wesens ist etwas absolut Unfassbares. Es gibt nichts, was die Empfindungen ihm gegenüber, die ja von seinem Wesen und seiner Gegenwart *verursacht* werden, übertreffen könnte. Jenseits des Heiligsten *gibt* es nichts mehr...

Es ist, wie wenn die Empfindung an ihr höchstes Ziel käme: *dies* ist das heilige Ziel deines Empfindens, o Seele, Anfang und Ende – und gleichsam in unfassbarer Zärtlichkeit überwältigt sinkt die Seele nieder, sich überwältigen *lassend*, gleichsam blind werdend, geblendet von dem, was ihr Auge wahrnimmt, ein Übermaß an zärtlicher Empfindung, ein nicht mehr zu Beschreibendes...

Wenn wir etwas längst verloren Geglaubtes wiederfinden, was uns sehr wichtig war, empfinden wir ein tief dankbares Glücksgefühl, eine heilige Erleichterung, die eigentlich in tiefer *Dankbarkeit* besteht. Zumindest für einen Moment. Ganz kurz wenigstens erleben wir, was heilige, tiefe, ja hilflose Dankbarkeit bedeutet... Es ist eigentlich das, was wir *Gnade* nennen. Die Seele kennt nicht mehr die Gnade, überhaupt nicht mehr, weil sie in einer gnadenlosen Welt lebt, die sie selbst gestaltet. Gnadenlos ist die Seele – und kennt die Gnade nicht mehr, weil die Momente, sie kennenzulernen so selten geworden sind wie ein Sandkorn in einem sterilen Labor. Die Seelen haben die Gnade aus ihren Leben ausgerottet.

Aber es ist ihre Schuld, ihre vielleicht allergrößte Schuld. Sich selbst in die Einsamkeit zu reißen – und die Gnade nicht mehr zu *sehen*. Denn sie ist nicht verschwunden, wir haben uns nur von ihr *abgewandt*. Nicht die Gnade ist fort – wir sind fort. Wir haben unsere Augen fest verschlossen und gehen unseren eigenen gnadenlosen Weg, fort von ihr, aber *wir* sind es, die gehen, nicht sie... Sie folgt uns sogar noch...

Kann man sich dieses Schlimme vorstellen? Dass die Seelen, nachdem sie von der Gnade abgetrennt wurden, sich noch immer weiter abtrennen? Wie in einem eigensinnigen Schmerz, der aber eine Art Wahnsinn ist? Ein allmähliches *Lieben des Unterganges*? *Weil* die Seele bereits so hart, so tot, so leer, so sinnlos geworden ist, dass sie nun ... ihresgleichen sucht? Noch mehr Härte, noch mehr Tod, noch mehr Leere, noch mehr Sinnlosigkeit...?

Wie weit soll dies noch gehen? Wo ist der Punkt der Umkehr? Wann begreift die Seele, dass sie – der verlorene Sohn ist? Denkt sie etwa, sie wurde verstoßen? Nein, sie ist selbst gegangen. Aber wofür? Für den Tod? Für die Leere? Die Sinnlosigkeit? Für Härte, Schmerz und Hässlichkeit? Für die Moderne?

Und dann heißt es, Gott habe der Seele Verstand gegeben. Aber wofür? Das weiß die Seele nicht mehr, denn sie benutzt ihren Verstand nur noch für das Verderben oder für ihre Selbstsucht, was aber ebenfalls ein Verderben ist. Die Seele weiß nicht mehr, wofür sie den Verstand geschenkt bekommen hat. Sie weiß nicht mehr was das eigentlich ist. Sie benutzt ihn, wie wenn sie einen heiligsten Kelch geschenkt bekommen hat – und achtlos billiges Gesöff die Kehle hinunterstürzt. So verhält sie sich!

Unheilig gegenüber Gott, unheilig gegenüber ihren eigenen, von Gott geschenkten Gaben. Eine Verräterin, von Anfang bis Ende. Zu nichts imstande außer dem hässlichen Verrat. Eine Hure. Ja, die Seele ist wirklich eine Hure geworden. Sie hat sich an die Gegenmacht verkauft. Und nun folgt sie ihr ohne Scham, gehorcht ihr – und meint, nur sich selbst zu gehorchen, in ihrem schmutzigen Verrat, in ihrem gottlosen Tun.

Sie wirft alles über Bord, was sie je hatte, ihre ganze Schönheit, ihren ganzen inneren Reichtum, der ihre Schönheit *war*, und bietet sich schamlos in ihrer Hässlichkeit dar, in ihrer Leere, in ihrer vulgären Selbstbezogenheit. Hässlich bis zum Tod und blind für ihr eigenes Verlorensein, gar noch stolz auf diesen Totentanz.

Und so stürzt sie fort von der Schönheit, von dem Heiligen, von allem, wonach sie sich jemals *wirklich* sehnen könnte – und merkt es noch nicht einmal. Sie weiß nicht, was sie tut. Soll man da von *Verstand* reden? Die Seele versteht sich selbst nicht mehr. Das ist ihr Verstand – längst erobert und unterworfen von der Gegenmacht, die die Seele nicht verführen will, sondern verführt hat, schon längst, mit allergrößtem Erfolg. Verlorene Hure, sich gefallend in ihrem Verlorensein und nicht die geringste Sehnsucht nach einer Umkehr empfindend. Empfindend! Sie empfindet nichts – das gerade ist ihr Unglück...

Der Verstand kann die Wahrheit nicht mehr erfassen, denn er weiß gar nicht mehr, was Wahrheit ist. Seine Wahrheiten sind tot – aber *die* Wahrheit ist etwas Lebendiges, das Lebendigste überhaupt, ja, das Leben selbst! Das kann der tote Verstand weder begreifen, noch hat er noch einen letzten Rest von Sehnsucht danach. Denn selbst für die Sehnsucht bräuchte er ja ... Empfindung! Da er aber so stolz auf seine Empfindungslosigkeit geworden ist, sie mit Füßen aus seinem Haus – dem toten Schädel, dem Totenschädel – getreten hat, so ist er nun dort allein, wie er es wollte. Allein und verloren, gestorben an seinem eigenen Stolz und Verrat, an seiner Nichtigkeit und Schlechtigkeit.

Aber er wollte es nicht anders! Anders könnte es nur werden, wenn er dieses eine Einzige tun würde, was er so wenig will: eine Umkehr... Dafür bräuchte er eine Sehnsucht. Die aber hat er nicht. Denn die Sehnsucht würde im *Empfinden* leben. Die Empfindung aber verachtet er und hat sie ausgestoßen. So muss er mit den Folgen seiner eigenen Tat leben. Der Verstand hat es verstanden, sich selbst zu ruinieren, bis zum Tod. Tot ist er, Tod trägt er in sich, Tod verbreitet er um sich. Siehe – das ist der Verstand!

Und er kann sich gegen diese Worte wehren, das ist ja ein Leichtes. Letztlich interessieren sie ihn auch überhaupt nicht, denn solange er noch auf seinen Hochmut bauen kann, kann er alles abweisen, was er belächeln kann, als nichtswürdig, als idiotisch, als bloßes Gewäsch. Oh ja, der Verstand ist ein Meister des Verleugnens, der Lüge, der Selbstlüge. Er mauert sich so richtig ein in sein Gefängnis, er zimmert immer weiter an seinem eigenen Grab, in dem er längst liegt. Und trotzdem wähnt er sich auf dem hohen Thron, doch sein hohes Ross besteht einzig und allein aus dem Grinsen der Gegenmacht – es ist auf *weniger* als Luft gebaut!

O, wenn die Seele doch nur wüsste, was ihr Verstand ist! Der Verstand ist *selbst* der Lügner, die Lügenmacht, ihr grinsendes Gelächter! Und die Hure Seele hat sich ihr angeboten und sie eindringen lassen...

Eine treue Seele, eine Gott treue und keusche Seele hätte dies niemals zugelassen. Sie hätte bereits beim Herannahen der Gegenmacht gefühlt, was ihr Hässliches, Verworfenes naht. Und sie hätte sich mit all ihrem Sein dagegen gewehrt, diesem Falschen, Ekelhaften ihr Wesen zuzuwenden, sie hätte sich abgewandt. Keuschheit und Treue wären ihr heiliger Schutz gewesen und geblieben.

Und so ist es noch immer! Nichts anderes kann die Gegenmacht auch nur *erkennen*, als dasjenige in der Seele, was keusch und treu ist. Und diese heilige Macht, dieses Wunder, das Leuchten und Strömen dieser Kräfte – was ist denn diese Realität? Was ist denn Keuschheit, was Treue? Kann man sie begreifen? Es sind lebendige Mächte, die mitten in der *Empfindung* leben – untrennbar verbunden mit dem Willen, einer heilig-unerschütterlichen Hinwendung zum *Guten*, zum Wahren, zum Reinen, zum Schönen.

Der Wille ist treu – und die Keuschheit ist das heilige Weben dieses Willens in der Empfindung. Aber all das ist *eine* Seele – sie gibt diesen heiligen Mächten Wohnung, sie ist es, die ihren Willen heilig mit dem Guten in Verbindung hält, die sich in Keuschheit dem Zugriff der Gegenmacht verhüllt und verwehrt.

Das ist auch ein heiliges Noli-me-tangere. Die Seele braucht keine Gewalt, um der Gegenmacht zu wehren. Sie braucht nur die reine Zartheit ihrer keuschen Bewegung, sich verhüllend, sanft und aufrichtig sprechend: Rühr mich nicht an... Dieses Eine, diese großartige Abwehr voller Anmut, diese gleichsam aus einer Ewigkeit kommende, schlichteste Bewegung – sie ist gleichzeitig der vollständigste Bann für die Gegenmacht. Nichts, absolut nichts kann die Gegenmacht dagegen ausrichten. Die heilige, aufrichtige Keuschheit ist bis in alle Ewigkeit und absolut unüberwindlich. Sie ist der heilige Wille der Seele, sie ist das heilige Empfinden der Seele. Absoluter Schutz...

Wie aber sollte die Seele je glauben, sie könnte etwas von der Gnade erfahren, wenn sie selbst nicht im Heiligen lebt?

Ja, sie kann sagen: Kommt denn die Gnade nicht gerade zu den Sündern? Sollte die Gnade nicht gerade dies tun? Ja – das Wesen der Gnade tut dies. Es kommt zu den Sündern – aber die Sünder nehmen es nicht auf, und, ja, was kann dieses Wesen dann noch tun? Es tut alles, was es kann – und hat alles getan, was es kann. Übervoll hat sich die Gnade auf die Erde ergossen – und ist um uns, sie ist wirklich um uns, überall.

Aber *erleben* dürfen die Gnade nur diejenigen, die selbst auch umkehren. Denn dieses Allerheiligste – es wirft sich nicht wie Perlen vor die Säue. O, wie sehr! Wie sehr geht die Perle den Säuen sogar noch hinterher, wie sehr umhegt sie sie, umwirbt sie, bittet sie geradezu ... ein Winziges zu tun, um sich umzuwenden und sie zu erblicken, sie zu erkennen, sie in ihrem wahren Wesen zu empfinden! Wie sehr tut die Gnade das! Aber die Säue tun es nicht, sie wenden sich nicht um, sie erblicken sie nicht, sie empfinden sie nicht – sie suhlen sich im Schlamm.

Mehr kann die Gnade nicht tun. Wirklich nicht. Mehr können nur die *Menschen* tun. Die Menschen müssten etwas tun. Sie müssten sich umwenden. Sie müssten sich nach der Gnade zu *sehnen* beginnen. Dies wäre bereits ihre Umkehr, der Anfang. Aber wenn sie es nicht tun? Kann man sie denn zwingen? Kann man sie dazu zwingen, eine Sehnsucht zu bekommen? Nein, man kann es nicht. Man kann sie aus ihrem Elend nicht erretten, wenn sie sich nicht selbst erretten – oder zumindest erretten lassen *wollten*. Sie wollen es nicht... Sie treten die Gnade noch immer vor die Tür...

Aber der Schlüssel in diesem allen, in dieser unvorstellbaren Tragik, ist die Empfindung. Was für eine Tragik, wenn die Seele *Empfindung* bräuchte, um eine Sehnsucht zu empfinden – und diese Empfindung gar nicht mehr hat, weil sie zu all dem gehört, was die

Seele vor die Tür tritt? Was, wenn sie ihre eigene Rettung abwehrt, und nicht nur die Rettung, sondern sogar schon das, was die Rettung *empfinden* könnte? Wenn die Seele nicht nur ihre Rettung verspottet, sondern sogar das *in sich selbst*, was dazu fähig wäre, die Rettung *als* Rettung zu erkennen? Aber das ist es eben, was die Seele tut. Sie wirft ihre *eigenen* Perlen vor die Säue, den Gegenmächten zum Fraß vor, und so, beraubt ihrer Perlen, erkennt sie nicht die eine, die große, die alles umfassende Perle... Um das große Heilige zu erkennen, hätte sie das kleine, eigene Heilige bewahren und hüten müssen. Das Geheimnis der anvertrauten Talente. Warum sind die Talente einem anvertraut? Um einst denjenigen zu erkennen, der sie einem anvertraut hat. Das ist ihr ganzes Geheimnis. Und dass die Talente gehütet werden sollten – und dass Hüten bedeutet, sie zu entwickeln.

Hüten ist überhaupt eine allerheiligste Tat, eine tiefste Verantwortung. Hüten bedeutet einen heiligsten Dienst, einen Gottesdienst. Aber auch all dies könnte die Seele nur *empfinden* – oder sie begreift nicht das Geringste. Die Seele bräuchte eine heilige Hingabe an die Erkenntnis, die heilige Erkenntnis, die Erkenntnis all der Geheimnisse der Perlen. Das ganze Erkennen müsste ein Heiligtum werden. Aber der Schlüssel zu diesem unbeschreiblichen Heiligtum ist das *Empfinden*. Die Empfindung ist selbst ein Heiligtum – und sie kann das Heilige erkennen. Ist sie nicht da, so könnte das Heilige einen allerprächtigsten Dom um sie herumbauen – die Seele würde es gar nicht merken!

Und die Gnade, die allgegenwärtige, sie ist noch unendlich viel *mehr* als dieser allerprächtigste Dom – und die Seele merkt es noch immer nicht!

Christuswirken in Leib, Seele und Geist

29. April

Man macht sich keine Vorstellung von dem, was Ostern bedeutet. Aber es bedeutet etwas Allesumfassendes. Und je mehr man die Einzelheiten begreift, desto mehr begreift man überhaupt.

Wenn wir uns vorstellen, wir wären der Staub auf einem Schmetterlingsflügel. Kann man sich vorstellen, dass dieser Staub sich ungeheuer groß vorkäme und so täte, als gäbe es den *Schmetterling* gar nicht? Oder dass er ihn tatsächlich vergessen würde und meinen würde, er, der Staub, wäre das Einzige, was existiert und zählt und wichtig und großartig ist? Ja? Kann man sich so etwas vorstellen? Es ist absurd und lächerlich, man schämt sich wirklich.

Und wenn man ein Blatt an einem Zweig wäre... Und der Zweig gehört zu einem Ast, und der Ast gehört zu einem Baum. Würde wirklich das Blatt meinen, dass es etwas ungeheuer Wichtiges und Selbständiges wäre? Würde es tun, was es will, und vergessen, wie es ihm ohne den *Baum* ergehen würde? Würde es so tun, als gäbe es den Baum gar nicht? Würde es ein sinnloses und lotterhaftes Leben führen und behaupten und selbstgefällig in die Welt hinausposaunen, den Baum gäbe es überhaupt nicht – und dies sogar selbst glauben?

Und würde eine Weintraube sich in ihrer Eigensucht sonnen, statt in der wirklichen Sonne zu wachsen und zu reifen? Würde sie sinnlose Dinge tun, anstatt zu einer Traube, einer Frucht zu werden? Würde sie eine zerknitterte, hässliche Rosine bleiben oder werden und sich dabei sogar noch großartig vorkommen und behaupten und verbreiten und selbst glauben, es gebe den Weinstock nicht? Wie groß muss die Blindheit und Unverschämtheit da wohl sein?

30. April

Wir leben in einer Welt, wo genau dieses Unvorstellbare passiert. Nicht der Staub auf dem Schmetterlingsflügel, nicht das Blatt am Zweig, nicht die Traube am Weinstock – aber der Mensch! Die Seele – sie hat diesen unvorstellbaren Zustand, dass sie nichts, wirklich nichts mehr weiß, nichts mehr erlebt und auch gar nichts mehr wissen *will* von dem, was die eigentliche, die wirkliche Realität ist.

Und dann löst sich der Staub vom Flügel, das Blatt vom Zweig, die Traube vom Weinstock – und wird zunichte. Aber die Seele *merkt* dies gar nicht. Sie merkt ihre eigene Nichtigkeit nicht, sondern es ist, als ob sie sich nun erst recht zur Allwichtigkeit aufbläst, wie ein Schmutzbeutel, in dem nur heiße Luft ist. Und mit ihrer Nichtigkeit geschieht noch etwas. Obwohl sie es bei *sich* nicht merkt, vernichtet sie alles *andere*. Daran könnte man die in ihr nun lebenden Kräfte eigentlich erkennen. Die hässliche Rosine, das vertrocknete Blatt, wird zur Vernichterin von allem, was sie umgibt. So ist der Mensch, so ist die Seele – und will es nicht wahrhaben. Es *ist* aber wahr. Sie ist bloße Verbraucherin, Zerstörerin, und weil sich auch die eigene Seele zerstört, so interessiert sie dies alles immer weniger. Es ist ihr egal, was sie anrichtet. Die Seele stirbt, die Empfindung stirbt, das Interesse an allem übrigen stirbt, und selbst *dies* ist der Seele egal, es ist eine umfassende Gleichgültigkeit.

Die Seele lässt sich treiben, in einem Meer von gleichgültigem Selbstbezug, genannt Selbstsucht. Und am Ende wird selbst dies noch gleichgültig. Irgendwann ist dann *alles* egal. Aber vorher geht alles durch die Spitze dieses Eisberges – ein völliges Vergessen und Verlieren der Wirklichkeit und ein Erleben eines ungeheuren Selbstbezuges, eines riesenhaften Egoismus, der genau dies ist, selbst wenn er als solcher gar nicht wahrgenommen und ganz umdefiniert wird.

Das Blatt ist längst abgefallen, die Traube eingetrocknet, der Staub hält sich selbst für einzigartig und das Einzige...

1. Mai

Wie kann es einen sogenannten ‚Tag der Arbeit' geben – und die Menschen haben nichts Besseres zu tun, als zu faulenzen und sich vielleicht noch zu betrinken? Offenbart dies nicht ganz und gar die Verlorenheit der Seele? Diese Sinnlosigkeit, die sich in ihr breitmacht? Den Egoismus, der aber nichts anderes als Nichtigkeit ist? Was tut die Seele denn dann an diesem Tag? Sie ruht einen Tag lang aus von ihrer üblichen Vernichtung – wenn sie nicht auch an diesem Tag Auto fährt, Plastik konsumiert, Abfälle in die Natur wirft und, und, und...

Kann man einen Tag der Arbeit feiern, wenn die Arbeit überhaupt längst etwas derart Unheiliges geworden ist, wie es der Fall ist?

Man kann nur feiern, wenn etwas noch heilig ist, sonst wird es eine Lüge. Eine neue Nichtigkeit. Sinnloses Schauspiel ohne Boden, ohne Hintergrund, nur noch Kulisse. Ach, wenn die Seele wenigstens ihre eigene *Leerheit* bemerken würde! Aber das tut sie nicht. Sie hangelt sich von Tag zu Tag, ohne die Leere zu bemerken. Sie feiert den 1. Mai, ohne zu merken, dass es längst keine Feier mehr ist, sondern ein Totentanz. Wie der Genuss eines lüsternen alten Greises, der längst im Grabe liegt, es aber nur noch nicht weiß. O, wie hässlich ist sie, diese Sinnlosigkeit!

Arbeit als Heiliges, als eine heilige Realität, wäre *Liebe*. Die Seele würde lieben, was sie tut, weil sie tief den Sinn dieses Tuns, dieses Arbeitens erlebt – und zugleich diejenigen liebt, denen diese Arbeit dient: anderen *Menschen*. Das Empfinden der Seele wäre so wie bei einem Gottesdienst. Heiliges Tun mit heiligem Sinn... Heilige Erfüllung durch diesen tiefen, leuchtenden Sinn dieses Tuns, dieses Arbeitens, dieses Dienens, dieses Liebens...! Ja! Wie kann man dies nur beschreiben? Einen Zustand, der heute so radikal verloren ist wie überhaupt der Friede auf Erden? Einen Zustand, in dem Arbeiten und Lieben *eins* ist? Einen Zustand, in dem die Arbeit geliebt wird, weil sie *selbst* Liebe ist? Dienendes, liebendes Tätigsein für Andere? Freudiges Sich-Hingeben an ein Tun, das ein Arbeiten für Andere ist? Und ein unerschütterliches Wissen, dass die gegenseitige Hingabe, das Füreinander-Arbeiten und Füreinander-Dasein, das Einander-Helfen, dass dies alles der Sinn *ist*, weil es die Liebe *ist* – und der Sinn gerade in einem heiligen, fortwährenden Wachsen der Liebe liegt, der Liebe und, sich dieses allerheiligsten Geheimnisses bewusst zu werden!

Wenn man am ‚Tag der Arbeit‘ also nicht arbeitet, dann nur im Sinne des heiligen Sonntag, der eine heilige Aufgabe hat: das Sich-Versenken in Gott, mit Gott, das Sich-Bewusstwerden der heiligsten Dinge und Tatsachen. Der Sonntag sollte eine Art *Gebet* sein – und das ist auch möglich, wenn man durch die Natur wandelt. Es geht um eine heilige Taufe. In Gott, mit Gott und heiliges Sich-Weihen für eine neue Woche – anbrechend wie ein weiterer Ostermorgen, ein stetig sich wandelndes und heilig wachsendes Mysterium, heilig-aufregend wie die erste Liebe, fern jeder Gewohnheit und allem Gewöhnlichen, immer ferner...

Ach, wenn die Seelen so leben könnten! So leben, so arbeiten –
und so von der Arbeit ruhen, um sich neu zu ‚taufen'. Was ist denn
das Wesen einer *Feier*? Eine Feier ist eine Heiligung – und je tiefer
man in das Heilige eintauchen kann, um so wirklicher ist eine
Feier. Alles andere wäre nur ihre Abwesenheit, ihre Verleugnung,
ihre bloße Behauptung.

Und mit diesem heiligen Geist der Feier, der zugleich der wahre
Geist der Taufe und der Weihe ist, würde man unmittelbar verstehen und erleben, fühlen und begreifen, was Christus, was Ostern
für eine Bedeutung hat – und was es für ein Geschehen, ein Tun
ist; was die Tat des Christuswesens ist. Man würde die *Realität*
begreifen. Ostern hat gerade deshalb eine Bedeutung, *weil* es eine
fortwährende Realität ist. Und Christus ist der Handelnde, er ist es,
der das Geschehen in die Welt strömen lässt. Er, der Handelnde,
der Heilig-Heilende, er ist in Wirklichkeit die Realität, in der wir
leben, weben und sind. *Christus ist die Realität.* Anders kann man
es gar nicht sagen. Und das, dieses Einzig-Große, dies müsste begriffen werden! Und eine Seele, die sich mit dem heiligen Feier-
und Feuer-Geist tauft, würde es unmittelbar erleben. Es ist ein und
dasselbe. Die heilige Taufe ist das heilige Begreifen...

Aber auch umgekehrt: Schon der leiseste Beginn eines heiligen
Begreifens wäre zugleich der Beginn einer heiligen Taufe. Und
wenn die Seele etwas davon erlebt, würde sie zugleich erleben,
dass ihre wahre Sehnsucht nie etwas anderes war als dies. Heilige
Taufe. Heiliges Begreifen. Heilige Feier. Lichtes-Liebe-Sinn...

3. Mai

Christus als die heilige Realität. Aber wie begreift man etwas
Heiliges? Man muss sein eigenes Begreifen heilig machen, so heilig wie möglich. Wenn man Christus begreifen will, muss man sich
in seinen Gedanken und Empfindungen und sogar mit seinem ganzen Willen zu seinem Liebesgeist und Heileswesen erheben! Nur
wenn man dies kann, es zumindest mit tiefer Aufrichtigkeit ver-

sucht, kann man hoffen, etwas von seinem wahren Wesen zu begreifen. Wie denn sonst?

Heilig müsste man empfinden, dass hier etwas viel, viel Größeres da ist, als man es selbst ist, mit seiner kleinen Seele. Man müsste den größtmöglichen Begriff von etwas Heiligem überhaupt in sich aufleben lassen. Und *dann* könnte man anfangen – anfangen, zu begreifen...

Wie Christus das Leben ist. Nicht nur bringt, sondern *weil* er es bringt, auch dessen Quelle ist: das Leben selbst. Begreifen, wie alles Leben an ein Ende gekommen wäre, wenn nicht er gekommen wäre: das Leben. Begreifen, wie schon viel zu lange der Tod auf Erden gewirkt hatte, die Erde verhärtend, die Leiber verhärtend, die Seelen verhärtend. Begreifen, wie materieller Leib und sinnliche Erde den *Gegenmächten* zu verdanken sind, die den Tod bringen. Und wie dieser Leib und diese Erde den Gegenmächten verfallen waren, die sie immer weiter hinabgerissen hätten – in die *Erstarrung.* Und wie dies einen Höhepunkt fand, als *er* auf die Erde kam, um durch seinen Tod das Leben zu bringen. Begreifen, wie dies alles nicht zufällig dort geschah, wo ein ganzes Volk seit Menschheitsgedenken auf den Erlöser gewartet hatte; wo am tiefsten Punkt der Erde das *Tote Meer* lag und wo sein Kreuz dann an einer Stätte aufgerichtet wurde, die *Schädelstätte* hieß...

Man begreift Christus nicht, wenn man nicht begreift, dass man vor einem Wunder steht, als Christus am Kreuz hängt und von seiner Stirn und aus seinen Händen und Füßen und aus seiner Seite das Blut *des Erlösers* zur Erde tropft, sich schenkend und die Erde erlösend, wie aus einem Wundstarrkrampf, erlösend wie Tropfen reinsten *Lichts* – und so wurden sie von allen Engeln auch gesehen, jeder einzelne Tropfen Blut: Tropfen von Licht. Von einem Licht reinster Liebe – und reinsten, erlösenden Lebens. Christus hat die Welt gerettet. Und in Bezug auf den Welten*leib* bedeutete diese eine Errettung vor der völligen Erstarrung, eine Rettung durch neues Leben, *sein* Leben, und es begann mit seinem Blut.

Die ganze Erde wurde am Karfreitag mit *seinem* Blut neu getauft – vom Tod in das Leben hinein. Eine Rettung der Liebe. Ein unbeschreibliches Wunder. Das Blut Christi – ein unendliches Mysterium. Sonnenleben strömt ein in das Grab der Erde...

Ein Leben reicht nicht, das Christusmysterium zu fassen. Und ein Leben reicht nicht, allein dieses Mysterium zu fassen: dass mit dem Tod von Christus auf Golgatha die Erde, die ein Leichnam war, begann, eine Sonne zu werden. Dass der sterbende Staub mit diesem Moment begann, lebende Materie zu werden, etwas übersinnlich Leuchtendes im Kosmos. Das Geheimnis der Leiblichkeit, getauft in das Leben, ein ewiges Leben... Aber das ist nicht das Einzige! Denn der Mensch hat eine Seele. Und das göttliche, heilige, heilende Leben des Gotteswesens ergießt sein Heil nun auch in das Seelenreich. Wie umströmt, durchströmt, überströmt muss man dieses Reich nun empfinden – durchdrungen, durchlebt und durchheiligt von ihm, dem Leben selbst, auch im Seelischen.

Wie begreift man den Heiland der *Seele*? Ach, wenn man zunächst den *Tod* begriffe! Im Leib ist der Tod alles, was mit Erstarrung, Verhärtung zu tun hat, mit Absterben, mit dem Entweichen und Schwinden des Lebens. Und in der Seele? Da ist es ganz genauso! Aber was in ihr erstarrt, verhärtet, entweicht und schwindet, das ist heiliges, zartes *seelisches* Leben. Es schwindet alles, was eigentlich, von Anbeginn an, das heilige Leben der Seele sein sollte. Aber was, wenn man sich darunter nicht einmal mehr etwas vorstellen kann?

So ist es heute das Schwierigste, überhaupt wieder zu beschreiben, was eigentlich das zarte, heilige Leben der Seele sein kann! Ein Leben, dessen zarte Realität alles übertrifft, was jemals Gnade, Glück, Erfüllung, Liebe genannt werden konnte. Ein Leben, das erst wahrhaft all dies ist und wird. Was die Seele also finden kann und wovon ich hier in meinem Tagebuch immer wieder versuche zu sprechen, das ist das *Leben*. Das wirkliche und ein zutiefst heiliges Leben. Und nun muss man nur noch wissen, dass dieses in allem, worin es besteht und was sein Wesen und seine Substanz ist, dem Christuswesen zu verdanken ist, denn es kommt aus seinem Leben und er ist die Quelle, der Ursprung, wie die Sonne, wenn auch nur ein Strahl in die Seele dringt und hier das Leben erweckt...

Heiligstes Leben, so wie am Ostermorgen der Auferstandene vor Maria Magdalena: Rühr mich nicht an... Ich bin das Leben, das Zarteste und zugleich das Lebendigste, das reine, reinste Leben. Aber finde mich in dir, da wirst du mich wahrhaft finden... Christus ist in seinem heiligen Leben, seinem heiligen Schenken, Retten und Begnaden der Seele noch näher als ihr eigenes Herz. Es gibt kein Hindernis zwischen ihm und der Seele – es sei denn, sie selbst... Rühr mich nicht an, aber lass dich von *mir* anrühren... Lass dich von meinem Leben durchdringen... Ich will in dir Wohnung nehmen, wenn du es nur zulässt... Und dann begreife, wer ich dir bin. Ich bin das Leben, das Licht, die Sonne. Für den Leib. Für die Seele... Leuchte, denn auch du bist zum Leuchten bestimmt. Und ich schenke dir das Heiligste, das Licht selbst. Das wahre Leben. Lebe! Entfalte dieses heilige Leben...

5. Mai

Entfalte dieses heilige Leben, das ein Licht im Kosmos ist. Dieses Noli-me-tangere-Leben, das zugleich das hellstrahlende Licht ist, das aus dem Grab hervorbricht, das auch aus dem Grab der Seele hervorbrechen will. Neues Leben. Das Wesen der Zartheit. Das innerste Geheimnis heiligen Liebeswebens... So zart wie ein Spinnennetz am taufrischen Morgen, so zart wie die Morgenröte – und zugleich so unbesieglich und unüberwindbar wie *das Leben selbst*.

Und nun bricht diese Lebenssonne auch für das *Geistwesen* des Menschen hervor. Leib, Seele und Geist. Und überall Christus als Heiland, als Heiler, als Leben und als Sonne. Christus! Heiligstes Leben des Leibes, heiligste Liebe der Seele, heiligstes Licht des Geistes. Und doch überall alles in einem, ungetrennt und dreieinig, immer. Leben, Liebe, Licht...

So, wie die Seele in eine unbeschreiblich zarte *Liebe* hineingetauft wird, so wird der Geist in ein unbeschreiblich reines *Licht* hineingetauft. Das Geistwesen soll immer mehr einzigartig werden, das Geheimnis des Ich... Dieses heilige Geheimnis des Ich ist zugleich das Geheimnis des Christus. Das Christuswesen schenkt den Menschen ihr wahres Ich. Dieses heilige Ich besteht aus *seinen* Buch-

staben: Iesus Christus. Und zugleich ist es das Geheimnis der Fische: der Fisch als Symbol Christi, der Fisch, ichthys. Ich...
Und zugleich hat das Sternbild der Fische mit den Füßen zu tun, und also auch mit der Fußwaschung, und also auch mit dem *Dienen*. Christus – Ich – Liebe – Hingabe. Das alles ist *ein* großes Geheimnis.

Das Ich erfährt sein wahres Geheimnis, seine wahre Heiligkeit, wenn es in *Christus* getauft wird. Dies ist nicht die todesmodernde Taufe des Egoismus, sondern die lichtstrahlende Taufe des Einander-Dienens, weil man den anderen als Bruder und Schwester erlebt. Das Ich ist kein Widerspruch zur Liebe, sondern ihre *Voraussetzung*. Nicht das Ich hängt mit dem Egoismus zusammen, sondern die völlige Erstarrung des Ich in seinem Verfallensein an die Gegenmächte. Das Ich wird von Christus zu seinem wahren Wesen erhoben, indem zugleich Christus in die Seelentiefen einzieht, den Egoismus heilend, den Tod überwindend, die Liebe schenkend.

Alles ist Saat. Und Christus ist der Sämann. Zu den Gesandten Gottes sind wir bestimmt.

6. Mai

Die Begeisterung kann nicht immer auf einem Höhepunkt sein. Sonst wäre es kein Höhepunkt. Aber es gibt den Triumph der Wellen, und es gibt das weite, mächtige, darunterliegende Meer. Auch wenn das Meer keine Wellen schlägt, ist es doch viel größer als die aufschäumende Welle.

Was ist also das Wichtige? Dass man überhaupt ein Meer wird. Denn die Welle allein, die auf dem Strand als Schaum endet, nützt nichts. Die Begeisterung darf keine Eintagsfliege sein, keine bloße Schaumkrone, sie muss etwas haben, aus dem sie *entspringt*. Und immer wieder neu entspringen kann.

Heilige Begeisterung ist wie der Jubelflug der Lerche. Aber auch die Lerche kann nicht immer höher. Sie kann mit ihrem kleinen Körper einen ungeheuren Jubel erklingen lassen, eine ganze, ganze Weile. Aber irgendwann sitzt sie auch wieder auf dem Boden –

127

und *trotzdem* schlägt ihr kleines Herz für den großen Himmel, aufgeregt pochend. Und *das* hört nie auf! Das kleine Lerchenherz pocht immer in aufgeregter Liebe zum Himmel. Und es ist dieses pochende Herz mit seiner Liebe, das das Meer ist, aus dem dann auch der heilige Jubel aufsteigen kann.

Die Lerche jubelt auch, wenn sie am Boden ist. Ihre Liebe zum Himmel hört nie auf. Aber wenn sie sich selbst in den Himmel emporschwingt, dann lässt sie den Jubel auch erklingen! Es ist der *offenbarte* Jubel. – Und so hört auch das Meer nie auf, Meer zu sein, ein heiliges Wesen voller Tiefe. In den aufschäumenden Wellen offenbart es sich nur. Meer ist es aber immer...

7. Mai

Wenn man sich also fragt: Wo hole ich meine Begeisterung her? Dann soll man nicht fragen, wie man etwas aus dem Nichts herbeizerren kann, denn das kann man nicht. Das kann niemand. Sondern man soll sich fragen: Wie kann ich mein Inneres zum Meer machen? *Das* ist die entscheidende Frage! Die Lerche fragt auch nicht, wie sie fliegen kann. Die Frage ist nur, wo sie ein schlagendes Herz herbekommt. Das hat ihr aber *Gott* schon geschenkt. Wenn sie aber ein Herz hat, dann steigt sie auch jubelnd auf, denn der Himmel ist ihr Element, und der Jubel ist ihr Element. Ihr Herz ist dafür geschaffen, zu jubeln...

Wenn das Meer erst einmal da ist, wird es auch Wellen schlagen, denn es müsste sich selbst zwingen, es *nicht* zu tun. Ein Meer ist nicht dazu geschaffen, still dazuliegen. Die Frage ist also: Wie kann das Innere ein Meer werden?

Aber was ist denn dieses Innere? Die Seele! Ja – wie wird die Seele ein Meer? Wäre das nicht die erste Frage, die sich die Seele stellen müsste? Denn ihre Bestimmung ist es niemals, nur ein dünnes Bächlein zu sein oder gar zu vertrocknen, in ihrem Leben zu versiegen... Aber auch ist es nicht ihre Bestimmung, ein stockender See, ein übelriechender Pfuhl oder ein schlammig-schmutziger Strom zu werden. Und doch kann man dies alles heute sehen!

Wer, o wer, kümmert sich heute um seine Seele? Und warum läuft immer wieder alles auf diesen Punkt zu? Weil es eben diese Seele *ist*, um die es geht – und weil sie entweder einen heiligen Weg gehen kann und ihr Wesen dann erst wahrhaft entfaltet, oder aber irgendeinen Weg geht, auf dem sie verlottert, verwahrlost und dahinsiecht und stirbt, ohne es zu merken, weil der sinnliche Leib und ihre ganz ans Sinnliche geketteten Regungen ihr noch immer irgendein Leben vorgaukeln. Aber der von Stromstößen durchzuckte Froschschenkel lebt auch nicht mehr...

8. Mai

Das Meer der Seele kann nur eine einzige Quelle haben. Die Seele muss Tiefe gewinnen – Tiefe und Weite. Eine Pfütze kann sich weit oberflächlich ausdehnen, es bleibt eine Pfütze. Wie aber gewinnt die Seele Tiefe?

Was ist denn das Gegenteil von Oberflächlichkeit? Es *ist* Tiefe! Wie aber gewinnt die Seele diese? Sie muss zuerst aufhören, die Oberflächlichkeit zu lieben – und beginnen, die Tiefe zu lieben. Wenn man etwas liebt, was man noch nicht hat, nennt man das auch *Sehnsucht*. Die Seele braucht vor allem anderen die Sehnsucht nach Tiefe...

Dabei kann man der Seele nun nicht mehr weiter helfen. Diese muss sie ganz alleine finden. Aber ich sage es noch einmal: Sie muss zuerst aufhören, die Oberflächlichkeit zu lieben. Sie muss lernen, wirklich lernen, an der Oberflächlichkeit zu *leiden*. Und das ist mehr. Wenn man aufhört, etwas zu lieben, leidet man noch nicht daran. Aber vielleicht gehört es gerade auch zu der Oberflächlichkeit der Seele, dass sie nicht mehr leiden kann? Vielleicht ist es Teil dieser Oberflächlichkeit, sie angeblich nicht mehr zu lieben, aber dennoch absolut nicht an ihr zu leiden. Vielleicht ist die ganze moderne *Indifferenz* der Seele ein großer, großer Teil dieser Oberflächlichkeit...

Beginne also, Seele, an deiner Oberflächlichkeit zu *leiden*! Beginne wahrhaft zu leiden, und du wirst wahrhaft das Meer finden...

Und der auferstandene Christus verschwand den Jüngern wieder, verschwand ihnen in die Himmel. Wahrlich – wie die Lerche! Würde man nicht einen Jubelgesang erwarten?

Aber die Jünger, die allein zurückblieben, stürzten in neues Leid. Und wahrlich, auch so wird ein Meer gegraben. Denn nach tiefstem Leid über das Unfassbare strömte zehn Tage später der *Tröster* in ihre Seelen! Ein Meer von heiligem Geist. Meerestief hatten ihr Leid und ihre Sehnsucht ihre Seelen gemacht – und nun strömte ein, was dieses Meer *füllen* konnte! Der Heilige Geist, der Tröster, der Geist der Wahrheit – wie Christus gesagt hatte! Aber kein Meer ohne Leid, Christus *musste* also gehen, und auch das hatte er ihnen gesagt.

Aber hatte er nicht auch gesagt: Ich bin bei euch, bis an das Ende der Welt? Doch die Jünger konnten das alles nicht verstehen. Gehört denn der Himmel bis zu den Wolken nicht *mit* zur Erde? Verlässt denn die Lerche die Erde, wenn sie hoch aufsteigt – so hoch, dass wir sie kaum noch mit dem Auge sehen? Oder spüren wir nicht, dass sie noch immer bei uns ist, hören wir nicht ihren jubelnden Gesang, der aus ihrer kleinen Kehle so laut hervorströmt, dass er unser Ohr begnadet, obwohl wir sie gar nicht mehr sehen?

Der Himmel der Lerche gehört noch immer zur Erde! Und selbst die Wolken gehören zur Erde. Die Erde ist mit den großen, klaren Augen der Sterne gesehen eine leuchtende Perle im Weltenall. Und was wir zunächst den ‚Himmel' nennen, ist nur diese hauchdünne, sonnendurchflutete, wunderzarte Haut, die diesen heiligen Planeten umgibt. Die Erde – eine kostbare, heilige Perle im Weltenall...

Und als sich die heilige Himmelfahrt ereignete, da hat Christus die Menschen nicht verlassen, auch seine Jünger nicht, sondern im Gegenteil – er hat sich für immer mit den Menschen und der ganzen Erde verbunden. Er ist der *Geist* der Erde geworden. Die Erde ist sein Leib geworden. Die *ganze* Erde! Er ist eine heiligste Macht, die sich mit der ganzen heiligen Erde verband – heilig, *weil* er sie zu seinem Leib wählte.

Die Himmelfahrt ist ein heiligstes Kommunionsgeschehen! Eine Hochzeit. Der Christusgeist heiratet den Erdenleib. Es ist eine neue Inkarnation. Eine Vereinigung. Die Durchchristung der Erde und ihrer ganzen, zarten Himmelshaut, das Geheimnis der Atmosphäre. Überall ist er nun! ‚Aus Kraut und Stein und Meer und Licht schimmert sein kindlich Angesicht', singt Novalis – auch er eine Lerche!

Himmelfahrt! Himmelfahrt ist Erdenhochzeit. Ist Christi tiefste Erden-Menschen-Liebes-Treue... O, dass wir alle Lerchen würden, um in jubelnder Liebe zu ihm in den Himmel aufzusteigen, der in heiligster Verbindung zur Erde gehört!

Himmelfahrt

10. Mai

Heilige Himmelfahrt! O, wenn wir doch nur lernen würden, in heiligen Begriffen zu denken. In Begriffen der *Hochzeit*. Nur noch so – nicht mehr anders. Begriffe der Liebe und der allertiefsten Treue. Christus jedenfalls – Christus kann man nur so erfassen, nur so. In Begriffen der Hochzeit. Für Christus ist alles Braut. Er wartet nur darauf, dass sie sich schmückt. Aber er wartet. Er ist die Gnade – aber die Seele muss sich bereit machen, und der Beginn dieses Sich-Bereitmachens ist überhaupt eine *Sehnsucht*. Ohne Sehnsucht gibt es keine Hochzeit – nicht einmal eine Verlobung! Nicht einmal eine Bekanntschaft...

Wir müssen völlig neu denken lernen. Und die Seele muss lernen, zu spüren, was sie eigentlich wirklich will. Sie ist doch fortwährend nur an der Oberfläche. Bevor sie *irgendeine* Tiefe gewinnen kann, muss sie ihre eigene Tiefe finden, wie flach diese zunächst auch sein mag. Sie muss wissen, was sie will, sie muss spüren, was sie sucht – sie muss lernen, ihre leise Sehnsucht zu hören. Lernen! Denn die Sehnsucht spricht *leise*, und auch Christus wartet leise, nicht laut, heilig und sanft, nicht drängend...

Alles ist Saat. Und die erste Unzufriedenheit mit der eigenen, leise gespürten Oberflächlichkeit ist bereits die Saat für eine wachsende Sehnsucht nach etwas anderem. Für eine wachsende Unzufriedenheit, die dann keimt zu einem wachsenden Leiden, das dann aufkeimt zu einer aufrichtigen Sehnsucht, die dann weiterwächst, dem Licht entgegen... Himmelfahrt ist eine Hochzeit Christi mit der ganzen Erde. Es ist aber auch ein ewiges Treueversprechen gegenüber jeder einzelnen Seele. Wie er es sagte: Ich bin bei euch, bis an der Welt Ende. Er ist es. ,Er ist der Stern, er ist die Sonn'. Er ist des ewgen Lebens Bronn', und zwar vereint mit der Erde. *Ihm* können die Keime der Seele entgegenwachsen, ihn suchen sie ja, ihn das Licht, die Wärme, das unbeschreibliche Alles... Nichts anderes, sondern dieses Eine, was mit seinem Wesen zu tun hat. Überall schimmert sein Angesicht, überall sucht die heilige Stimme der Sehnsucht nach *ihm*...

11. Mai

Und wie wird die Seele ein Meer... Unterhalb der Wellen ist das Meer ruhig, vielleicht strömend, aber ruhig, und doch mächtig, denn es hat Tiefe. Sehnsucht nach Tiefe. Ein heiliges, langsames Wachsenlassen der Seele – in die *Tiefe*. Die Tiefe kann genausowenig erzwungen werden wie jedes andere Wachstum. Die Pflanze wächst in ihrem eigenen, unendlich zarten Tempo, das *Leben* heißt. Und auch die Seele wächst nur in dem Rhythmus ihres eigenen Lebens in die Tiefe, wenn sie diese Tiefe ersehnt und auch erstrebt. Von selbst kommt sie nicht. Das Wesentliche ist Sehnsucht nach ihr – und ein tiefer, wachsender, heiliger *Ernst*.

Der heilige Ernst ist wie das Tastorgan der Seele in die Tiefe. Er ist wie die Wurzeln der Pflanze. Sie wachsen in die heiligen Erdentiefen. Der Ernst wächst in die heiligen Seelentiefen und macht sie zu einer Realität.

Der Ernst ist wahrlich etwas Heiliges! Und er ist kein Widerspruch zur Freude, nur zur Oberflächlichkeit. Kein Widerspruch zur Freude? Ja – aber wie soll man dies erklären? Die Worte bekommen ihre Grenzen, manches kann man nur erleben. Und man muss wirklich anfangen, diese Stimmungen der Seele selbst zu erleben. Dann findet man auch selbst die Antworten, auch auf alle scheinbaren Widersprüche.

Der Ernst ist etwas Heiliges – und das Heilige ist nie ein Widerspruch zu einer heiligen Freude. Denn dann müsste es ja traurig machen, was unmöglich ist. Es gibt also einen Ernst, der, sich auf das Heilige beziehend und selbst heilig seiend, zugleich von einer unbeschreiblichen, heiligen *Freude* durchzogen ist. Um sich dies wirklich vorstellen zu können, wenn man es nicht allein erleben kann, müsste man sich nur vorstellen, wie sich der Ernst der Wurzeln, die zart und gewissenhaft in die Erdentiefen dringen, vereint mit dem Jubeln der Lerche und ihrem heilig schlagenden Herzen... Wenn man beides *zusammen* erleben kann, dann hat man heiligen Ernst, der zugleich heilige Freude ist.

Und mit all diesen heiligen Empfindungen, ihnen immer wieder nachsinnend, ihnen nachspürend, sie zu den eigenen machend ... findet man das *Meer*...

12. Mai

Die Himmelfahrt ist eine große, große Hochzeit. Der Christus-Geist vereint sich mit der ganzen Erde, von den Höhen ihrer leuchtenden Atmosphäre bis zu den Tiefen der Erde. Ein unvorstellbares Geschehen! Die Erdentiefen jubeln nicht wie die kleine Lerche, nicht in derselben Weise, aber ihr ernst-heiliges Empfangen des Christus ist nicht weniger durchdrungen von einer Freude, für die einfach alle Worte fehlen, denn die menschliche Sprache hat keine Worte, um Freude, Ernst und heiliges Geschehen bis ins Unendliche zu steigern und erst dann auszudrücken!

Aber man kann sich vorstellen, dass seit diesen heiligen Geschehnissen die ganze Erde nicht *umsonst* blüht; dass sie auch nicht mehr un-christlich blüht, sondern dass seitdem alles Blühen gerade in dieser Zeit ein allertiefster *Jubel* ist. Himmelfahrt! Erdenhochzeit! In unbeschreiblichem Jubel strömt sich auch die Natur in heiligster Blütenschönheit aus. Und man darf niemals denken, das wäre etwas Oberflächliches, einfach nur Freudig-Leichtes. O, das zarte Wunder der Blütenblätter ist so leicht wie ein Schmetterlingsflügel! Aber was ist der Ursprung dieses wunderbaren Schönheitswebens? Es sind die Erdentiefen!

Ohne die tiefen Wurzeln, die im Erdreich ernst-mütterliche Kraft sammeln, ohne diesen Ernst der Erdentiefen würde nichts blühen können. Oder es wäre wirklich oberflächlich, hätte keinen Gehalt, keine Essenz, kein Wesen. Aber so ist das Blühen des Frühlings nicht! Es ist voller Essenz, voll heiliger Tiefe, die die Seele von Schönheitsschwere taumeln lässt. Heilige *Tiefe* ist der Quell dieser unbeschreiblichen Schönheit. Und erst aus der Tiefe heraus ist das Wunder der ätherisch zarten Kirschblüten und all der anderen blühenden Schönheit möglich und zu verstehen. Dieses ganze heilige Blühen ist die Essenz einer unsagbaren Tiefe. Die Natur ist von ungeheurem Ernst – nur deshalb kann sie auch von dieser ungeheuren *Freude* sein, die zu Himmelfahrt hervorbricht!

O, wenn die Seele diese Zusammenhänge verstünde! Sie würde sich nie wieder vor dem Ernst fürchten, der *selbst* ein Wunder ist. Eine Gnade. Ein Heiligtum. Nein – sie würde sich von da an nur noch vor der Oberflächlichkeit fürchten. Diese fliehend – und den Ernst findend. Und mit ihm die Freude. In all ihrer Tiefe. Denn unversehens wird die Seele ein Meer...

13. Mai

Christus ist bei einem. Und bei allem. Und wenn man dies begriffe...

Nur dieses eine. Denn wozu mehr? Wozu mehr, *bevor* man dieses eine begriffen hätte, staunend, taumelnd, fast ungläubig, es nicht fassen könnend, sanft erschlagen vor Glück, in einem Zustand des zartesten *Erkennens* des Allerunvorstellbarsten und Allerbeglückendsten – *seiner* Gegenwart und seines Wesens...

Und aber wie sollte man beschreiben, *warum* dies so ist, so unbeschreiblich? Wie kann man denn Christus beschreiben? Man kann es gar nicht, ohne dass es eine bloße Beschreibung wird – und was würde das dann noch nutzen? Es würde sich vor ihn stellen, wie so vieles andere. Man würde dann gerade *nicht* wissen, wie sein Wesen ist, denn man hätte nicht das Erleben, nur die Beschreibung, aber die Beschreibung ist nichts, und sein Wesen ist nur berührt, wenn man es dann auch erleben würde. Aber wie – wie dann, wie kann man, was kann man tun...?

Alles stellt sich vor Christus, und dann steht es da, zwischen seinem Wesen und der Seele; und die Seelen haben es selbst dorthin gestellt, zwischen sich und sein Wesen, um es nicht zu erkennen, und warum nicht – aus *Angst vor der Gnade*. Aus Eigensinn, der die Gnade weder kennt noch will, aber zugleich größte Angst vor ihr hat. Angst vor dem Überwältigenden, was aber das einzige *Nicht*-Überwältigende auf dieser Welt ist. Reinstes Glück, reinster Friede, reinste Freude – und reinstes Heil. Heilung, Heilendes, Heiliges. Gnade also, das Höchste überhaupt, das Unvorstellbarste überhaupt. Und davor haben die Seelen Angst! Warum!?

14. Mai

Ach! Wieder komme ich dazu, die Seele zu beklagen. All die Seelen, die gleichsam Hals über Kopf weglaufen, die am Rennen und Fortstürzen sind, in jedem Moment, ohne es zu wissen. Wovor laufen sie weg? Vor sich selbst. Vor ihrer eigenen Sehnsucht. Aber vor allem: vor Christus. Sie laufen wirklich weg. Immer, immer laufen sie in die andere Richtung. Hinein in ihren Eigensinn, in die Gottferne, in die Oberflächlichkeit, in das Gewöhnliche, in das Einfachso-Weiterleben, als ob es Christus nicht *gäbe*. Und dieses Leben ist es dann, mit dem sie Christus tatsächlich *verleugnen*. Denn keine Seele könnte weiterleben wie bisher, wenn sie ihn *nicht* verleugnen würde. Aber wenn sie ihn nicht einmal kennt oder kennen will?

Petrus verleugnete Christus dreimal, bevor der Hahn krähte, und weinte danach bitterlich. Er wusste, dass er es getan hatte... Und heute weiß es die Seele kaum, weil sie gar nicht weiß, wer Christus ist, weil sie sein Wesen überhaupt nicht kennt, und weil sie auch *ihr* Wesen überhaupt nicht kennt, sondern im Grunde betäubt, blind und dumpf taumelnd wie in einem Tiefschlaf weniger lebt, als bloß irgendwie existiert. Dieses Fortstürzen von Augenblick zu Augenblick in Gottesferne und Oberfläche kann man nicht Leben nennen, auch wenn die dahintaumelnde Seele noch so sehr meint, sie würde

135

mitten im vollen Leben stehen. Sie steht vielleicht in einem schlickigen Sumpf dessen, was *sie* ‚Leben' nennt, was aber nicht das ist, was das Leben der *Seele* wirklich wäre.

Die Seelen stürzen sich in den Sumpf der *Sinne*; in das ganz materielle und äußerliche, äußere Leben, finden hier eine ‚Fülle' – und vergessen ganz, ja, begreifen überhaupt nicht, nicht einmal ansatzweise, was sie *selbst* eigentlich sind, sein könnten, sein sollten. Sie vergessen und sind blind und taub dafür, dass sie inmitten dieser scheinbaren ‚Fülle' selbst in eine *Leere* geraten. Sich selbst leeren sie aus, werden leer und nichtig, gehen den völlig falschen Weg, dahinstürzend, sinnlos, ja wirklich verloren. Verloren in Blindheit. Verloren in Nichtbegreifen, in sinnlosem Sich-Verlieren...

15. Mai

Aber wenn man nun einen Moment innehielte... Das Innehalten wäre vielleicht das Erste. Man würde sich noch gar nicht verändern, aber zumindest schon einmal innehalten. Wäre das möglich? Könnte die Seele innehalten, wenn sie gar nicht weiß, dass sie fortwährend davonstürzt und wegläuft?

Vielleicht weiß sie es gar nicht, nicht bewusst – und weiß aber dennoch, trotzdem, wie das ist, dieses Innehalten. Irgendetwas in der Seele weiß *dennoch*, dass sie wegläuft. Und dieser Teil in ihr ist es auch, der stehenbleiben will, der nicht weglaufen will, der auch nicht will, dass der übrige Teil wegläuft. Dieser Teil ist es auch, der weiß, wie man innehalten könnte – denn er *möchte* es die ganze Zeit. Er selbst tut es sogar die ganze Zeit – aber er sehnt sich danach, dass auch der übrige Teil ... begreift. Es gibt also etwas in der Seele, was sehr genau weiß, wie sie innehalten könnte. Aber der Teil, der fortwährend wegläuft, scheint es nicht zu wissen – und will es auch nicht wissen.

So scheint es. Aber ist es so? Es muss wohl so sein. Und doch leidet die Seele daran – selbst da, wo sie es gar nicht weiß. Kann das sein? Ja, das kann sein. Sie läuft ja auch vor ihrer eigenen Erkenntnis ihres Wesens und ihres Tuns weg. Sie will davon nichts wissen, um nicht an ihrem Tun leiden zu müssen oder sich ändern

136

zu müssen, aber weglaufen tut sie trotzdem. Und natürlich bedeutet dies ein Leiden – denn wer möchte *wahrhaft* vor sich selbst weglaufen? Jede Seele möchte wahrhaft sie selbst *sein*, ihr wahres Wesen offenbaren – aber keine Seele tut es, weil keine weiß, was ihr wahres Wesen ist, sondern stets etwas anderes meint, etwas, was *nicht* ihr wahres Wesen ist. Und ein Teil in ihr weiß dies auch. Dieser Teil *ist* ihr wahres Wesen...

16. Mai

Aber von diesem heiligen Teil in ihr strömt das Wissen fortwährend auch leise in den anderen. Wie dumpf die Seele auch dahinlebt – das leise Mysterium der Selbsterkenntnis durchwebt diese Schattenwelt und möchte sie mit Licht durchziehen. Es durchwebt auch das gröbste Sinnesleben und möchte es leise auflösen, für den heiligen Blick hinter den Schleier. Und deswegen – weil selbst in der größten Flucht, der größten Gottesferne und der größten Oberflächlichkeit etwas von dem *Anderen* lebt, etwas von dem anderen Ufer, was *mitgegangen* ist –, eben deswegen weiß die Seele in ihrem Innersten, auch im Innersten dieses flüchtenden, gottesfernen, oberflächlichen Teils, was das Innehalten ist. Denn das, was mitgegangen ist, *gibt* ihr dieses Wissen, erinnert sie daran, sie gleichsam sanft berührend, aber von innen, immer daseiend...

Was kann man noch darüber sagen? Das Ganze ist ein Wunder, es ist schlicht ein Wunder. Aber es ist so zart, so leise, so heiligbehutsam, dass die Seele es normalerweise gar nicht merkt. Dass ihr nichts davon bewusst wird. Nichts außer vielleicht ein leises Leiden, ein leisestes, eine ganz leise Lebensfrage, eben ein winzigsanftes, nicht in Worte zu fassendes Leiden, eine unnennbare, nicht fassbare, wie ein Regenbogen sich dem Fassbarwerden entziehende, heilig-leise *Sehnsucht*...

Aber diese – diese kann irgendwann, an irgendeinem Punkt, in irgendeinem Augenblick, doch bewusst werden. Zumindest sie. Und dann – wenn das geschieht –, dann kann die Seele irgendwann doch innehalten. Denn der Zwiespalt ist zu weit geworden. Irgendwann kommt es soweit, dass zu viel in der Seele nicht mehr einfach nur immer weiterstürzen möchte; dass zu vieles in der Seele an etwas leidet, was sie gar nicht beschreiben kann, aber doch leidet, und weil dies eine Art heilig-leise, hilflose *Ratlosigkeit* gibt, beginnt die Seele allmählich *innezuhalten*. O, welch heiliger Prozess! Welch heilige, rettende Handlung... Noch immer fast unbewusst und doch schon an der Grenze zu einem Neuen, auch neuen Bewusstsein. Noch immer fast unbewusst und doch schon eine neue Handlung, ein Innehalten. Ein Wunder...

17. Mai

Und dann müsste, könnte dieses Innehalten eine ganze Weile dauern. Eine ganze, ganze Weile... Ach, wie glücklich ist schon dieses Innehalten! Wie erlösend. Allmählich, ganz allmählich. Wie wenn das innere Anhalten erst langsam nachfolgen würde, mit Verzögerung, obwohl es ja schon ein innerlicher Vorgang ist! Aber er hat ja auch mit der äußeren Welt zu tun. Innehalten kann man nur, wenn man es wirklich tut, auch äußerlich. Man muss wirklich *anhalten*. Nicht mehr all das tun, was man bis dahin getan hat, sondern innehalten. Und was gehört noch dazu? Sich besinnen. Das Innehalten ist die Voraussetzung für das Sich-Besinnen, das dann noch ein heiliger zweiter Schritt dabei ist.

Das Innehalten ist schon das leise, heilige Bewusstsein, dass etwas nicht richtig ist, nicht stimmt, dass man innehalten muss. Es ist also bereits dieser heilig-leise Strom des erkennenden Lichtes, dieser sanfte Lichtfaden, der die Seele durchzieht. Und zunächst führt dieses zum Innehalten, das ist der erste Schritt der Seele, schon die erste heilig-wunderbare Handlung. Innehalten...

Aber dann geht dieses weiter, es setzt sich fort, es entfaltet sich, wie die Blätter einer Pflanze. Das Innehalten – es kann ja nicht nur Innehalten bleiben, aus ihm *entsteht* ja etwas, da ist ja *noch* etwas. Da ist ja noch etwas, das jetzt hinzukommen kann. Es ist eben jenes Heilige, was die Seele erst tun kann, *wenn* sie innehält – und niemals, solange sie nicht innehalten würde... Das Innehalten ist dasjenige, wodurch sich allmählich eine heilige *Stille* in die Seele einsenkt, wo auch sie sich in eine heilige Stille hineinsenken kann.

Und wenn dieses erste Heilige eingetreten ist, gleichsam wie eine Vorbereitung, und trotzdem auch *selbst* schon heilig, dann kann *in* diese Stille noch etwas anderes eintreten, und das ist eben das *zweite* Neue. Der heilig-behutsam-leise Strom der *Selbstbesinnung*.

Und das alles sind wiederum so heilige Handlungen, dass man sie kaum beschreiben kann! Erst recht kaum, ohne sie damit gleich wieder kaputtzumachen, weil sie heiliger sind als die Worte, die man dafür finden kann – oder als die Seelen, die dann versuchen, diese Worte aufzufassen, in ganz gewöhnlicher, noch immer nicht heiliger Stimmung...

Aber was ich meine, ist durch und durch heilig, und so muss es auch genommen werden, würde man es wirklich verstehen wollen. Und deshalb kann man vielleicht nur Bilder versuchen zu beschreiben, damit die Seele es überhaupt erleben kann, was man meint.

Dieses heilige Innehalten, das dann dieses heilige Entstehen einer Stille ermöglicht... Es ist, wie wenn sich bereits diese Stille aus einem heiligen Nicht-Raum, aus einem scheinbaren Nichts, auf einmal wie herabsenkt, wie heiliger Himmelstau... Vom Tau, der in der Nacht die Blätter benetzt, weiß man auch nicht, wie er aus dem Nichts plötzlich in das Sein übergeht. Da haben wir den Begriff ‚Dampf‘, unsichtbar, aber doch luftförmig, vorher. Aber woher kommt die Stille? Die vorher nicht da war, jetzt aber kommt – als eine *Realität*? Stille ist nicht einfach nur Abwesenheit von Lärm und Unruhigkeit, sie ist selbst *auch* etwas. Und dieses Etwas, das strömt jetzt aus dem vorherigen Nicht-Sein, Nicht-Sein-Dürfen in der Seele, in die Seele hinein, wird jetzt *anwesend*. Wenn vorher in der Seele alles Mögliche andere lebte, so webt jetzt *Stille* durch die Seele, durchwebt sie wie einen Dom, aber sie selbst, die Stille, heiligt die Seele und *macht* sie zum Dom...

Das also ist das Erste: Die heilige Stille kann empfunden werden wie etwas unsagbar Heiligendes. Wie ein Engel, der mit einem sanften Flügelschlag durch die Seele geht und alles Unreine aus ihr verschwinden lässt. Die Seele wird zu einem Dom – und die Stille webt in ihrem Inneren, diesen Dom *erfüllend*.

Und dann das Zweite... Dieses Sich-Besinnen... Wenn man schon das Erste wie etwas unsagbar Heiliges empfinden kann, weil sie heilig *ist*, die Stille, so ist dieses Zweite, dieses heilige Sich-Besinnen, wie ein vorsichtiges, ehrfürchtiges, heiliges *Hineintreten* in diesen Dom der Stille... Ein zartes Eintreten.

Man muss diese Dinge zutiefst ernst nehmen, sonst verliert man ihre Wirklichkeit sofort wieder. Das wirkliche Innehalten der Seele schafft einen Dom ... die Voraussetzungen für einen Dom, der von der dann wie aus Himmelshöhen sich in die Seele hereinsenken-könnenden Stille gebildet wird. Wenn die Seele dies so empfinden könnte! Und wenn sie dann die Möglichkeit hätte, ihren nächsten heiligen Schritt *auch* als so heilig zu empfinden! Ein heiliges, gleichsam ehrfürchtiges Betreten dieses Domes. Ein heiligstes, behutsamstes Eintreten in diese Stille, um ihre heilige Existenz nicht wieder zu vertreiben, sondern um in ihrer Gegenwart, begnadet durch sie, zu diesem Zweiten kommen zu können: zur heiligen Besinnung, zum Sinnen, Nachsinnen, Besinnen. Selbstbesinnung.

Heilige Handlung...

19. Mai

Die Besinnung als die zweite heilige Handlung der Seele ist wahrhaftig wie ein Gebet, ein Gottesdienst. Es ist zunächst die heiligste Handlung, die die Seele tun kann – und wie heilig ist diese Handlung! Man kann es nicht beschreiben... Besinnung, heilige Besinnung der Seele, in dem heiligen Dom der Stille, geheiligt durch die Stille, behütet, geschützt, ja gleichsam in sanftester Hut *ermutigt*...
Besinnung, heiliges Gebet, Gottesdienst und zugleich heiliges Nach-Hause-Kommen der Seele, Zu-sich-selbst-Kommen, aber sie selbst ist ja gerade nicht allein, o, unaussprechliches Geheimnis!

In diesem Dom der heiligen Stille kommt die Seele zu sich selbst, ihrem eigenen heiligen, aber auch demütigen Wesen. Wie, ach, wie soll man es nur beschreiben? Die Seele fühlt sich doch bereits durch die *Stille* so dankbar begnadet, so beschenkt, so reich genährt, getröstet, erfüllt, umheiligt und durchheiligt, so geheilt... Und nun fühlt sie noch mehr...

Wenn sie *wirklich* ihr eigenes Wesen zu fühlen beginnt, fällt alles Vorherige von ihr ab – alles, was vorher nur Haut, Zutat, Schale, Maske war. Es ist wie eine heilige Häutung und Verwandlung. Die Seele fühlt und erlebt und erkennt in tiefstem Sinne das heilige Mysterium des *Kelches*... Und dies... Dies ist wirklich nicht mehr beschreibbar. Was die Seele hier fühlt, erlebt und erkennt, kann sie nicht mehr in Worte fassen. Es gibt eine Grenze für das Beschreibbare – und diese Grenze liegt hier. Jenseits der Grenze gibt es nur noch die Wahrheit, aber nicht mehr die Beschreibbarkeit dieser Wahrheit. Könnte sie noch beschrieben werden, wäre sie es nicht. Oder: Vielleicht kann man etwas beschreiben, aber welchen Sinn hätte eine solche Beschreibung, wenn man nicht zu der *Realität* käme?

In dem heiligen Dom der Stille findet die hingebende Seele ihr eigenes Wesen und das heilige, damit verbundene Glück. Und sie erfüllt sich ganz mit jenem heiligen Sein, das man *Frommsein* nennt, das aber ein unglaublicher Wandlungsprozess ist. Heilige Alchemie...

Pfingsten

20. Mai

Pfingsten! Das heilige Fest des Geistes! Aber wenn die Menschen nur wüssten, was dieser Geist ist... Sie wissen nicht einmal, was Geist sonst ist, und dann auch nicht, was *dieser* Geist ist.

Dieser heilige Geist. Wirklich heilig... Geistesfeuer! Nicht Taufe mit Wasser, sondern mit dem heiligen Geist, mit feurigem Geist ... der *Liebe*!

Pfingsten ist das Fest der Liebe. Das ist es, was der heilige Geist ist. Weihnachten ist das Fest der Liebe Gottes zu den Menschen. Ostern ist das Fest der Liebe von Christus zu den Menschen. Pfingsten ist das Fest des heiligen Liebes-Geistes, und deshalb das Fest der Liebe der Menschen *untereinander*. Aber kein Gedenkfest, sondern ein Fest der *realen* Liebe, der realen Ausgießung des heiligen Geistes, der realen Durchdringung der Seele mit heiligem Geist. Er ergießt sich heilig-feurig von oben, und die Seele... O, wenn die Seele heiliger Kelch wird für dies! Wenn sie sich in heiliger Freude *hingibt*, um *aufnehmen* zu können! Denn dann wird sie ja Träger von etwas Ur-Heiligem, was *in* ihr ist, weil sie es in sich aufnahm, nachdem es sich gnädig-heilig-feurig in sie ergossen hat. Könnte je etwas in ihr sein, wenn sie es nicht aufnähme, wenn sie sich nicht hingäbe? Dann hätte sie nur ihr Eigenes, aber das wäre nie dieses Heilige, dieser Pfingstgeist!

O, Brüderlichkeit! Geschwisterliche Liebe unter den Menschen! Pfingsten ist das Fest der all-umfassenden Liebe – denn die Liebe *umfasst* alles, und was sollte dann noch ausgeschlossen sein? Die Liebe kann nur lieben – und mit dem Pfingstgeist ist sie *da*. Der Pfingstgeist bringt die Brüderlichkeit – als *Realität*. Und deshalb ist Pfingsten auch das Fest des Neuen Jerusalem, einer Zukunft, in der alle Menschen einträchtig, und nicht nur das, sondern liebend zusammenleben. Liebend! Denn die Liebe kann nur lieben. Und wo sie nicht da ist, ist sie eben nicht da. Denn sie ist nur da, wenn man ihn aufnimmt. Der Pfingstgeist wartet auf die Seelen, die sich dem Mysterium des Kelches hingeben...

21. Mai

Und mit diesem unglaublich heiligen Fest, das heute neben Himmelfahrt am allerwenigsten verstanden wird, für das man sich nur noch als Feiertag interessiert, also als Urlaubstag – mit diesem unglaublich heiligen Fest wird zugleich unendlich klar und erlebbar, dass das Heilige *immer* mit Hingabe zu tun hat. Es ist diese unglaublich heilige und wunderschöne Wahrheit: Dass man die Liebe nur finden kann, wenn man sich finden *lässt*. Es ist *sie*, die einen finden muss – als bereit, als hingegeben, in heiliger Erwartung. Es ist die Liebe, die einen finden muss ... als heiligen Kelch...

In keiner anderen Weise muss die Liebe einen finden, denn sie *wartet* ja längst, sie weiß, wo die Seelen sind, sie muss sie nicht suchen. *Suchen* muss sie nur die Seelen, die sich selbst zum Kelch machen wollen, denn sie sind selten, sie gibt es nicht. So sucht selbst die Liebe...

Aber das ist die heilige Wahrheit: Keine Seele kann selbst *pfingstlich* lieben, wenn sie sich nicht mit der pfingstlichen Liebe *erfüllen* würde, die nicht die ihre ist, die aber auch die ihre werden kann, wenn sie sie aufnimmt. Wenn sie der Liebe Wohnung gibt.

Ist es nicht wunderbar, gerade bei der Liebe allen Stolz aufgeben zu dürfen, zu können, ja sogar zu müssen? Dass man nie sagen kann: Es ist *meine* Liebe, *ich* bin so liebevoll – sondern dass man sagen muss: Das bin nicht ich, das verdanke ich nicht mir, mir verdanke ich nur, dass ich mich zu einem heiligen Kelch gemacht habe, zu machen versuche, um diese Liebe, die größer ist als meine und als jedes anderen, aufnehmen zu können. Ich nehme auf, was ich allein aus mir heraus niemals hätte. O, wie unendlich ist sie, diese Liebe. Sie umfasst wirklich alles! Wäre nur mein Seelenkelch größer, auch sie wäre noch größer. Ich kann sie ja gar nicht fassen...

22. Mai

Aber gerade deswegen bedeutet dies niemals eine Passivität oder irgendetwas Bequemes. Die Seele, die sich auf bequeme Art mit der heiligen Liebe erfüllen wollte, würde gar nicht bemerken, wie sie den Stolz und den Hochmut, die Selbstliebe und eben die Bequemlichkeit gar nicht zuvor aus sich *herausgelassen* hat. Dann aber entsteht ein seltsames Gemisch. Ein Gemisch aus schon Liebe und zugleich verbleibender Selbstliebe und überhaupt verbleibendem Altem, Selbst, Ego, vielleicht auch nicht direkt Ego, aber verbleibendem Altem, Gewöhnlichem, Allzumenschlichem. Nicht das Neue, sondern das Alte. Die bloße alte Geschichte, eingekleidet in ein neues Gewand, aber nicht wirklich neu.

Erst die *tiefe* Hingabe vertreibt das Ego und dessen Spielarten aus jedem Winkel der Seele. Erst die reine und aufrichtige Hingabe führt dazu, dass nicht die Hingabe selbst auch wieder eine Spielart der Selbstliebe und des Selbststolzes ist. Sie muss eben ehrlich sein, es muss wirklich Hingabe sein.

143

Und sie ist es, die die Seele zum Kelch werden lässt. Denn es ist ihre eigene Geste. Hingabe und heilige Erwartung dessen, was empfangen werden darf... Ist sie ehrlich, so wird auch die Seele wirklich zum Kelch, denn dann ist es ein und dasselbe.

Aber diese Hingabe ist etwas *Aktives*. Die Seele muss sich ja hingeben *wollen*. Und dann muss sie es auch tatsächlich tun. Hingabe ist ein tiefes *Tun*. Es ist nicht bloß ein innerliches Schweigen, ein Nichtstun, ein Sich-leer-Machen, sondern es ist ein *Sich-Hingeben*. Das ist vielleicht das aktivste Tun, was es gibt, nur völlig anders als alles übrige Tun, wo es um das Selbst geht. Hier geht es gerade um das Gegenteil – um die Hingabe. Mysterium des Kelches! Er hat keinen Inhalt, aber er hat eine Form. Die Hingabe... Und er hat gerade deshalb keinen Inhalt, weil sein Wesen ist, leer zu sein, bereit zu sein, etwas *aufzunehmen*...

23. Mai

Das Selbst ist immer etwas. Aber es gibt etwas in der Seele, das es nicht nötig hat, selbst etwas zu sein, weil es schon etwas ist, *ohne* etwas zu sein. Das ist das Geheimnis des Kelches: Er ist nicht etwa nicht-existent, sondern er ist gerade sehr existent, aber er ist eben Kelch. Ein heiliger Gegenstand – wenn man es äußerlich nähme –, dazu bestimmt, etwas zu umhüllen, einen heilig-freien Innenraum, der bereit ist, etwas aufzunehmen. In heiliger Demut und Hingabe zu empfangen. Und dann würdig in sich zu hüten.

Und dies alles ist heiligstes *Tun*. Es ist nicht weniger ‚anstrengend' oder ‚anspruchsvoll' als all das äußere Tun der Seele, im Gegenteil. Es ist die vielleicht erste und wahrste Tat der Seele überhaupt, das wahrhaftigste und bedeutungsvollste Tun der Seele überhaupt. O, wenn nur die Vorurteile über das Wesen der Hingabe verschwinden könnten! Hingabe ist *mehr* Tun, als all die Rekordbergsteiger, Autorennfahrer, Bodybuilder, Allround-Manager und was auch immer sich vorstellen können. Es ist mehr, mehr, mehr Tun... Und zugleich ist es heiliger und wichtiger, in un-unendlichem Maße, als all dieses andere rein, rein Äußerliche.

144

Ach, wenn die Seelen entdecken würden, was die *Aktivität* der Hingabe ist! Und wie dieses heilige *Tun* die ganze Seele völlig verwandelt, in unvorstellbarer Weise verwandelt. Was das für etwas Großartiges ist, sich hingeben zu *wollen*. Denn Hingabe *ist* ja Wille. Es ist Wille! Reinster Wille, im doppelten Sinne. Reiner, heiliger Wille, hingebungsvoller Wille, ein Wille, der Hingabe ist, der *sich* hingibt – und genau dies will. Und so entsteht das magische Gefäß – der heilige Kelch! Heiliges Mysterium der Hingabe. Ein Mysterium des Willens...

24. Mai

Die nächsten drei Tage will ich einfach nur dieses eine üben ... die Hingabe. Und ich werde schweigen...

Über die Sehnsucht

27. Mai

O, wie wunderbar ist das wahre Glück der Seele! Wie heilig, wie rein, wie unbeschreiblich...

Und ich habe mich immer wieder gefragt: Wie kann man nur in Worte fassen, was diese eigentliche, wahre, wirklich wahre Sehnsucht der Seele ist? Oder, wenn es scheinbar zunächst nicht die Sehnsucht wäre; wenn sie sie noch gar nicht spürt – wie sie es *werden* kann. Ich habe mich gefragt – oder war es mein Herz, das sich dies immer wieder fragte? –: Wie, wie nur, kann man die Seelen *dorthin* führen? Wie kann man sie *führen*? Denn man *möchte* es so sehr! Und: Man möchte es *so sehr*.

Und schon dies: Das heilige Bedürfnis des Herzens, einmal dieses Wort und dann wieder jenes Wort zu betonen; dieselben Worte noch einmal zu sagen und dann ein *anderes* Wort zu betonen, was die Bedeutung, das heilige Gewicht innerhalb des Satzes, leise, sanft, aber bedeutungsvoll *verändert* ... ach! es sind so viele Nuancen, die man gar nicht erklären kann, weil mit jedem Satz neue,

145

viele neue hinzukommen, während man wieder neue Sätze bräuchte, um auch nur eine wirklich in Worte zu fassen. Das alles sind Welten, immer wieder neu ganze Welten, die man nur spüren kann, die man spüren müsste, mitspüren, um sie verstehen zu können.

Ich müsste eine Schule ... eine heilige Schule des Spürens, des heiligen, sanften Mitempfindens gründen. Anders geht es gar nicht. Die Seele muss spüren und empfinden lernen, was ihr heiliges Glück, ihre heilige Sehnsucht ist. Hier liegt der heilige Schlüssel, die sanfte Tür, die wunderbare Wirklichkeit der Erkenntnis. Aber sage ich das nicht schon die ganze Zeit? Immer? Immer wieder...?

28. Mai

Es ist eigentlich ein dreifaches, ein dreieiniges Geheimnis. Die unbeschreiblich zarte und zugleich heilige Sehnsucht ist der Schlüssel zu dem ... zu dem Heiligtum; zu der heiligen Heimat, zu dem Himmel, dem Schatz im Himmel, zu der heiligen Wirklichkeit, *nach der* die Seele sich sehnt. Und diese Sehnsucht muss *empfunden* werden ... aber zugleich ist sie selbst Empfindung, ganz und gar. Wenn ich die Sehnsucht nicht fühle, habe ich sie nicht – aber zugleich fühlt auch die Sehnsucht selbst. Indem ich sie fühle, habe ich sie, spüre ich sie und ist sie da. Aber auch *sie* fühlt etwas – und sie hat auch *mich*. Ich spüre sie, aber sie ergreift mich, erfüllt mich, taucht sich in mich ein, taucht mich in sich ein, und ich kann mich ihr nur hingeben ... *weil sie mich führen wird.*

Und das ist dieses dreifache, heilige Geheimnis. Ich muss die Sehnsucht spüren. Sie ist selbst ein Gefühl. Und sie wird mich führen – sie ist meine Führerin zu dem *Ziel* ihrer selbst, das sie weiß, das sie kennt, das sie liebt, dem sie entgegengeht...

Und ist es nicht, wie das heilige Gotteswesen sagte? Jenes Wesen, das nur Liebe ist, ganz Liebe und nichts sonst? Es sind seine Worte. Es sagte: ‚Ich bin der Weg, die Wahrheit und das Leben.'

146

Die Sehnsucht ist *auch* der Weg, sie führt den Weg, sie führt die Seele auf einen Weg, sie fasst die Seele zärtlich an der Hand, erfasst sie und beginnt, sie zu führen. Mit zärtlichen Schritten, die einem Ziel entgegeneilen, dem ihre ganze Liebe gilt. Die Liebe der Sehnsucht nach ihrem geliebten Ziel, ihrem heilig-geheimen Bräutigam, ist so innig, dass ihre zärtlich-unschuldige Begeisterung ohne Hindernis auf die Seele übergeht, wenn diese es nur *zulässt*. Es ist, wie wenn zunächst nur die Sehnsucht eine Sehnsucht hat, aber wie wenn die Seele es zulässt, diese Sehnsucht auch zu haben, sich von der Sehnsucht ergreifen zu lassen, erfüllen zu lassen.

Aber das ist natürlich gar nicht wahr, denn in der Seele *gibt* es schon etwas, was diese Sehnsucht hat, obwohl es zunächst ganz übersehen wird. Und das ist ihr reiner, ihr heiliger, ihr absolut unschuldiger Teil. *Hier* lebt diese heilige Sehnsucht von Anfang an. Aber es ist ja gerade so, dass dieser reine Teil am Anfang gefangen ist, eingesperrt, vergraben, verdrängt und vergessen – von dem ganzen, ganzen übrigen Teil, der etwas ganz anderes macht, ist, fühlt und tut. *Deswegen* ist die Sehnsucht am Anfang scheinbar nicht da. Denn dieser reine Teil der Seele ist am Anfang scheinbar nicht da. Aber er ist es. Er ist immer da. Und damit auch die Sehnsucht, deren Quelle er ist. Sie lebt in ihm – und er lebt inmitten der übrigen Seele, aber vergessen, verschüttet, zertreten. Zertreten in die Vergessenheit...

Aber dann beginnt dieses heilige, unendlich zarte, sanfte, langsame Erwachen. Unendlich sanft leuchtet wie ein schwacher, aber zutiefst unschuldiger Funke, ein reines, zärtliches Licht, diese heilige Sehnsucht zum ersten Mal ... auch innerhalb einer kleinen, noch immer unwesentlichen Ecke, einem Winkel der *übrigen* Seele auf. In der übrigen, in der ,normalen', in der einem fortwährend bewussten Seele, die man ist, obwohl man das andere eigentlich viel mehr ist, aber man weiß es nicht – in diesem übrigen Teil, der der allergrößte ist, scheinbar, leuchtet dieses schwache, unschuldige, reine

Licht auf. Und die Seele, die es bisher immer verdrängt hatte, kann es nicht mehr *vergessen*. Denn nun ist es da. Es hat den ersten, zarten, leisen Übertritt geschafft, aus seinem Gefängnis, aus seinem qualvollen einsamen Grab in den *anderen* Teil, der ihn doch so lange, seit Ewigkeiten, vergessen und verbannt hatte, erschlagen wie Kain den Bruder. Und die Seele hat ihre eigene Schwester erschlagen. Aber dieser unschuldige Funke ist ihre wahre Gestalt. Sie war nicht erschlagen. Und wenn sie es war, ist sie nun auferstanden, in ihrer ganzen, heiligen Schönheit – und, wo möglich, schöner als je zuvor. Unschuldiger als je zuvor. Heiliger, liebender, unbesiegbarer als je zuvor. Siehe, die Ankunft der Sehnsucht in der übrigen Seele! Eine strahlende Königin, unschuldig bis in die Unendlichkeit... Die Retterin ist gekommen...

31. Mai

Und diese Retterin, diese unbeschreiblich sanfte und heilige Macht der Sehnsucht, sie wird auch die Führerin sein, die Führerin zur Rettung. Sie rettet, weil sie erlöst, und sie erlöst, weil sie führt, und sie führt, weil sie die Seele immer mehr mit ihrem eigenen Wesen durchtränkt – und sie so *mitnimmt*...

So ist die Retterin, die unschuldig-leuchtende Königin, die Sehnsucht, der *Weg*. Denn sie führt den Weg, weil sie ihn selbst geht und die übrige Seele mitnimmt, indem sie sie durchtränkt und sie so sich selbst *ähnlich* macht.

Sie ist aber auch die Wahrheit, weil sie die Wahrheit längst in sich trägt, und weil diese Wahrheit ihr heiliges Ziel ist, der kostbare Schatz, der heimliche Bräutigam. Sie weiß, zu wem sie hinwill, zu wem sie möchte, zu wem sie auf dem Weg ist, wem ihr Herz gehört – das Herz der Sehnsucht, die eine Königin ist. Die Sehnsucht zieht es zu ihrem Geliebten, deswegen ist sie die heilige Führerin. Sie kann nicht anders, als zu ihm zu gehen, mit allem, was sie hat...

Und sie ist auch das Leben. Denn mit welchem heiligen Leben tut sie dies alles! In zärtlicher Liebe erglüht die Sehnsucht, und nichts anderes erfüllt sie als dieses ihr eigenes Wesen. Sie liebt den, den sie liebt, und Leben ist alles, was sie erfüllt, was aus ihr hervorleuchtet, sie ist reinste Hingabe, reinste Unschuld, reinste Liebe. Sie ist das, was das wahre Leben der Seele ist – sie ist ganz *Leben*, weil sie ganz Hingabe ist...

Siehe – die Retterin der Seele. Die heilige Königin. Siehe, die Seele in ihrer wahren Gestalt! Siehe, der heilige, reine, unschuldige Teil, der sie wahrhaft *ist*. ‚O, du heil'ge Königinn, nimm auch mich in heil'gem Sinn, dass ich gleich dein'm Wesen bin. Gebe ich mich dir ganz hin, führst du mich zum Anbeginn, der zugleich der wahre Sinn...'

1. Juni

Das Geheimnis von Alpha und Omega, Anfang und Ende, Ursprung und Ziel, Geburt und ... *höherem Leben*.

Denn die Sehnsucht ist nur die *Braut* – aber sie eilt in heiliger Liebe dem Bräutigam entgegen, dem Geliebten, dem Ziel ihrer unschuldigen Liebe. Und er – er ist der wahre Weg; sie *geht* ihn nur, ihm entgegen. Und er – er ist auch die wahre Wahrheit; sie *weiß* sie nur, weil sie ihn liebt, weil er *ihre* Wahrheit ist, so wie sie seine Geliebte ist, auf die er wartet. Es ist seine Wahrheit, es ist er selbst, den sie in sich trägt – und doch eilt sie ihm entgegen, um sich mit ihm zu vereinigen, den sie liebt. Sie trägt bereits ein Kind von ihm in ihrem Schoß, und gerade dies lässt sie zu ihm eilen. Sie gehört nur ihm, und sie will nie jemand anderem gehören.

Und er – er ist auch das wahre Leben. Denn alles, alles hat er geschenkt, geschaffen, ins Leben gerufen. Er ist der wahre Ursprung von allem. Und allem hat er das Leben geschenkt. Das Leben, das er *ist*. Die Sehnsucht trägt es nur in sich. Aber sie trägt *sein* Leben in sich, so wie wir alle.

So ist die Sehnsucht das heiligste Urbild für das höchste Gotteswesen. Und doch ist sie nur die *Braut*. Sie ist dieses ur-heilige Bild, *weil* sie die Braut ist. Und weil ihr Geliebter der Ursprung all dessen ist, was sie in sich trägt. Sie geht den Weg, und er ist der Weg. Sie kennt die Wahrheit, und er ist die Wahrheit. Sie trägt das wahre Leben in sich, und er ist das wahre Leben.

Die Sehnsucht ist Retterin, denn sie führt den Weg. Sie ist Königin und Priesterin, denn sie weiß die Wahrheit. Und sie ist die Braut, denn sie trägt in sich das Leben...

2. Juni

Und all dies – all dies ist das wahre Wesen der Seele! All dies ist ihr reiner Teil. Die Sehnsucht ist das Wesen dieses reinen, heiligen, unschuldigen Teils. Es ist die Seele selbst, die die Retterin ist – ihre eigene Retterin, die Retterin des übrigen, schuldigen, verloren gegangenen Teiles der Seele. Die übrige Seele ist die ,verlorene Tochter', aber der unschuldige Teil ist ihre Retterin. Und es ist die Seele selbst, die die Königin ist. Sie weiß die Wahrheit, sie kennt die Wahrheit, sie liebt die Wahrheit. Und so ist es auch die Seele selbst, die die *Braut* ist. Sie ist die Braut, die heilige, immer gewesen...

Und was muss dann? Was ist das Eine, das eine Einzige, was nottut? Was ist dann die eine, große, unschuldige Wahrheit?

Die Seele muss in ihre heilige Wahrheit fallen... Sie muss ihr heiliges Wesen in einem heiligen Erkennen, heiligen Moment des Erkennens ... erkennen. ,Und sie erkannten einander'. Aber zuvor muss die Seele *sich* erkennen. Sich als ... die Braut.

Die Seele muss eins werden, ganz eins mit ihrem wahren Wesen. Und dieses wahre Wesen ist – *Sehnsucht*. Heilige, unerschütterliche, innige, zärtliche, zutiefst unschuldige, abgrundtief reine, leuchtend-lebendige Sehnsucht...

Siehe – das ist das wahre Geheimnis der Seele! O, wie sehr leuchtet dieses Geheimnis durch die Himmel, durch den Kosmos, durch das heilige Dunkel der Nacht, die in samtenem Schweigen darauf wartet, dass sich das Geheimnis ihrer vergessenen Perle offenbart. Inmitten des Schoßes der Himmel ruht die Perle der Seele, das heilige Geheimnis der Unschuld.

Die Seele ist das unbeschreiblich heilige Geheimnis des Kosmos. Sie ist seine Geliebte. Denn ihr Geheimnis ist, dass sie *Braut* ist. Ihr Geheimnis ist, dass sie eine ur-heilige, unendliche Liebe zu ihrem Geliebten hat, und dass sie dies nur für eine kurze, kurze Zeit vergessen hatte...

Die Seele ist ganz und gar Braut. Sie ist unendliche Liebe – unendliche, unfassbare Liebe zu dem unendlich Geliebten. Zu ihm! O, wie sehr liebt sie ihn...

3. Juni

Wenn aber die Sehnsucht das Wesen der Seele ist – ist dies dann nichts Leeres? So können nur die fragen, die die Sehnsucht nicht kennen! Denn sie ist ebensowenig leer wie die Hingabe. War nicht auch die Hingabe reinste Tat? Reinste Fülle? Mehr als alles, was *nicht* Hingabe ist? Besteht nicht da, wo die Hingabe nicht ist, gerade *Zurückhaltung*? Wie aber kann dieses Zurückhalten gerade das Eigentliche sein? Das ist es nicht, sondern es ist Zurückhalten des Eigentlichen.

Und so ist es auch mit der Sehnsucht. Die Abwesenheit der Sehnsucht, der Mangel an Sehnsucht ist gerade das Zurückhalten und der Mangel an dem Eigentlichen. Dem, was die Seele in Wirklichkeit ist. Solange die Sehnsucht noch nicht da ist, ist auch die Seele noch nicht da. Wenn die Sehnsucht da ist, dann ist die Seele da. Aber dann darf die Sehnsucht nicht nur ein Wort sein – sondern dann muss ihre Realität aufblühen...

Und warum ist die Sehnsucht Fülle? Aufblühende, reale Fülle? Weil Sehnsucht eigentlich nichts anderes als Liebe ist. Wirkliche Liebe. Nicht Wort-Liebe, Liebe als Wort, sondern *anwesende* Liebe. Und warum? Das kann man nur selbst fühlen. Wenn es einem wichtig ist, wird man es selbst fühlen, wird man in sich selbst nachfühlen, warum es so ist. Man muss nur die Frage ernst nehmen und sie selbst beantworten wollen. Dann wird man es finden.

4. Juni

Die gewöhnliche Sehnsucht möchte nur etwas bekommen, aber nichts tun. Sie möchte beschenkt werden, aber das ist Bequemlichkeit, Faulheit und Selbstbezogenheit. Diese Sehnsucht meine ich überhaupt nicht.

Ich meine nicht eine Sehnsucht, die man *hat*, sondern die Sehnsucht, die die Seele *ist*. Ich meine nicht eine Sehnsucht, über die man nachdenken kann, sondern die Sehnsucht, die man nur finden kann, wenn man ganz innerlich und ganz unmittelbar erlebt, wie man selbst Seele *ist* – und dann erlebt, wie diese Sehnsucht einen ganz erfüllt, weil man sich eins macht mit diesem Zu-erleben-Versuchen, was das ist, diese Sehnsucht.

Man macht sich eins mit etwas, was man nicht von außen betrachten und verstehen kann, sondern nur dann, wenn man es selbst *wird*. Und dann erst ist eine Realität da, denn dann ist man *darinnen*. Und dann erlebt man, wie das eins ist: Dass man eine Sehnsucht *hat* und zugleich diese Sehnsucht *ist*, weil es niemanden gibt, der diese Sehnsucht nicht ist, sondern nur von außen auf sie schaut – wodurch sie gar nicht mehr da ist, weil sie nicht mehr real ist. Sondern sie ist nur real, wenn man sie hat und ist und real *fühlt*, aber von innen, identisch sie *seiend*.

Anders kann man nichts verstehen, generell nicht, auch keinen anderen Menschen. Man versteht immer nur so viel wirklich, wie man sich einsmachen kann. Nicht sich hineinversetzen, sondern sich mit ganzer Seele einsmachen. Nichts anderes bedeutet Hingabe. Und so muss man sich auch dem hingeben, was die Seele ist – und zwar gerade auch die eigene, denn da muss man doch *zuerst* erleben, was die Seele ist. Erst die Hingabe führt zur Vereinigung – und erst dann weiß man, was die Seele ist, weil man sie *geworden* ist. Man ist nicht mehr außerhalb, sondern man ist wirklich *sie*.

5. Juni

Ich spreche natürlich vom Bewusstsein. Jeder sagt ‚ich' zu sich – aber wer oder was ist das dann? Bei allem haben wir ein Bewusstsein – aber dieses besteht zunächst nur darin, dass wir eben ‚ich' sagen und bei allem ‚ich' sind, uns selbst bewusst dabei haben.

Aber dieses ‚ich', der man ist, ganz bewusst: Wenn dieser ‚ich' nicht nach außen schaut und lebt und fühlt, sondern nach *innen*...

Und wenn dieses ‚ich' dabei erkennt, dass dieses ‚innen' die *Seele* ist... Aber die Seele ist alles – was man fühlt, was man denkt, was einem wichtig ist, alles.

Aber meistens ist das einfach so da – und das ‚ich' ist auch da, aber nach außen. Man mag zum Beispiel Musik, eine bestimmte Musik – die Seele mag diese Musik. Aber das ‚ich' geht dann und kauft eine Karte für ein Konzert. Man kann nur mit Bewusstsein rausgehen und eine Karte kaufen, wissen, wo man hingehen muss und so weiter. Die Seele mag die Musik, und dieses ‚ich' sorgt dafür, dass man eine Karte kaufen kann, kauft sie, und dann geht man zu dem Konzert, auch wieder mit dem ‚ich', aber ... nein, nicht aber. Normalerweise hört auch dieses ‚ich' dann zu, hört die Musik – aber die Seele *liebt* sie. Und die Seele wird von dieser Musik genährt, für die Seele ist diese Musik wie Nahrung, weil sie sie liebt. Wissen wir überhaupt, was die Seele ist?

Nein – weil nur das ‚ich' das wissen könnte. Aber das ist gerade nie bei der Seele, sondern immer nur bei allem anderen. Jetzt aber *soll* es zur Seele gehen. Und wie macht man das? Indem dieses ‚ich', dieses Bewusstsein, das fortwährend da ist, irgendwie – indem also dieses ‚ich' endlich einmal nach *innen* geht, *ganz* nach innen, ausschließlich, ganz und gar ausschließlich.

Und hier innen, wenn nichts anderes mehr existiert als dieses ‚innen', kein ‚außen' mehr – hier innen ist das ‚ich' endlich vereint mit der Seele. Eins muss es mit ihr werden. Ein ‚ich' und eine Seele. Wenn diese beiden *eins* werden, dann weiß man endlich, was die Seele ist. Erst dann. Vorher nicht. Und hinterher aber auch nicht, nicht mehr wirklich, sondern nur *währenddessen*. Denn dann *ist* man die Seele.

Vorher, sonst immer, ist man nicht Seele, sondern ‚ich'. Aber auch ‚ich' nicht wirklich, weil es einfach nur so da ist, einfach so. Erst wenn die Seele und das ‚ich' sich vereinigen, hat die Seele ein ‚ich', also ein Bewusstsein, aber ebenso hat dann das ‚ich' auch eine Seele, also wirkliches Leben. Die beiden gehören einfach zusammen. Und sie sind nur getrennt, weil sie zusammenkommen *sollen*.

Man kann eigentlich gar nicht immer alles erklären. Denn jede Erklärung ist immer nur eine Erklärung – und sie verführt dazu, dass man es doch wieder nur so anhört, wie man alles anhört, nämlich ohne Seele. Man ist eben nie wirklich dabei. Weil das bequem ist, und weil man keine Lust hat – und weil man faul ist. Das ist auch die Seele, aber der andere Teil.

Alles, was man ausdrücken will, muss auch von jemandem *aufgenommen* werden wollen. Es muss jemand da sein, den es interessiert. Und zwar aufrichtig. Jemand, der merkt, wie wichtig etwas ist. Jemand, der merkt, dass es nicht reicht, über die Seele zu sprechen oder sich anzuhören, wie man über die Seele spricht, sondern jemand, der erlebt, dass dies alles das Wichtigste überhaupt ist – ja, das einzig Wichtige. Denn ohne dies ist gar nichts wichtig. Es *wird* ja alles erst wichtig, wenn man ... wenn man überhaupt erst einmal erlebt, was ‚wichtig‘ eigentlich heißt. Vorher weiß man dies gar nicht.

Das aber weiß nur die Seele. Dafür darf sie aber nicht mehr faul sein. Dafür muss sie die Hingabe lernen. In dem Moment, wo die Seele die Hingabe lernt, kann sie überhaupt erst wissen, was wichtig ist. Vorher ist dies gar nicht möglich. Und ich meine jetzt ein *wirkliches* Wissen, nicht nur ein bloßes, angebliches Wissen. Die Seele weiß nichts – nicht einmal sich selbst. Erst wenn sie die Hingabe lernt, beginnt alles überhaupt erst. Auch die Seele...

Würde die Seele die Hingabe kennen, bräuchte man nichts mehr zu erklären – oder fast nichts. Das ist ein Geheimnis. Es ist wieder eine Willensfrage. Wieder... Wie immer.

Die Seele ist die Sehnsucht. Aber die Willensfrage ist, ob man so etwas überhaupt verstehen will. Wenn man es verstehen wollte, wäre es eigentlich ganz einfach. Denn dann wüsste man es eigentlich fast schon selbst.

Manchmal frage ich mich, wo die Sehnsucht in allen Menschen hingegangen ist. Aber die Frage ist dann auch: wo ist die Seele hingegangen? Wo ist sie? Es gab doch mal ein Lied: Sag mir, wo die Blumen sind. Das ist so etwas. Wenn man das wirklich *fühlen* würde. Sag mir, wo die Blumen sind, wo sind sie geblieben... Sag mir, wo die Seelen sind, wo die Sehnsucht ist, wo sind sie geblieben...

Es tut manchmal so weh. So weh, zu sehen, dass sie nicht mehr da ist, die Sehnsucht. Fast nicht mehr – und immer weniger. Weil die Menschen verlernen sie zu haben. Warum ist ihnen das so wenig wichtig? Warum erkennen sie nicht, was da passiert, mit ihnen?

Ist es möglich, dass die Welt immer weiter existiert, aber die Seelen verloren gehen, weil den Seelen die Sehnsucht verloren geht? Die Sehnsucht, die die Seele *ist*? Ist dies möglich? Ich kann es nie begreifen. Die Welt lebt durch die Seelen der Menschen. Wenn aber die Seelen sterben, stirbt die Welt auch. Dann ist sie immer noch da – aber tot. Dann ist alles leer. Alles. Nichts mehr da. Nichts mehr, was noch Leben ist. Die Menschen könnten noch da sein. Aber sie wären keine Menschen mehr. Denn sie hätten ihre Seele ja verloren. Reste wären noch da. Aber was sind Reste, wenn man weiß, was es *wirklich* wäre? Sein müsste?

Ach, wie sich ausdrücken! Manchmal denke ich, man könnte sich nur noch ausdrücken, wenn man weinen würde. Aber mit Tränen kann man nicht schreiben... Und wenn man es könnte, könnte niemand sie lesen... Und wenn es doch wahr wäre? Wenn man mit Tränen schreiben könnte und *verstanden* werden würde?

Ich weine...

8. Juni

Ich wollte doch eigentlich von der Sehnsucht schreiben. Jetzt schreibe ich von Tränen – und fast schon mit Tränen. Aber sind sie nicht die Sehnsucht? Sie sind es. Also wer versteht mich jetzt noch?

Ach! Sie sind eine so wunderbare Schrift. Es ist die schönste Schrift auf Erden – die Tränenschrift. Denn – was könnte schöner sein, als mit der *Seele* zu schreiben? Ganz direkt?

Weißt du, was Tränen sind? Sie bestehen aus heißer Hoffnung – und auch aus Verzweiflung, manchmal zu gleichen Teilen, manchmal ganz anders.

Tränen sind reine Liebe und reine Hoffnung. Jene Tränen, die ich jetzt meine. Und deshalb sind sie Schrift. Denn sie wollen in jedes Herz schreiben. Und jedes Herz kann sie lesen. Jedes Herz kann sie lesen! Es muss nur wollen. Und wie könnte etwas keine Schrift sein, was man lesen kann? Tränen sind Schrift. Aber zugleich sind sie die Diamanten des Kosmos. Ja, auch der Kosmos kennt seine Schätze, seine Heiligtümer, Edelsteine. Aber er hat andere Kostbarkeiten als die Erde. Die Tränen sind das Kostbarste, was es im Kosmos gibt. Sie sind die Schätze der Engel. Das Licht der Welt. Die Schrift, die das heilige Buch der Welt schreibt.

O, begreift doch, was die Tränen sind!

9. Juni

Wenn man von einer schlimmen Welt in eine Kirche geflüchtet wäre – in einen Dom, einen heiligen, einen wunderschönen, mit alten Mauern, die aber wunderschönes Leben in sich tragen, weil die Steine atmen und weil die Steine lebendiger sind als die Seelen draußen... Und wenn man dann die ganze Atmosphäre spüren würde – diesen unglaublichen Frieden, diese gesegnete Ruhe, die aber *wiederum* ganz und gar lebendig ist, voller Leben, aber voller Leben, das *Frieden* ist... Gesang der Engel ... selbst wenn man ihn nicht hört, aber man *fühlt* den Frieden, und dieser ist wie Gesang. Die Seele stimmt ein, weil sie nicht anders kann, als sich mitführen zu lassen – *von* diesem lebendigen Frieden und *in* diesen lebendigen Frieden.

Und wenn alle Worte nicht reichen, weil sie ja doch nicht ausdrücken können, was man eigentlich *sagen* will. Und wenn man sich wünschte, genauso lebendig schweigen zu können wie die Steine – oder wie die Engel, die man nicht hört, die aber trotzdem singen, und doch ist die Seele ganz *durchklungen* von einem schweigenden Frieden...

Wenn also alles dies so wäre – dass man gar nichts mehr erklären könnte, weil alle Worte ihren Sinn verlieren, oder, besser ausgedrückt, wenn der Sinn so groß wird, dass die Worte ihn nicht mehr fassen können, nicht einmal mehr ansatzweise, weil man Kübel von Worten bräuchte, um auszudrücken, was *ein* Wort ausdrücken müsste, weil schon ganze Himmel von Sinn nachströmen – wenn man also, ob man will oder nicht, einfach nur noch hilflos verstummen muss, obwohl man mehr denn je ausdrücken wollte...

Und wenn das Atmen und Leben der Steine sich vertieft und der ganze Dom ein einziges Heiligtum wird, und man jetzt überhaupt erst zum ersten Mal wirklich begreift, was eigentlich heilig ist – und der Frieden, er weitet sich aus zu einem heiligen Strömen, einem flüssigen Regenbogen, der durch alles hindurchströmt, Licht, Klang, Frieden und alles in einer Schönheit, die man nie zuvor gekannt hat, weil man *nichts* zuvor gekannt hat, wie es scheint, und wenn dann der Dom kein Dom mehr ist, sondern das innerste Heiligtum des ganzen Kosmos, dessen unendlichen Sinn und unendliche Schönheit man jetzt begreift, weil man *durchklungen* ist davon – und wenn man alles, alles dies in *ein* Wort fassen müsste und man dann zuerst zu dem unendlich heiligen Wort Frieden käme – auch dies nun zum ersten Mal wirklich begreifend – und wenn sich dann aber dieses heilige Wort öffnen würde wie eine Blüte und wenn noch etwas käme, was noch heiliger ist, und wenn man dann begreifen würde, was wirklich die *Liebe* ist...

Und wenn man hinstürzen würde, auf die Knie, dies aber gar nicht bemerkend, und auch nicht bemerkend, wie einem die Tränen aus den Augen strömen, diese Diamanten des Kosmos... Und wenn die Liebe die Liebe begriffe...

Und wenn dann etwas die Tür dieses Heiligtums öffnete, die Tür des Doms, und wenn ein kleines Kind hereinschauen würde, und hinter ihm würde man die ganze Welt sehen – und man würde all dieses ... wofür es gar kein Wort gibt, sehen, all dieses unbeschreibliche Fehlen, diese Entbehrung, diese Welt, die wie ein mageres Gerippe darniederliegt, unendlich darbend, einfach unendlich, sie mag es gar nicht wissen, aber sie ist eine so absolute *Ödnis*...

Wenn man dies sähe... Und wüsste, dass die Erde *nicht* dazu bestimmt ist, sondern zu dem anderen, einfach zu dem anderen... Und man würde all dies durch den Schleier der Tränen sehen, die jetzt auch Tränen *um die Erde* sind...

Dann wüsste man, was die Sehnsucht ist...

10. Juni

Wie kann man jemandem die Liebe beibringen? Eine immer größer werdende Liebe, weil die Hingabe, das Sich-selbst-Vergessen immer größer wird? Wie kann man jemandem die Hingabe beibringen? Man kann dies alles nicht. Die Liebe bringt sich *selbst* bei ... aber man muss es *zulassen*. Man muss zulassen, dass die Liebe zu einem kommt, um in das eigene Herz einzuziehen. Zulassen... Mit größter Verwunderung spüren ... erkennen, was da geschieht ... und zulassen...

Liebe ist das Gegenteil von Selbst-Liebe, Selbstbezug. Liebe ist ein sanftes Leuchten nach außen, ein Umfangen dieser Welt mit liebendem Herzen, mit tiefer Zuneigung, die keine Bedingungen braucht, um da zu sein. Tiefe Zuneigung ... die Hingabe ist, weil sie ja gerade sich selbst hingibt. Sie schenkt sich der Welt, ohne zu fordern. Und indem sie sich schenkt, als Zuneigung zur Welt hinströmt, schenkt die Welt *sich*.

Das Geheimnis der Liebe ist, dass sie immer zugleich beschenkt *wird*. Denn sie liebt ja das, dem sie begegnet. Sie liebt es sogar schon vor der Begegnung, weil sei Zuneigung ist, und die Begegnung ist dann bereits das Beschenkende. Die Liebe liebt – und wäre nichts da, was sie lieben könnte, wäre sie einsam, ohne Geschenk. Die Liebe wird von allem beschenkt, was sie lieben *darf*. Nichts ist ihr zu gering, um es zu lieben – und alles, was sie lieben darf, ist ein Geschenk für *sie*. So empfängt die Liebe fortwährend... Die Liebe weiß als einzige, wie reich man sein kann ... wenn man alles hingibt...

Kann man überhaupt je lieben? Kann die Seele lieben? Ja, sie kann – und doch ist es immer *auch* die Liebe selbst, die dann in ihr liebt, weil die Seele sie aufgenommen hat. In Liebe und Sehnsucht nimmt die Seele die Liebe in sich auf – und das ist ihr *Bräutigam* –, und mit ihr liebt sie dann alles... Nicht mit ihr als Instrument, sondern mit ihr gemeinsam, die Liebe von ihr, der Liebe, lernend.

Am Ende des 13. Jahrhundert hat es die französische Begine Marguerite Porete, die dann für ihren angeblichen Ketzerglauben den Feuertod erdulden musste, mit folgenden wunderbaren Worten ausgedrückt, in der die Liebe, die im Gespräch mit der dies alles nicht verstehenden Vernunft ist, dieser antwortet: ‚Ach, Vernunft! Es ist überhaupt nicht ihr (der Seele) Wille, der das will, sondern es ist der Wille Gottes, der es in ihr will. Denn es ist nicht die Seele, die in der Liebe verbleibt und die ihr durch ein wie immer geartetes Begehren eingibt, das zu wollen. Nein, es ist vielmehr umgekehrt die Liebe, die in ihr verbleibt, die von ihrem Willen ganz Besitz ergriffen hat. Und deshalb führt die Liebe in ihr ihren Willen aus, und so wirkt die Liebe in ihr ohne sie.'

Sind einmal solche heiligen Worte niedergeschrieben, dann verbindet sich ihre leuchtende Kostbarkeit auch mit allem, was mit ihnen zu tun hat. Allein schon, dass ihre heilige Schreiberin diesen Namen trug, Marguerite, hat mit diesem Moment auch der *Blume* für immer einen heiligen Glanz geschenkt. Die Margerite in all ihrer unfasslich schlichten Schönheit ist seitdem geheiligt und ebenfalls eine Botin der rein und tief brennenden Gottesliebe...

In der Schlichtheit der Margerite liegt eine verborgene Schönheit, und alle, die sie verachten sind fast schon wie jene, die ... jedenfalls kennen sie ihr wahres Geheimnis nicht.

Und Marguerite sagte also: Nicht die Seele liebt, sondern die Liebe liebt in ihr. Aber einen muss die Seele ja doch lieben, wenn sie ihn je empfangen will – und das ist der Bräutigam! Ihn muss sie ja doch über alles lieben – denn würde er sonst je zu ihr kommen wollen? Er würde vielleicht – aber liebt sie ihn deshalb nicht nur um so mehr?

Ihn also liebt sie, und so liebt die Seele *doch*. Und kennt die Liebe, *bevor* der Bräutigam kommt, weil sie *ihn* liebt – der die Liebe *ist*. Die Seele liebt also, aber ihr Bräutigam *ist* die Liebe. Und sie liebt ihn gerade, weil dies so ist, denn ihr Bräutigam hat alles geschaffen, also auch sie selbst – und wie könnte die Seele je ganz aus ihrem Schöpfer herausfallen? Mit der schlichten Tatsache, dass sie sein Geschöpf ist, liebt sie ihn, aber nun als Bräutigam. Er hat sie gerade alleingelassen, *damit* sie ihn lieben kann, in Sehnsucht seiner Rückkunft harrend, aber nun nicht mehr als Schöpfer, sondern als Bräutigam! Ist das nicht ein heiliger Unterschied der Liebe?

13. Juni

Indem die Schöpfung und der Schöpfer, das ewige Wort, das zugleich die Liebe ist, die Seele in die Freiheit entließ; indem die Liebe die Seele aus ihrem ewig-heilig-bergenden Schoß entließ, entließ sie sie auch in die Möglichkeit des Irrtums, der Abirrung. Und die größte Abirrung ist nun die *Selbst*-Liebe. Man könnte auch denken, der Hass, aber dieser ist nur eine Folge jener ersten, größten Abirrung. Der Hass ist immer auch Selbst-Hass, der aber auf der früheren Selbst-Liebe beruht, die doch nicht finden kann, was sie erfüllen könnte, denn wie könnte man je von sich selbst erfüllt werden? Hass ist nur möglich, wo die Liebe fehlt – und sie fehlt ja schon bei der Selbst-Liebe!

Aber die heilige Seite dessen ist, dass die in Liebe *aus* dem Schoß der Liebe entlassene Seele wieder den Weg zurückfinden kann. Dass sie aber auf diesem Weg nicht mehr ‚nur' den Schöpfer findet – sondern den Bräutigam. Dass also mit anderen Worten der Schöpfer selbst nichts anderes wollte, als die Seele vom Geschöpf zur *Braut* zu erheben!

Das ist das ganze, ganze Geheimnis der Liebe. Die Liebe wollte, dass es eine *Braut* gibt. Das heilige Geheimnis der Hochzeit ist, dass es *zwei* gibt – dass es eine heilige Vereinigung von *zwei* Liebenden ist. So musste sich also die Liebe von der Seele trennen, damit die Seele sie liebend suchen konnte. Die *Trennung* von der Liebe führt zu einer neuen Liebe, nämlich der Sehnsucht nach ihr, nach dem Bräutigam. Und in der Trennung *wird* also die Seele zur Braut... Und damit lernt sie die Liebe, gerade durch die Trennung von ihr...

14. Juni

Es ist also nicht wahr, dass die Seele keine Liebe hätte. Aber Marguerite spricht ja von dem, was die Seele dann tut – nämlich dass die Seele nach der Hochzeit nur noch die Liebe in ihr alles tun lässt. Jedoch verschweigt sie, dass die Seele im Übrigen nicht nur aus unheiligem Begehren besteht, sondern dass sie, *damit* der Bräutigam überhaupt zu ihr kommen kann, sich ganz umgewandelt haben muss in heilige *Hingabe* an ihn. Und *das* ist die Liebe der Seele. Diese verschweigt Marguerite, weil diese Hingabe so groß werden kann, dass sie sich jedem Wort, das noch *sie* betreffen sollte, verweigert.

Trotzdem... Vielleicht will der Bräutigam heute in ein ganz anderes Verhältnis zur Braut kommen. Aber dies ist unendlich, wirklich unendlich schwierig zu beschreiben. Denn jedes anderes Verhältnis als das der leuchtenden Margerite – Marguerite – lässt von neuem die Gefahr der Selbstliebe oder des Nachlassens der Flamme drohen. Aber auf die heilige Flamme der Hingabe kommt ja trotzdem gerade alles an! Das kann man gar nicht tief genug begreifen. Wer nicht den Abgrund flammender Hingabe kennt, eine heilige Selbstaufgabe, die alles ‚Selbst' in *Hingabe* verwandelt – und diesen Scheiterhaufen muss jede Seele *freudig* für sich selbst errichten –, der braucht von einem ‚anderen Verhältnis' gar nicht anfangen, denn es würde gleich in die falsche Richtung gehen.

15. Juni

Man muss also das heilige Geheimnis der Hingabe *kennen*. Und bei der heiligen Margerite, dieser unvergänglichen Blume im Garten Gottes, kann man dieses Geheimnis lernen. Das Geheimnis des Abgrundes, des heiligen Feuers, das Geheimnis des Phoenix, der absoluten Reinigung und des *dann* Brennens! Eines Brennens aus dem Nichts heraus, aus der freudigen Nichtung des sogenannten Eigenen, um ganz zu brennen für das und *durch* das, was einen erfüllen will, wenn man nichts mehr *selbst* in sich hat, was diesem Heiligen den Weg versperrt und sich bedeutsamer dünkt als das, was statt seiner leuchten und brennen könnte. Die Seele leuchtet und brennt nicht – und hält dennoch an sich fest! Das ist das Wesen der Selbstliebe, die etwas *Hässliches* hat. Und im Vergleich dazu die Margerite...

Das Brennen muss man kennen – und erst dann kann man weitergehen. Die unendliche Liebe zum Bräutigam muss man kennen – und erst dann kann man über das Verhältnis nachdenken, das er zu ihr, der Braut, vielleicht haben will. Zuerst muss sie, die Seele, wirklich *Braut* werden – und das ist und bleibt Hingabe –, erst dann kann sie darüber nachdenken, ob er, der Geliebte, außer dieser bedingungslosen, unendlich liebenden Hingabe vielleicht *noch* etwas will...

Ach, wenn man all diese Geheimnisse je verstehen könnte! Und allein schon, sie ernst genug nehmen könnte. Wenn die Seele doch wirklich Braut werden wollte...

16. Juni

Und die *Braut* könnte dann auch darüber nachdenken, ob sich der Bräutigam noch etwas anderes wünscht. Zuallererst wünscht er sich ja, dass sie Braut ist! Und danach kommt erst die Frage: wie soll sie denn Braut sein? Diese Frage ist ja ganz sinnlos, wenn sie überhaupt noch nicht Braut *ist*. Und alle Seelen, die meinen, sie könnten sich einfach und schnell und gar ‚mal eben' in den Brautstand einschleichen, die sind wie die falschen oder auch die törichten Jungfrauen, die ihr Öl vergessen haben, als sie dem Bräutigam entgegengingen.

Und was passierte dann? Schon auf dem Wege gingen ihre Lampen aus. Und sie erwarteten ihn im Dunkeln – im Dunkeln ihrer eige-

nen Seele, vielleicht sogar mit einem nachlässig angelegten Brautkleid, mit Flecken und Makeln, die auch wieder nur die Flecken
ihrer eigenen Seele waren. Nichts anderes als die Pechmarie, die
auf bequeme Weise an das Gold kommen wollte, das ihre arme
Stiefschwester aber nur durch das reine Gold ihrer eigenen Seele
erwarb!

Jede Frage nach dem Verhältnis zum Bräutigam stellt sich aus der
Hingabe heraus – und nicht, weil man emanzipiert sein möchte.
Dann braucht man *diesen* Bräutigam gar nicht erst anfangen, zu
lieben, denn dann bleibt diese Liebe von vornherein unwahrhaftig.
Bei allen anderen Geliebten wäre es doch ganz genauso. Lieben
sich denn zwei Menschen, die sich gleichzeitig fragen, wie sie sich
voneinander emanzipieren können? Was für ein großer Unsinn ist
das denn? Die Liebe sucht keinerlei Emanzipation – sondern es
geht um heilige *Verhältnisse*, und das ist etwas abgrundtief anderes. Darüber müsste man wirklich einmal abgrundtief nachdenken,
wenn man nicht in den Abgrund der eigenen Hässlichkeit fallen
möchte!

17. Juni

Christus bedeutet das absolute Ja zum Leben. Aber nicht zu dem
eigenen Leben, sondern zu dem Leben überhaupt, zu dem Leben
von allem. Und ich meine jetzt gleichzeitig die Liebe zu Christus,
die Sehnsucht nach Christus. Sie bedeutet gleichzeitig die Liebe zu
allem. Es gibt keine Grenze mehr. Hier ist wirklich die Grenze der
Grenze erreicht, und sie wird überschritten – und es wird unbegrenzt. Es wird wirklich unbegrenzt. Die Liebe als Wort ist nur
denkbar, wenn sie ohne jede Grenze ist. Und das ist Christus. Und
das ist die Liebe zu ihm. Es ist Vollkommenheit. Weil es jenseits
der Liebe nichts mehr gibt. Die Liebe ist die Grenze der Grenzenlosigkeit. Danach kommt nichts mehr. Aber es muss auch nichts
mehr kommen. Es ist alles da. Alles – wirklich alles. Das ist die
Liebe und das ist Christus. Mehr muss nicht gesagt werden.

Und warum haben die Menschen so wenig Sehnsucht nach der Grenzenlosigkeit? Nach dieser, der einzig wahren, der einzig wirklichen Grenzenlosigkeit? Warum?

Weil sie an den Grenzen festhalten wollen. An ,ihren' Grenzen. Sie wollen *sich* nicht verlieren. Sie wollen ihren Genuss nicht verlieren. Sie wollen ihre Urteile nicht verlieren. Sie wollen ihre Vorurteile nicht verlieren. Ihre Verurteilungen nicht. Ihren kleinen und ihren großen Hass. Ihren kleinen und ihren großen Egoismus. Ihre kleinen und großen Lüste und Laster und Freuden. Nichts – nichts davon wollen die Menschen verlieren. All diese vielen, vielen Grenzen und Begrenzungen wollen sie behalten – und alles, um die *eine* große Unbegrenztheit nicht zu finden. Obwohl sie statt der vielen Grenzen die eine Grenzenlosigkeit haben könnten. Statt der vielen kleinen Steine den einen großen Diamanten. Statt der vielen Dornen die eine Rose. Statt der gestorbenen Meteoritsplitter die eine lebendige Sonne. Statt dem Dunkel das Licht. Statt dem Unwillen den Willen. Statt dem Mangel an Liebe den Nicht-Mangel. Statt dem Nichts nicht das Etwas, sondern das *Ganze*.

Aber warum? Warum wollen die Menschen das nicht? Warum *wollen* sie nicht?

Weil man die Sehnsucht braucht. Und die Seelen sind zu egoistisch geworden, um sich mit Sehnsucht zu erfüllen. Oder sie geben jemandem die Schuld daran, dass sie sie nicht mehr haben. Und sie sagen sich: Du – und sei es das Leben – hast mir meine Sehnsucht genommen. Und jetzt suche ich sie erst recht nicht mehr, zur Strafe, als Rache. Das hast du nun davon.

Aber wen bestrafen sie damit denn? Wen, wenn nicht sich selbst? Sie verkriechen sich in ihrem Schmerz, der gar keiner ist, der nicht Schmerz und Leid, sondern *Vorwurf* ist – darin vergraben sie sich und merken gar nicht, wie sie sich selbst Vorwurf sind. Man kann niemandem die Schuld geben. Niemandem kann man die Schuld geben, wenn man nicht aufsteht – selbst wenn jemand, und sei es ein Stein, Schuld hat, dass man hingefallen ist. Aber dass man nicht *aufsteht* – daran hat man selbst Schuld. Immer. Es sei denn, das Bein ist gebrochen. Aber es ist nicht gebrochen. Es ist nur eine Ausrede. Denn es geht um das innerliche Aufstehen. Und hier gebricht es einem nur an *Willen*. Das aber ist niemandes Schuld außer der eigenen. Wenn man nicht aufstehen *will*, kann einem niemand helfen. Hier muss man wirklich der eigene Arzt sein. Der andere, der große, der Weltenarzt kommt dann schon. Aber erst, wenn man aufstehen will, wenn man geheilt werden will. Vorher kann er nichts tun...

20. Juni

Wenn man die Liebe noch nicht hat, kann man sie auch nicht finden. Denn sie findet *einen*. Das Einzige, was man tun kann, ist, sie zu suchen. Das ist die Sehnsucht. Man muss also die Sehnsucht suchen. Und die Sehnsucht, wenn sie zu einem kommt, sucht dann die Liebe – und findet sie, weil sie gefunden wird. Die Sehnsucht wird von der Liebe gefunden.

Es geht nicht darum, zu finden, sondern zu suchen – aber *als* Sehnsucht. Die Sehnsucht sucht, indem sie sich finden lässt. Indem sie sich finden lassen *will*. Der Wille der Sehnsucht besteht darin, sich finden lassen zu wollen. Sehnsucht ist Ruf. Sehnsucht ist Entbehrung. Sehnsucht ist *Liebe*. Die Sehnsucht liebt das, was sie ruft – und das Gerufene hört sie und kommt. Denn das Gerufene liebt auch den Rufenden, nämlich die Seele.

Und warum ist es so schwer, diese Sehnsucht zu haben?

21. Juni

Müsste man nicht bei jeder dieser Fragen unendlich lange verweilen? Weil man auch *danach* eine Sehnsucht hat? Weil man es nicht mehr erträgt, dass alles so schnell seinen Gang geht? So oberflächlich? So ungründlich? So ohne alle Tiefe? Ohne Ernst, ohne Heiligkeit, ja ohne dass man überhaupt noch weiß, was dies *wäre*? Was wäre überhaupt alles wert, wenn es nicht die eigene Antwort würde? Wenn man sich nicht jeden einzelnen Gedanken, jede einzelne Empfindung und jeden einzelnen Willensimpuls zu dem *eigenen* machen könnte?

Und wie ist es dann mit der Sehnsucht? Mit der wirklichen, der realen, der wirklich empfundenen Sehnsucht? Ist man zu faul oder zu stolz dazu, sie zu suchen? Sich überhaupt nach der *Sehnsucht* zu sehnen? Warum sehnt man sich nicht einmal nach dem Anfang? Oder warum macht man ihn nicht? Warum fängt man nicht einfach an, die Sehnsucht zu haben? Es gibt nur eine Erklärung. Man *möchte* nicht. Denn dass man nicht wüsste, wie, ist nicht möglich. Man bräuchte sie einfach nur haben. Wenn man sie nicht hat, hat man sie auch nicht. Das aber bedeutet genau dies: Man will sie nicht haben. Mit der Sehnsucht ist es so, dass man sie unmittelbar hätte, wenn man sie haben *wollte*. Sie ist eigentlich immer da, wenn man sie nicht mutwillig vertreibt.

22. Juni

Die Sehnsucht ist eigentlich eine unmittelbare Regung der Seele. Und wenn sie sie nicht hat, dann nur, weil etwas an ihre Stelle getreten ist. Und dieses etwas ist entweder Unwille oder Stolz oder Faulheit. Das sind die Krankheiten der Seele. Die Seele ist wirklich krank, wenn sie keine Sehnsucht hat. Aber sie ist dann auch selbst schuld, und sie könnte ihr eigener Arzt sein. Sie müsste nur gesund *werden* wollen. Aber sie merkt ja nicht einmal, dass sie krank ist. So ist sie gleich doppelt krank. Selbst das Empfinden der Krankheit geht ihr verloren. Sie müsste sich einmal tief darauf besinnen, ob sie sich eigentlich noch wohlfühlt, so krank, wie sie ist...

Und, ja, wenn sie dann sogar noch meint, dass sie sich wohlfühlt, ist die Krankheit schon dreifach. Sie hat das Kostbarste verloren, was sie zunächst hat – die Sehnsucht. Sie spürt diese Krankheit nicht. Und sie glaubt sogar noch, dass sie sich wohlfühlt.

Aber wie soll man der Seele dann überhaupt noch helfen? Man kann es nur, wenn sie beginnt, ihre Krankheit zu empfinden, oder zumindest wieder eine Sehnsucht – oder eine Sehnsucht nach der Sehnsucht. Wie man es auch nennen mag, es wäre alles ein leises Bewusstwerden der bisherigen Krankheit. Und ohne das kann gar nicht geschehen – wie auch? Wer sich nicht für krank hält, wird an seinem Zustand nichts ändern wollen. Er ist ja *zufrieden*.

Die Zufriedenheit ist das Gegenteil von der Sehnsucht. So, wie die Sattheit der Gegensatz zum Hunger ist. Ein Mensch könnte völlig verhungern, wenn er das Gefühl der Sattheit nicht verlöre. Er würde bei lebendigem Leibe verhungern, weil er gar nicht weiß, dass er Hunger *hat*.

23. Juni

So braucht die Liebe den Hunger der Seele, um zu ihr kommen zu können. Die satte Seele, die stolze Seele, die faule Seele, die sich für gesund haltende Seele – sie ist immer zu voll mit etwas *anderem*, um auch nur für die Sehnsucht Platz zu haben, geschweige denn für die Liebe, die der Sehnsucht entgegenkommen will. Aber die Liebe kann eben nicht in eine satte Seele einziehen, denn sie braucht den *ganzen* Platz – weil sie doch grenzenlos ist.

Das Grenzenlose fordert nur ein winziges bisschen. Es fordert nur, dass die Grenzen der Seele sich ein winziges bisschen öffnen. Die Sehnsucht ist die Tür über die Seele hinaus. Die Liebe fordert nur, dass man ihr eine kleine Tür öffne. Aber es muss eine *wirkliche* Tür sein. Die wirkliche Tür tut dann schon ein Übriges – denn sie lässt die Liebe hinein... Und dann tut die Liebe ein Übriges. Denn sie lässt alles andere hinaus... Aber die Tür ist bereits das Wesentliche. Die Seele braucht eine Tür, sie muss eine Tür bekommen.

Hunger – wann bemerkt die Seele ihren Hunger. Wann stürzt sie sich in ihren Hunger, wann bekennt sie sich zu ihrem Hunger. Wann bemerkt sie ihre *Liebe zu Christus*?

Wann bemerkt die Seele ihre eigene Krankheit, die unmittelbar schon der Beginn der Heilung wäre?

Johanni. Wunder und Hingabe

24. Juni

Johanni! Die ganze Natur verströmt sich in Werde-Lust, in Blüten-traum, in Gesang und Luft und Wärme. Es ist *ein* Strömen... Und der Mensch ist hingegeben an die Natur, an den Schönheitstraum, an den Kosmos... Wenn es so wäre! Aber das ist Johanni. Reine, tiefe, selige Hingabe. Liebe zum Umkreis. Und sogar selber Um-kreis-Werden. Johanni ist auch Verströmen der *eigenen* Seele. Es ist das Fest der Liebe – der Liebe zur Welt, in der Welt, in die Welt hinein. Weihnachten ist das Fest der Liebe innerlich. Ganz innig. Und Johanni: Ganz Verströmen... Heilige Gegensätze – zusammen ein Ganzes.

Ach, wenn die Hingabe wieder heilig werden könnte! Selig. Voller Seele. Beseelt. Bis in die Tiefe beseelt. Nicht fragend nach dem Allzu-Irdischen, nicht fragend nach dem Selbstbezug, der schon wieder das Gegenteil wäre. Sondern Hingabe – Hingabe – Hin-gabe. Ein Sich-Verströmen in geistiger Liebe. Ein *Wissen* um das Mysterium der Hingabe. Ein Wahrmachen von Johanni. Ein Tan-zen mit den Sylphen, den Elfen, der Ätherwelt!

25. Juni

Wenn man doch nur das Wesen des Sich-Verströmens kennen wür-de! Man würde doch gar nichts mehr *lieber* tun wollen! Denn was man dann täte, wäre bereits Liebe – und zu der Liebe gibt es keine Steigerung. Bei der Liebe hört alles ,lieber' auf, wenn man sie wirk-lich kennt. Die Liebe ist das Ende der Wege Gottes. Und wenn der Mensch die Liebe findet, dann wird er selbst ... ein Engel.

Johanni ist das Fest der Liebe – mitten auf Erden, mitten im Som-mer. Sich-Verströmen, dieses Mysterium spüren... Wie die Blumen, die Blüten, der Duft, die Schmetterlinge, das Hauchzarte. Pure Le-bensfreude, und mehr als das. Pure, reine, tiefste Hingabe...

Und warum Johanni? Weil er der Größte der vom Weibe Geboren-en war – und doch nichts als die Hingabe kannte ... Hingabe für den, der nach ihm kommen würde und doch schon vor ihm war. Sich nicht würdig fühlend, auch nur den Riemen seiner Schuhe zu lösen. Nicht ich bin würdig, sagt Johannes, der Täufer, aber ich gäbe mein Leben, um *jede* Seele für jenen zu gewinnen, der nach mir kommt und erkannt werden will, ja muss... Denn es ist die Liebe selbst... Der Weltenheiland. Das größte Geheimnis des Kosmos. Er kommt... Sie kommt... Es kommt...

Johannes, der Größte auf Erden, wusste es. Und er taufte die Menschen zu einer Sinnesänderung. Sie sollten rein werden – und mit der Reinheit des Herzens würden sie erkennen, was nach ihm käme...

26. Juni

Die Liebe kennt keine Steigerung – und deswegen ist es das Schwerste überhaupt, von ihr zu schreiben. Von allem anderen kann man schreiben, aber wie schreibt man von der Liebe? So, dass das Geschriebene das *Be*schriebene ist? Dass man nicht über die Liebe schreibt, sondern dass die Liebe *gespürt* werden kann, weil das Geschriebene nichts anderes ist? Das ist nur möglich, wenn die Liebe *selbst* schreibt.

Aber wie ist dies dann möglich, immer wieder? O, man möchte fortwährend von der Liebe schreiben – aber kann auch fortwährend von der Liebe gelesen werden? Weil die Seele dessen nie überdrüssig wird? Oder bleibt sie die Alte, wird sie nicht verwandelt, nicht getauft, und bleibt die Alte – und kennt also noch immer den Überdruss? Im Himmel gibt es keinen Überdruss mehr...

O, wie weise ist der Himmel, dass er auf Erden die Jahreszeiten geschaffen hat. Sie, die dem schwachen Menschen die Abwechslung schenken. So hat die Zeit der Liebe, Johanni, in *dieser* Form nur eine Zeit im Jahr. Und dann folgen wieder andere. Und der Mensch kann lernen, das eine zu vermissen und sich an dem anderen zu freuen, sich wiederum nach dem anderen einen zu sehnen. Was für ein heiliges Geheimnis ist die Sehnsucht! Sie *ist* ja bereits Liebe. Man müsste nur fähig werden, dieses Mysterium ganz zu ergreifen. Quelle zu werden... Heilige Quelle... Sehnsucht *danach*...

169

Man kann niemanden von der Liebe überzeugen – und schon gar nicht jene Seele, die lieber in der Ödnis bleiben will. Die Ödnis der Lieblosigkeit. Die Wüste der Ablehnung. Die traurige Felslandschaft der Abneigung gegen das immerwährende Lied der Liebe, gegen den heiligen Versuch, auch sie, die verlorene Seele, zu erreichen.

Es gibt nur einen Grund, von der Liebe nicht berührt zu sein, sondern sich *gegen* sie zu kehren, in einer Bewegung der Abkehr: die eigene Sattheit. Die Sattheit ist der Tod der Liebe. Denn sie hat schon alles. Sie kennt das Sich-Verströmen nicht, sie kennt die Sehnsucht nicht, sie kennt nur das satte, eigene Liegen, das Verharren in der eigenen Faulheit, das Liegen auf der faulen Haut, das eigentlich ein *Verfaulen* ist. Die Abwehr gegen die Liebe kennt die Hingabe nicht, weil sie nur das Nehmen kennt. Die Faulheit – träges, faules Aufnehmen, Aufsaugen, Konsumieren, nichts aus sich heraus geben.

Und die Liebe! Für sie ist nichts heiliger als das Gegenteil. Denn dies ist ihr Wesen: zu geben, zu schenken, zu strahlen, zu leuchten. Die Liebe lebt. Die Faulheit fault, stirbt, ist eigentlich schon immer tot. Sie kennt nicht das Wunder des Leuchtens, das Geheimnis des Schenkens, die unendliche Freude des Sich-Verströmens, das Mysterium von Johanni...

Die Seele muss zur Freiheit *erwachen*. Und sie muss es auch dürfen. Niemand darf sie zwingen. Aber die heilige Sehnsucht, die Brüder und Schwestern erwachen zu sehen, ist kein Zwang. Man *kann* sowieso keine Seele dazu zwingen – es ist ja völlig unmöglich. Man kann die Seelen, die noch zu viel Faulheit in sich tragen, immer nur abschrecken, weil sie tiefe Sehnsucht mit Zwang und Druck und Missionierung verwechseln. Aber Zwang und Druck erlebt nur die Seele, die nichts will. Für sie ist jede kleinste Berührung, sei sie noch so zart, noch so sehnsuchtsvoll, Druck. Denn die faule Seele will nicht einmal berührt werden. Obwohl die Berührung, die innere, sie erwecken würde... Wie kann das sein, dass eine heilige Sehnsucht ... für die andere Seele etwas Lästiges wird! Wie lieblos muss eine Seele sein, die gar nicht merkt, dass eine reine Sehnsucht nur die eine, heilige Hoffnung hat, dass sie, die lieblos-faulende Seele erwache, in die Schönheit hinein, in das Leben, in das wahre Leuchten. Wie innerlich tot muss man sein, damit all dies etwas ... *Lästiges* wird?

Aber für jede Seele kommt der Punkt, an dem sie ihre eigene Sehnsucht nicht mehr verleugnen kann. Der Funke der Sehnsucht ist in jeder Seele verborgen. *Er* ist ihr eigentliches Leben. Und der Punkt der Freiheit liegt darin, dass nur die Seele selbst an den Punkt kommen kann, wo sie sich mit ihrem eigentlichen Leben vereinigt – um von diesem Mysterium aus ihr eigentliches *Wesen* wahrzumachen, das ein Wunder ist. Ein Wunder...

29. Juni

Das Geheimnis der Freiheit ist, dass die Seele so lange faul und egoistisch bleibt, bis sie ihr eigenes Geheimnis begreift. Bis sie sich von ihrem eigenen Geheimnis überwältigen lässt; bis sie das Heiligtum der Sehnsucht findet und überwältigt niederstürzt, um sich diesem Heiligtum hinzugeben – das aber nichts anderes ist als ihr *eigenes* wahres Wesen.

Und während dieses Heiligtum über ihr zusammenstürzt, und sie *mit* ihm zusammenstürzt, in einer vollkommenen Vereinigung; während die alte Seele in die heilige Sehnsucht hineinstürzt, in einem mystischen, realen Wunder, verbrennt alles, was *nicht* Sehnsucht ist, nicht Teil des Heiligtums ist. Und die Seele wird ganz und gar Tempel... Aber der heilige Tempel hat die Gestalt der reinen Seele, und in Wahrheit ist er also das Heiligste überhaupt: Er ist Kelch...

Dieses Geheimnis ist unbeschreiblich, und ein unheiliger Sinn kann es überhaupt nicht begreifen, er begreift nichts, wirklich nichts. Und der heilige Sinn weiß gar nicht, wie er dieses Geheimnis ausdrücken soll, er möchte vor Ehrfurcht eigentlich auch nur noch schweigen. Die einzige Sehnsucht ist, es für die Brüder und Schwestern *doch* irgendwie auszudrücken – und welch eine heiligste, zarte Hoffnung ist damit verbunden...

30. Juni

Die Seele, die das Leuchten kennt, ist sogar bereit, sich vor den Brüdern und Schwestern zu demütigen, um ihnen irgendwie von dem Mysterium, das sie noch nicht kennen, zu sprechen. Lieber lässt sie sich verspotten, als eine Möglichkeit zu versäumen, von dem zu sprechen, was das Einzig-Kostbare im ganzen Kosmos ist. Und wie sollte man nicht den Mut und den Willen und die Hingabe haben, sich sogar verspotten zu lassen, wenn dasjenige, dem man in unwürdiger Schwäche dienen möchte, sogar bereit war, in den Tod zu gehen!

Mögen die anderen Seelen spotten. Selbst darin liegt ein heiliges und heilendes Geheimnis. Mögen sie sich dem Spott hingeben – selbst das ist eine *Hingabe*, wenn auch in die Richtung der Finsternis. Aber in der Seele lebt doch dieser heilige Funke. Und durch die Hingabe der übrigen Seele an die Finsternis entsteht ein neues Ungleichgewicht. ‚O, dass ihr heiß oder kalt wäret!' Die spottende Seele wird kalt ... und das ist mehr als die Lauheit, aus der es keine Rettung gäbe. Die spottende Seele wird böse – und dadurch wird es ihr möglich, zu *spüren*, dass sie sich von etwas entfernt, was noch in ihr lebt. Sie spürt etwas von dem heiligen Funken, indem sie sich von ihm wegbewegt.

Die Seele, die spottet, verspottet nicht nur eine andere Seele, sondern gleichzeitig ihr eigenes Wesen. Und ihr reiner Teil *merkt* dies... Sie merkt das Böse, und ihre Sehnsucht nach dem Guten wird größer... Was für ein Wunder! Was für ein heiliges Glück...

1. Juli

‚Der Größte unter euch soll euer Diener sein.' – Der Größte soll Diener sein! Sind all diese Worte von Christus nicht ein Wunder?

Sie sind es. Aber dieses Wunder kann man nur empfinden, wenn man eintaucht. Wollen die Menschen heute keine Wunder mehr empfinden? Sie liegen so nah...!

Was ist denn ein Wunder? Ein Wunder ist etwas, was einen überwältigt. Aber das kann auch auf eine Weise geschehen, die stiller als das tiefe Meer ist. Allerdings kann selbst das stürmischste Meer einen Felsen nicht überwältigen. Es bricht an ihm. Ein Felsen kann von *niemandem* berührt werden – denn obwohl vielleicht alles ihn berühren will und auch berührt, nimmt er es nicht wahr und ist es ihm *gleichgültig*. Er wird auch in eintausend Jahren noch derselbe Fels sein.

Und nun soll man das nicht nur so hinnehmen, als flösse ‚nur ein wenig Wasser die Isar hinunter‘, sondern man soll sich klar darüber werden, dass ein Augenblick wie dieser nicht zurückkehrt – weil kein Augenblick jemals zurückkehrt. Und es gibt Momente, die sind nicht nur unwiederbringlich, sondern auch unersetzlich. Weil in ihnen hätte etwas *geschehen* sollen. Etwas in einem. Weil man etwas hätte wahrnehmen sollen. Begreifen. Empfinden. Und verändern...

Denn man ist selbst der Felsen. Das eigene Herz ist der Stein.

2. Juli

Man wird erst dann empfindsam für das Wunder, wenn der Stein endet. Der Stein muss enden, damit das Leben beginnen kann! Wie will man von Leben sprechen, solange noch der Stein herrscht? Der Stein ist das Gegenteil des Lebens – Leben der Seele, Leben des Herzens, zartes, wirkliches, empfindendes, heiliges Leben... Wenn die Seele lernt, *dieses* Leben zu finden, dann ist sie gerettet... Dann hat sie den Weg der Rettung betreten, der der Weg des Lebens ist. Sie hat ihr erstes Wunder erlebt, vollbracht und sich von ihm finden lassen...

Denn das Wunder ist gerade, dass sich alles umkehrt. Deswegen ist das erlebte Wunder das vollbrachte Wunder – denn es wird erst erlebt, nachdem man etwas in sich selbst vollbracht hat. Und es kann erst erlebt werden, wenn man gelernt hat, sich finden zu lassen. Und dies geschieht erst, wenn das Herz lernt, *emp*finden zu können. Denn die zarte, heilige, sanfte Emp-findung ist das heilige Tor, durch das die Eindrücke und später die realen ,Dinge' und Wesen einen finden können. Sie finden einen ja immer – nur man selbst findet sie nie ... bis man sie *empfindet*.

Die Empfindung ist das Tor. Aber dies ist ein Tor, das die Seele erst bauen muss. Und es wird gebaut, wenn das Herz sich *öffnet*. Es wird gebaut, wenn das Herz eine andere Qualität einnimmt, wenn es sich in sich selbst *verwandelt*. Wenn es sich zutiefst verändert – und damit zugleich zum ersten Mal wahrhaft Herz wird. Dann entsteht das Tor. Es entsteht, wenn das Herz Herz wird – und sich öffnet. Das Herz kann aber gar nicht andres, als sich öffnen. Wenn es wirklich Herz wird, entsteht das Tor also immer. Denn das Herz selbst ist das Tor...

3. Juli

Das Wunder geschieht, wenn das Herz wirklich Herz wird, denn sein Wesen ist es, zu *empfinden*. Solange der Stein herrscht, ist das Herz in Bann – es ist das reale Märchen, das Herz ist schlimmer dran als Schneewittchen und Dornröschen zusammen, denn sie schlafen nur, aber das Herz des Menschen heute ist wirklich felsig geworden.

Oder würde ein Wunder geschehen können, und dieser Fels würde *unmittelbar* jenem Heiligen weichen können, was sich sofort offenbart, wenn Schneewittchen oder Dornröschen nur die Augen aufschlägt? Aber welches Wunder dann geschieht, kann auch wieder nur *empfunden* werden. Wieder ist es das gleiche Problem, die gleiche Tragik, dieselbe Fessel. Wir sind *umgeben* von Wundern – aber wenn das Herz Fels bleibt...

Wie also kann man dann jenes Wunder empfinden, das sich offenbart, wenn Schneewittchen die Augen aufschlägt? Ja – ich frage das: Wie kann man es empfinden? Wie ist es möglich, es zu empfinden und nicht daran vorbeizugehen, vorbeizuleben, vorbeizustarren, starr wie ein Fels, *tot* wie er. Wie ist es möglich, am Wunder nicht vorbeizusterben, vorbei-zu-toten?

174

Ach! Es ist nur möglich, indem dieser Zustand *aufhört*. *Spätestens* in dem Moment, wo er ergriffen werden soll und könnte, von dem Wunder, das sich gerade jetzt, dann, in diesem einen unwiederbringlichen Moment ereignet. Diese Moment – und es ist nur ein einziger Moment –, in dem Dornröschen die Augen aufschlägt...

4. Juli

Die Unwiederbringlichkeit der Augenblicke muss empfunden werden! Heilige Wehmut muss einen ergreifen, wenn die Seele lernt, zu empfinden, wie unendlich viel sie versäumt! Verliert. Verfehlt. Heilige Wehmut, die selbst *auch* schon eine Empfindung ist. Vielleicht der Schlüssel zu allem. Der heilige Schlüssel, der endlich, wirklich, als heiliges Geschehen, das Felsentor der Seele *aufschließt*. Heilige Wehmut. Empfinden der Unwiederbringlichkeit der Augenblicke. Empfinden des Vergänglichen überhaupt. Empfinden des *Heiligen* von allem. Dieses Empfinden, dass man von Heiligem *umgeben* ist, überall, dass alles heilig ist.

Und dies ist ein Geschehen, es ist eine Umwälzung, eine heiligste, einen ergreifende, zutiefst berührende, zärtlichste *Erkenntnis*. Alles ist verwandelt, hat eine andere Bedeutung, eine tiefste Schönheit, ein heiliges Wesen und Sein. Es ist der Moment, in dem man das *wahre* Sein der ‚Dinge' erlebt. Weil man für einen Moment aufgehört hat, Fels zu sein. Weil man es für einen Moment vergessen hat – und dann auch wirklich nicht mehr gewesen ist. Vergessen, Fels zu sein. Darum geht es...

Aber der Schlüssel ist die Unwiederbringlichkeit. Das leise Leiden daran, in einer heiligen Empfindung, die wirklich Wehmut genannt werden kann. Dann das Eintauchen in dieses Leiden, in diese Wehmut. Und dann das Eintauchen in das, was unwiederbringlich ist, selbst... Und es öffnet sich der Seele Grab... Das Tor des Wunders ist geöffnet, und die lebendige Seele tritt ein in das Märchenreich des realen Wunders.

175

Aber wie lernt man das? Es gibt zwei Wege, die Hand in Hand zu dem gleichen Ziel führen und sich eigentlich immer mehr miteinander verbinden. Der eine Weg ist der des Ernstes. Der andere Weg ist der der Hingabe.

Das Wunder ist so zart wie der Flügel eines Schmetterlings – und noch viel vergänglicher, denn wenn es vielleicht nur *ein* Moment ist? Aber er kann sich für einen entweder ereignen – oder man kann daran vorbei ... tot bleiben. *Wenn* er sich ereignet, weil man ihn nicht verfehlt, sondern das Wunder einen finden darf, dann ist dieser eine Moment mehr wert als eintausend Jahre felsiger Tod.

Man muss aufhören zu bewerten. Man darf nicht rechnen und fühlen: Wenn es doch auch ein Wunder sein soll, so dauert es ja nur einen Augenblick, also was habe ich letztlich davon? Und es ist dann vielleicht auch nicht so schlimm, wenn ich ihn nicht erlebe...

O doch – es ist schlimm! Denn wenn du ihn nicht erlebst, bist du noch immer tot. Dieser eine Moment ist nämlich dein Richter. Er, den du nicht erlebst, legt gegen dich Zeugnis ab. Er beweist, dass du noch immer tot bist. Wie wertvoll wäre dieser Moment, wenn du ihn erlebtest! Denn dann hätte er bewiesen, dass du lebst! Kann etwas wertvoller sein?

Das Rechnen der Seele ist das schlimmste. Solange sie dies tut, ist sie berechnend – auch wenn ihr dies überhaupt nicht klar wird. Eine berechnende Seele kann das Wunder aber niemals erleben. Sie ist sogar schlimmer als der Stein. Der Stein rechnet nicht. Sogar er könnte jederzeit aufhören, Stein zu sein. Die Seele aber muss aufhören, Stein zu sein, *und* aufhören zu rechnen!

Es ist falsch, den Augenblick des Wunders geringzuschätzen, weil er nur ein Augenblick ist. Was wäre, wenn dieser eine Augenblick das ganze Leben verändern würde? Was wäre, wenn er es in Leben *verwandeln* würde? Schätzt man auch den Augenblick seiner Geburt gering? Aber es ist doch nur ein Augenblick! Oder den Augenblick, in dem man der Liebe seines Lebens begegnet? Aber es ist doch nur ein Augenblick... Oder den Augenblick, in dem das eigene Kind zum ersten Mal freudestrahlend mit etwas angelaufen kommt. Es sind alles nur Augenblicke. Aber die Wunder *sind* Augenblicke – und die Augenblicke sind Wunder.

Das Wunder bemisst sich nicht nach seiner Dauer, sondern nach seinen Auswirkungen. Die Auswirkungen eines Wunders sind seine Dauer. Wenn ein Augenblick das ganze Leben verändert, dann dauert das Wunder auch ein ganzes Leben, obwohl es nur einen Moment dauerte. Dies ist die Mathematik des Wunders. Eins gleich unendlich.

7. Juli

Aber man findet das Wunder nur, wenn man selbst das andere Wunder vollbringt, sich finden zu *lassen*. Es geht nicht darum, das Wunder zu suchen, zu greifen, wie einen reifen Apfel. Sondern man müsste ganz und gar empfinden, wie es sich schenkt. Auch der Apfel schenkt sich – und man merkt es nur nicht. Man kann aber nur das merken, was man empfindet. Würde man *empfinden*, dass der Apfel sich schenkt, dann würde man empfinden, was der Apfel tut. Man denkt, er tut nichts. Aber man soll nicht denken, sondern empfinden. Das Sich-Schenken beinhaltet keine äußere Bewegung, sondern nur eine innere. Diese aber kann man nur mit dem Herzen wahrnehmen – indem man sie empfindet.

Und es geht auch gar nicht darum, ob man am Ende ‚etwas in der Hand hat'. Nicht das ist das Wichtige, sondern dass sich etwas schenkt. Und das kann es auch dann tun, ohne dass man es hinterher in der Hand hat. Es ist sogar meistens so – die Dinge schenken sich auch dann. Alles schenkt sich auch dann. Wenn man einen Regenbogen sieht, fragt man sich auch nicht, ob man ihn ‚mitnehmen' kann – denn man weiß, dass man es nicht kann. Die Frage ist nur, ob man es im *Herzen* kann. *Dorthin* will er sich schenken...

Und wieder ist nur die Frage, ob *dies* möglich ist. Dann wird der Moment das, was er ist: *mehr* als ein Moment. Wenn man hinterher ein anderer Mensch ist als vorher. Wenn der Regenbogen nicht nur ins Auge fällt, sondern sanft in das Herz dringt, sanft das Herz *selbst* zu einem Regenbogen werden lässt. Seine zarten Farben zärtlich mitten in das Herz strömen lassend. Und das Herz ist nicht mehr dasselbe wie vorher. Stein wird lebendige, zärtliche Farbe...

8. Juli

Wenn also das Dornröschen die Augen öffnet... Ich habe doch schon einmal von diesem Moment geschrieben. Ich verstehe es nicht, wie dieser Moment einen nicht zutiefst ergreift, von sich aus, weil das Herz einfach noch lebendig ist, aber unendlich lebendig.

Wie kann es denn tot sein, wenn sich vor ihm selbst sogar das Lebendigste ereignet? Die Todeskrankheit ist die Gefühllosigkeit. Die Lauheit und Schwäche, das ganz bis zum Oberflächlichen versickernde Gefühl. Ach, wenn sich das Gefühl doch in die *Tiefe* sinken lassen könnte, um selbst Tiefe zu bekommen! Kann es dies nicht vom Wasser lernen? Sich einfach in die Tiefe sinken zu lassen? *Mit* Ernst und Tiefe? Mit der Sehnsucht nach dieser Tiefe? Dann würde es schon gehen, und schon geschehen. Alles, was es bräuchte, wäre die Aufrichtigkeit – die aufrichtige Sehnsucht.

Und hier sind wir bereits mitten auf dem Weg des Ernstes. Mit Ernst etwas tun... Mit Ernst eine Sehnsucht empfinden... Mit Ernst dieser Sehnsucht folgen... Mit Ernst sein Fühlen in die Tiefen sinken lassen. In *heilige* Tiefen.

Der Weg des Ernstes ist heilig. Und er ist ein Weg in die Tiefe – *deswegen* ist er so heilig. Der Ernst schenkt das Tieferwerden – und dort, in der Tiefe, lebt das Heilige. Dort kann man es endlich finden. Die Seele muss tief werden – dann spürt sie, was Tiefe hat. Vorher kann sie es nicht spüren, denn sie ist ihm nicht gleich...

9. Juli

Der Ernst ist der heilige Führer in die Tiefe, weil er selbst Tiefe hat. Wenn die Seele etwas mit Ernst betrachtet, empfindet, erlebt, dann *hat* es immer Tiefe – es offenbart seine Tiefe.

178

Es sei denn, es ist selbst oberflächlich, etwa ein abgeschmackter Witz, etwas Gemeines, die lächerlichen Lacher des Alltags. Aber mit Ernst betrachtet, findet man selbst dahinter Tiefe – nämlich die *Ursachen* solcher Oberflächlichkeit. Welche Tragik muss hinter einem Leben stehen, das eine Seele *oberflächlich* oder auch nur zur Oberflächlichkeit geneigt gemacht hat? Hinter jeder Oberflächlichkeit steckt eine tiefe Tragik – und sei es nur jene tiefe Tragik, dass eine Seele ihre Menschlichkeit nicht erreicht hat, verfehlt hat, daran vorbeigelebt hat, um in seichter Hässlichkeit und hässlicher Seichtheit zu enden. Aber all dies hat immer Ursachen. Und dahinter lebt eine noch größere Tiefe. Tragik ist das – alles.

Man kann dahin kommen, das wahrhaft Menschliche, das Tiefe, den heiligen Ernst, so sehr zu lieben und zu erkennen – sie erkannten einander! Die Liebe in heiliger Vereinigung –, dass man es nicht mehr fassen kann, wenn etwas oberflächlich ist. Dass man es nicht fassen kann, wie eine andere Seele sich so ... erniedrigen kann, *vergeuden* kann, ihr wahres Wesen so wegwerfen, zertreten und verspotten kann. Oberflächlichkeit ist Blasphemie – gegenüber dem heiligen Menschentum und jenen heiligen Tiefen, die in jedem Moment innig *geliebt* werden können, wenn und weil die Seele selbst tief geworden ist.

Und die vielleicht erste Tiefe der Seele ist die immer mehr sich vertiefende *Liebe* und Sehnsucht nach Tiefe. Damit beginnt es schließlich. Damit beginnt die Rückkehr zu ihr...

10. Juli

Liebe und Sehnsucht nach Tiefe. Die erste große Liebe der verlorenen Seele... Jede erste Liebe ist heilig – also auch diese. Und mit ihr, in ihrem Licht, beginnt die Rückkehr.

Wie sehr habe ich immer wieder heilige *Bilder* vor Augen! Die Rückkehr der verlorenen Seele... Ihr noch zögernder Pfad wird in stillem Jubel der Engel mit Blüten bedeckt, unsichtbar säumen die Engel selbst diesen Pfad und streuen Blumen der Weihe, damit der Fuß nicht noch einmal falle...

Oder ein heiliges Eintauchen in die Tiefe, wirklich wie Meerestiefen. Aber es ist ein lichtdurchwebtes Meer, und je mehr die Seele in heiligem Ernst in die Tiefen sinkt, um so lichter wird es, weil dieses funkelnde, heilige, die stillen Wogen durchglitzernde Licht gerade aus der *Tiefe* kommt, weil seine Quelle *dort* lebt.

Oder das für immer heilige Bild des betenden Menschen... Ist es nicht schon ein Bild für die *Tiefe*, wenn er, die Andacht betretend, in die Knie sinkt... Aber all dies ist ein aktives Sinken, ein freiwilliges, ein *liebendes* Sinken. Man hat immer gedacht, es sei nur die Demut, die den Menschen dieses heilige Sich-Knien finden lässt. ‚Niedrigkeit' hat man das genannt... Aber es ist zugleich ein heiliges Eintreten in die große Tiefe. Denn diese wird im Knien gefunden, in der Bescheidenheit der Verehrung, des Wunders, der Liebe.

Das Gegenteil des Kniens ist der Hochmut. Wie soll die Höhe des Hochmuts je die Tiefe finden? Der Hochmut ist so oberflächlich wie nur irgendwas – er merkt es nicht einmal! Das Knien ist nicht einfach nur Demut – es ist *Tiefe*. Der Mensch, der sich in Demut neigen und niederknien kann, findet die Tiefe, weil er sich hineinbegibt. Und dann wird er überspült von ihren Wogen – den Wogen eines unendlichen Meeres, das nur den aufnimmt, der sich hingibt...

11. Juli

Wie unendlich reich sind diese Bilder! Die Seele gewinnt schon Tiefe, wenn sie sich nur mit *ihnen* erfüllt – denn bereits dann tritt an die Stelle oberflächlicher Inhalte etwas Tiefes. Oder überhaupt etwas! Denn was hat die moderne Seele noch an Seeleninhalten in sich? Womit trägt sie sich? Womit geht sie schwanger? Mit nichts!

Aber selbst diese heiligen Bilder, die ihr unendlich viel *geben* könnten, wird die Seele nur aufnehmen können, wenn sie die Fähigkeit hätte, in sie einzutauchen. Die Bilder enthalten ja eben nichts anderes als das, was die Seele machen müsste, wozu sie fähig werden müsste. Aber wie kann die Seele Bilder aufnehmen, wenn die Fähigkeit zur Aufnahme voraussetzt, dass sie bereits vermag, was erst in den Bildern liegt?

In den Bildern liegt aber etwas, was wie aus dem Nichts in der Seele *beginnen* kann. Der Beginn jeglicher Tiefe liegt in der Sehnsucht. Und diese bricht gerade dann auf, wie eine Blüte, wenn die Seele sich weit genug *entfremdet* hat. Das ist das Wunder, durch das eine Rückkehr überhaupt möglich wird.

Das Wunder der Blüte. Die Seele ist in Hochmut und Leere in einen seelenlosen ‚Himmel' gewachsen, und plötzlich, eines Tages, bricht, hervorgelockt von der erstickenden Leere des sie umgebenden Nichts, eine Blüte auf – etwas, womit niemand gerechnet hat, sogar die Seele selbst nicht. Und doch war der Keim dazu immer in ihr gewesen. Sie hatte aber gedacht, sie könne immer weiter wachsen, einfach nur so, immer leerer, wie die im Dunkeln der Keller aufgeilenden Keime ohne alle innere Kraft. Aber dann, in der erstickenden Leere des inneren Nichts, bricht plötzlich dieses völlig andere hervor: die *Blüte*. Zum ersten Mal etwas Wahres. Sehnsucht...

12. Juli

Mit Sehnsucht *kann* die Seele in solche Bilder eintauchen – und dieses Eintauchen würde sie dann weiter in die Tiefe führen, weil die Bilder sie weiter in die Tiefe führen, aber auch schon das Eintauchen *selbst*. Denn das Wort sagt es doch schon... Eintauchen ist selbst nichts anderes als: Verwirklichen von Tiefe.

Und in etwas Oberflächliches kann man nicht eintauchen – das Eintauchen als Geschehen braucht also eine Welt, *in* die eingetaucht werden kann, weil sie jene Tiefe *hat*, die das Eintauchen aufsucht.

Eintauchen bedeutet nicht ‚Sich-Verlieren'. Es bedeutet, mit allem, was man hat, insbesondere mit allem Ernst, den man hat, erleben, aufnehmen, sich hingeben, sich vereinigen. Aber es bedeutet nicht, dass man dabei die Unterscheidungsfähigkeit verliert. Denn man ist von der Sehnsucht ausgegangen. Man *weiß* also, wonach man sich sehnt. Und man spürt sofort, wenn dem etwas nicht entspricht. – Man kann auch in etwas Oberflächliches ‚eintauchen'. Aber dann spürt man sehr schnell, *dass* es oberflächlich ist und man hart an den Grund anstößt, der ganz flach ist, obwohl man sich doch so sehr nach *Tiefe* sehnt...

13. Juli

Die Sehnsucht der Seele ist ihre Fähigkeit zum Eintauchen. Die eigentliche Fähigkeit zum Eintauchen ist die Hingabe. Aber die Hingabe geht aus der Sehnsucht unmittelbar hervor – und *erst* aus ihr. So ist die Hingabe die Tochter der Sehnsucht...

Ist es nicht erstaunlich, dass all diese Worte *weiblich* sind? Im Gegensatz zum Mut oder zum Hochmut. Aber schon die Demut ist *wieder* weiblich! Sind das nicht Wunder – Wunder der Sprache? Wie kommt es, dass so viele hässliche Worte und Realitäten männlich sind? Der Hohn und Spott, der Hass, der Zweifel, der Neid?

Ist es nicht offensichtlich, dass die Sehnsucht immer dann verlorengeht, wenn das Weibliche selbst verlorengeht? Wenn sogar die Frauen und Mädchen anfangen, männliche Eigenschaften zu entwickeln? Durchsetzungsvermögen. Eigenwille. Eigene Meinungen, die nichts mit der Umwelt zu tun haben, sondern nur eigene Standpunkte sind, bloß um des Standpunkts willen und um eine ‚eigene Meinung' zu haben. Genusssucht. Hochmut.

Ich meine nicht, dass diese Dinge das wahrhaft Männliche ausdrücken, aber sie drücken das aus, dem die Männer unendlich viel leichter *verfallen* – und verfallen sind. Und nun machen es die Frauen sogar noch nach!

Ist es nicht offensichtlich, dass die Sehnsucht verlorengeht, wenn das Weibliche verlorengeht? Das Männliche, vor allem in seiner Abirrung, braucht keine Sehnsucht. Es setzt sich selbst in die Welt, und mehr braucht es nicht. Immer weiter, kopflos voran, getrennt von der Umwelt. Das Ich im Mittelpunkt.

14. Juli

Die Sehnsucht ist gerade der Punkt der Umkehr. Sie erkennt, dass der ganze bisherige Weg gerade in eine Sackgasse geführt hat. Gerade weg von dem, was die Sehnsucht empfindet. Sehnsucht bedeutet ein Aufgeben des Ich-Impulses. Es bedeutet eine Wiedervereinigung mit dem, was Nicht-Ich ist. Wiedervereinigung ist Religion, und deswegen ist diese Bewegung heilig. Der Ich-Impuls ist unheilig.

Unheilig bedeutet, er entfernt sich vom Heiligen. Weil die Seele die Tiefe verfehlt, die heilige Tiefe, verfehlt sie auch die Heiligkeit des Ich. Denn in Wirklichkeit ist das Ich heilig – aber nicht in jener Wirklichkeit, die daraus geworden ist. Denn heute ist die heilige Wahrheit des Ich, die man nicht kennt, vom Ego überschattet und verfinstert. Das Ego hat das heilige Geheimnis des Ich ganz zugedeckt, ja zertreten.

Das wahre Ich ist ein Ich, das von der Welt gar nicht getrennt ist. Wenn ich mit meinem Geliebten zusammen bin, bin ich von ihm doch auch nicht getrennt? Ist denn die liebende Vereinigung ein Aufhören des Ich? Ja und Nein. Sie ist ein völliges Aufhören des Ego, aber sie ist kein Aufhören des Ich. Denn sonst wäre niemand mehr da, der *lieben* könnte. Es *ist* aber jemand da. Das wahre Ich *liebt*. Überall, wo die Liebe ist, ist auch das wahre Ich. Daran kann man es erkennen. Das Ich ‚sieht' man nicht, aber man *spürt* es. Genauso, wie man das Ego spürt.

Erst das wahre Ich führt in die Tiefe. Denn es führt weg vom Ego, seinem hässlichen Doppelgänger.

15. Juli

Der Ernst führt in die Tiefe. Das kann jeder wirklich empfinden – um so tiefer (!), je mehr er in die wirkliche Empfindung *eintaucht*. Ernst und Oberflächlichkeit sind Gegensätze. Der Ernst kann an der Oberfläche nicht leben. Sein *Wesen* ist es, in die Tiefe zu führen, die Tiefe zu suchen, die Tiefe zu finden.

Der Ernst ist nun tatsächlich eine männliche Eigenschaft, auch vom Wort her. Aber wo sind die Männer, die mit dem Richtigen ernst machen? Mit der Sehnsucht? Der Sehnsucht nach Tiefe... Mit der Sehnsucht nach dem *Weiblichen*. Denn die Sehnsucht und auch die Tiefe selbst sind weiblich...

Die Tiefe ist weiblich! Ist es deshalb, dass viele Männer so oberflächlich sind? Weil sie sich nicht danach sehnen, sondern lieber männlich bleiben wollen? Hart, egoistisch, oberflächlich? Ein ganzer Mann! Das bedeutet: Nichts Weibliches ist an ihm. Und das soll noch ein Lob sein!? – Die Welt geht *zugrunde* an *diesem* Männlichen! Wirklich zugrunde. Zugrunde auch daran, dass nun auch die Frauen und Mädchen ihr Weibliches aufgeben.

Wie ist es möglich, dass eine Zeit kam, in der selbst die Frauen und Mädchen anfingen, ihr Weibliches aufzugeben, weil sie nicht mehr weiblich sein *wollten*? Wie ist das möglich? Spürt niemand, dass dies der Untergang ist?

16. Juli

Niemand spürt die Tragik dessen, der in das wahre Geschehen nicht *eintauchen* kann. Und niemand kann darin eintauchen, der ganz durchdrungen ist von der Lüge. Von der die ganze Welt durchdringende Lüge, dass es das Höchste sei, ‚sich selbst zu verwirklichen'. Und von der Lüge, dass dies gerade darin bestünde, das Ego hübsch groß zu machen. Denn das ist es doch, was passiert! Niemand möchte ein ‚Egoist' geheißen werden – aber alle sind es! Niemand möchte zugeben, dass die Entwicklung des ‚selbst, selbst, selbst' den Egoismus vorantreibt – aber genau das tut sie!

Niemand möchte zugeben, dass die Welt dem Egoismus Tür und Tor geöffnet hat und ihn von den *Grundlagen* ihres Wirtschaftssystems angefangen bis hin zur alles infiltrierenden Werbung geradezu anbetet – aber genau das ist der Fall. Überall nennt man es ‚Ich' und ‚Selbstverwirklichung', ‚Selbstentfaltung', aber in Wirklichkeit ist es das Ego.

Das wahre Ich mag versteckt auch immer mit dabei sein, aber das ist es eben: versteckt, unterdrückt, nur mitgeschleppt. Das Wesentliche dagegen ist immer wieder das andere: Geltungssucht, Urteilssucht, Meinungssucht, Sucht nach ‚Selbstverwirklichung', nach Genuss, nach ‚Spaß', nach ‚Coolness', nach ‚Modernität' – und diese ‚Modernität' besteht dann sogar noch in einem Aufgeben und Verleugnen der eigenen Sprache, um sich der Fremdsprache anzubiedern, die für das ‚Moderne' steht: ‚cool', ‚wellness', ‚hip', ‚lifestyle', ‚body shaping' – es nimmt kein Ende!

Wer nicht spürt, wie hässlich dies alles ist – so hässlich, dass es bis ins Innerste der Seele wehtut –, der ist von dieser ganzen Entwicklung bereits überwältigt.

Die Fliege, die vom Gift der Spinne gelähmt ist, spürt auch nichts mehr. Ihr ist alles egal geworden, sie ist längst *Spinne* geworden, Teil der Spinne, nur noch Gift, nichts Eigenes mehr. Und das ist das Ego – es ist *Gift*. Man ist durchtränkt von etwas, was das Gegenteil des Wahren ist, man ist durchtränkt von *Feindwesen*. Eine feindliche, abgrundtief hässliche Macht hat das eigene Wesen *übernommen* – und man ist gelähmt, wird von innen zersetzt...

Wer das Ego – jenes Ego, das alle für das Ich halten – nicht so erleben kann, wirklich erleben, nicht nur ‚betrachten', der erlebt noch nicht dessen wahres Wesen.

Das Ego ist *Todfeind* des Ich – und es hat das Ich immer schon überwunden. Das Ich ist gelähmt, es weiß nichts mehr von sich, und es wird immer mehr aufgefressen... Diese Situation müsste sich das in seiner Existenz bedrohte Ich klarmachen. Dies wäre seine einzige Rettung. Sonst wird die Spinne und ihr Gift siegen...

Niemand möchte eingestehen, dass es so ist. Niemand möchte als ‚Egoist' gelten. Aber diese Abwehr ist *selbst* Gift, wieder neue Selbstsucht. Das wahre Ich wäre vollkommen *aufrichtig* – und es würde sich nicht scheuen, *jeden* Fehler, jede Schwäche, jedes Versäumnis, jede Lüge zuzugeben. Das Ego möchte *nichts* zugeben. Das Gift *ist* überall.

Dieses alles überwältigende Gift ist aber männlich – in dem Sinne, dass es dasjenige fördert, dem zuerst die Männer verfallen und verfallen waren. Das Ego. Das Ego war *zuerst* eine typisch männliche

Krankheit. Ich betone ‚Krankheit'! Die Männer waren dafür anfälliger – und sie verfielen dieser Krankheit.

Aber nicht die Krankheit sollte in die Welt kommen, sondern das wahre Licht – und es war in der Welt, und die Welt hat es nicht erkannt und nicht aufgenommen. Es sollte eine heilige Saat aufgehen, aber sie fiel auf eine harte Erde oder wurde vom Unkraut überwuchert. Wo sind die Menschen, die die Heilige Schrift nicht einmal lieben, aber wenigstens noch kennen? Denn es ist alles wahr! Jedes Gleichnis von Christus weist auf etwas so unendlich Wesentliches hin... Und die Welt hat es nicht erkannt. Denn sie hat *ihn* nicht erkannt – und nicht aufgenommen... Die Füchse haben Gruben, und die Vögel unter dem Himmel haben Nester, aber der Menschensohn hat nichts, wo er sein Haupt hinlegen könnte.

Die Seele nahm das Licht nicht auf, das ihr ihr wahres Wesen geschenkt hätte, denn genau dieses Wesen hat Christus immer behütet – und behütet es noch –, aber dafür breitete sich in ihr die Finsternis aus. Es ist *das Gift selbst*, das das heilige Licht abweist...

19. Juli

Und der Mensch könnte meinen, er wäre hier ganz wehrlos. Aber hätte er nur ein *Bruchteil* dessen an Sehnsucht gehabt, was an Gift seine Seele ausfüllte, so hätte er dieses Gift überwinden können. Es ist dasselbe wie mit dem Glauben: Hättet ihr Glauben wie ein Senfkorn...

Alles, was die Spinne tun konnte, war, die Seele zu lähmen, vor allem auch ihre Sehnsucht zu lähmen, und sie mit ihrem Gift zu durchtränken. Aber es gibt einen heiligen Bereich in der Seele, den die Spinne nicht erreichen kann. Nur wenn die Seele selbst diesen Bereich *auch* nicht mehr erreichen kann ... dann ist es zu spät. Die Seele *könnte* in jedem Moment dieses innerste Heiligtum finden – aber dafür bräuchte sie einen heiligen Willen, eine heilige Sehnsucht.

Die Seele könnte sich in jedem Moment zu retten beginnen, aber dafür müsste sie es *wollen*. Und sie kann es nur wollen, wenn sie ihre Krankheit empfindet – *als* Krankheit, *als* Gift. Solange sie das nicht tut, wird sie denken und empfinden, dies sei sie selbst. Es sei nicht Gift, sondern ihr Wesen. Und sie wird es weiter sich ausbreiten lassen, in der Meinung, *sie* würde sich entfalten. Es ist aber nicht sie, sondern das Gift in ihr. Sie hält das Gift für ihr eigenes Wesen. Aber ihr eigenes Wesen würde sie nur finden, wenn sie das Gift austriebe. Ihr eigenes Wesen wäre es, was das Gift austreiben würde.

Das wahre Ich und das Ego sind *Gegensätze*. Es sind Todfeinde. Das Ego ist ein Produkt des Giftes – und das Gift ist die Waffe der Spinne... Sie ist der eigentliche Todfeind.

20. Juli

Die Spinne hat zuerst die Männer angefallen – denn hier war die Abwehr am schwächsten. Die Männer können in gewisser Weise nichts dafür. Ihr Wesen ist so beschaffen, dass sie für das Gift der Spinne viel anfälliger sind. Aber das eigentliche Ziel der Spinne war nicht das Männliche. Ihr eigentliches Ziel ist das Weibliche. Das wahre Ziel der Spinne ist die *Vernichtung des Weiblichen*. Die Männer waren nur eine Zwischenstufe. Sie wurden zu Boten des Giftes, das sich so lange ausbreitete, bis es die ganze Welt durchsetzt hatte und *nun* auch die Frauen und Mädchen anfiel...

Die Aufgabe der Männer wäre es gewesen, *sich* gegen das Gift zu schützen, um die Frauen und Mädchen zu beschützen. Das haben die Männer nicht getan. Sie haben sich dem Gift völlig hingegeben – und es dann selbst weiter verbreitet. Was für eine Tragik! Man kann sehr genau spüren, *wie* die Männer sich hätten schützen können. Ein edler Ritter zum Beispiel *war* geschützt gegen das Gift – weil er edel war. Er hütete etwas in sich, gegen das das Gift keine Macht hatte. Aber die übrigen Männer taten es nicht – oder zu wenig. Und das Gift überwand Abwehr um Abwehr...

Aber die Aufgabe der Frauen und Mädchen wäre es gewesen, die Männer und Jungen gegen das Gift zu beschützen. Sie wieder zu heilen. Das Gift viel stärker zu *erkennen*, als es tatsächlich geschehen ist. Auch das geschah nicht. Die zweite Tragik...

Man kann dies alles überhaupt nur noch verstehen, wenn man eintaucht... Wenn man wirklich spürt, dass die Realität nicht einmal ansatzweise eine heile Welt ist, sondern *das Reich der Spinne*.

Die Aufgabe der Männer wäre es gewesen, die Frauen und Mädchen zu beschützen. Und die Aufgabe der Frauen und Mädchen wäre es gewesen, die Männer und Jungen zu *heilen* – immer wieder. Aber die Männer waren zu übermächtig – sie überließen sich zu übermächtig dem Gift, und dieses war ebenfalls zu übermächtig.

Und doch ist es an keinem Punkt *zu spät*, die Entwicklung zu erkennen, selbst wenn sie bereits alles überwältigt hat. Denn auch dies kann man nicht oft genug betonen: Es gibt einen heiligen Ort, den die Spinne nicht erreichen kann. Dieser heilige Ort ist in *jeder* Seele vorhanden. In ihm lebt die Rettung. Und er muss nur gefunden werden – gefunden werden *wollen*. Einen einzigen Willen braucht man. Den Willen, *diesen* Ort zu finden.

Und in gewisser Weise entspringt ja auch dieser heilige Wille an diesem Ort. Aber das heißt *trotzdem*, dass man ihn finden muss. Irgendetwas in der Seele *möchte* diesen Ort finden. Und das ist die Sehnsucht. Und die Sehnsucht ist da, weil dieser Ort *ruft*.

Die Sehnsucht entsteht nie nur aus einer Leere, sondern sie blüht immer auch deshalb auf, weil sie *gerufen* wird. Immer schon. Die Blüte bedeutet, dass sie angefangen hat, es zu *hören*...

Die Rettung von der Spinne wäre so einfach... Wenn die Blüte der Sehnsucht erwacht, ab diesem Moment, könnte sie in jedem *nächsten* Moment geschehen. Und sie würde geschehen, wenn man sich *hingeben* könnte – hingeben könnte an die reine Unschuld...

Und dies, diese Unschuld *ist* der Moment, in dem das Dornröschen die Augen öffnet. Darin, in diesem Augenblick, liegt *mehr* Unschuld, als ein Meer fassen kann. Und indem man sich von der heiligen Woge *dieser* Unschuld überwältigen lassen kann, schlägt sie über einem zusammen, begräbt einen unter sich, durchdringt einen – aber dieses *Ertrinken* in Unschuld ist der allersüßeste Tod, denn gerade er führt ins Leben...

O, wenn ihr doch nur ertrinken wolltet! Es bedeutet, keine Gegenwehr zu haben, sich gar nicht wehren *können* gegen die Übermacht – gegen diese Übermacht *unschuldiger Schönheit*! Und man wäre ein Frevler, ein Gotteslästerer, ein Gehilfe der Spinne, würde man angesichts dessen *nicht* ertrinken – und ertrinken *wollen*. Denn Hingabe ist gerade heiliges Sich-Überwältigen-Lassen von dem wahrhaft Heiligen, was einen überwältigen *sollte* – weil man sonst nur beweist, wie tot man ist.

Die Seele ist tot, wenn sie nichts mehr empfindet außer sich selbst – und alles andere nur noch wie klägliche Reste. So ist die Seele! Tot, tot, tot. Sie ist tot. – Und das *Leben* wäre, dass sie noch, oder wieder, fähig wäre, sich in anmutiger Hingabe *ertränken* zu lassen von *überwältigender Schönheit* – die sie empfindet, *weil* sie in demselben Moment stirbt, ertrinkt, aber noch im Ertrinken spürt, in *was* sie ertrinkt...

23. Juli

Wie nur kann man etwas beschreiben, was nicht zu beschreiben ist? Wie kann man beschreiben, dass Tod und Leben hier *zusammenfallen*? Dass eine Seele nur dann lebt, wenn sie in jedem Moment sterben kann und auch wirklich stirbt – und in den heiligsten Momenten am allertiefsten? Wie kann man den *mystischen Tod* beschreiben? Und wie ein Leben, das aus tausenden Toden besteht? Wie beschreiben, dass das wahre Leben gerade wahres Sterben ist? Dass der Tod der Träger des Lebens ist? Dass Ertrinken Seligkeit ist? Dass im Tod die Liebe am größten ist, weil nicht mehr mit einer Grenze begrenzt?

Die Seele braucht nur ein einziges. Sie braucht die Fähigkeit der Hingabe – und Fähigkeit meint Liebe. Sie braucht die Liebe zur Hingabe. Sie muss sich völlig hingeben können. Diese Hingabe ist das Tor zum *Leben*. Weil sie selbst das Sterben ist. Das Sterben ist das Tor zum Leben – zum wahren Leben.

Hingabe ist Sterben. Aber in Wirklichkeit ist es vor allem *ein* Sterben – das Sterben der Spinne. Die tiefe Hingabe ist ein *seliges* Sterben – und die größte Seligkeit liegt darin, dass die Spinne mit all ihrem Gift gleich *mitstirbt*. Und das, was dann übrigbleibt, ist reines Leben – *reines* Leben und reines *Leben*.

Wenn das Gift fort ist – denn in diesem Sterben wird es völlig fortgespült, wie von mächtigen Engelflügelschlägen –, dann beginnt das wahre Leben, wie zarteste Blüten in den heiligen Strahlen der Morgensonne.

24. Juli

Was Leben will, *muss* sich hingeben. Alles Leben besteht aus Hingabe. Die Pflanze ist reines Leben – und ihr ganzes zartes Wachstum ist fortwährende Hingabe! Sie behält nichts für sich, sie breitet zart Blättchen um Blättchen aus, aber nicht, um sich auszubreiten, sondern weil sie sich hingibt. Sie ist reine Hingabe – und diese Hingabe wird Leben, und dieses Leben offenbart sich als Wachstum. Die äußerlich wachsende Pflanze ist nur die äußere Offenbarung innerer Hingabe, weil Hingabe Leben und weil Leben Hingabe *ist*. Äußerlich sehen wir eine Pflanze – innerlich stehen wir vor dem Leben selbst.

Kann es sein, dass ein Mensch nur deshalb aufhört, zu wachsen, weil seine Hingabe versiegt? Nein – seine Hingabe versiegt, weil die Wachstumskräfte sein Erleben nicht mehr heiligen. Der Mensch hört auf zu wachsen – und nun hat er keine Kraft mehr. Keine heiligen Kräfte mehr um sich und auch keine mehr in sich. Zuvor war er gewachsen, und im Wachstum *lebt* Hingabe. Dann hört er auf zu wachsen, und da lebt *nichts* mehr. Und schon versiegt auch seine Hingabe.

Darum gibt es nur eine Möglichkeit: Man muss dieses Leben *innerlich* fortsetzen. Man muss das, was einem durch sehr hohe, heilige Kräfte zunächst irgendwie *geschenkt* wurde – obwohl man auch damit von Anfang an frevlerisch umgeht, bis man es völlig verliert –, rein innerlich wiederfinden. Durch *Sehnsucht* danach.

Hingabe ist Leben. Hingabe ist Sich-Verschenken. Hingabe ist Sterben – und deshalb Leben. Leben ist fortwährende Veränderung. Die Seele, die ‚sich selbst' bleiben will, ist gerade tot. Leben tut alles andere – um sie herum. Die Vögel, die fliegen und Nester bauen und sich nicht um den morgigen Tag kümmern. Die Pflanzen, die wachsen, in reiner Hingabe, in tiefster Liebe zur Sonne, aber auch zum Regen, zu allem. Der Fluss, der fließt und in keinem Moment der ist, der er vorher war. Die Schneeflocke, die vom Himmel fällt und in einem Moment auf der Hand vergeht – und *sich schenkt*. Das alles ist Leben – weil *nichts* davon Erstarrung ist. Alles ist das Gegenteil dessen. Und nur eines ist erstarrt – die Seele.

Die Seele findet das Leben erst wieder, wenn sie das Sterben findet. Die Fähigkeit zum Sterben. Die Liebe zum Sterben. Die Liebe zur Hingabe...

Und *dann* wird auch die Seele selbst wieder Leben. Und das Leben wird Wachstum. Denn in der Hingabe wächst die Seele – in einer Weise, die nur sie besitzt. Denn sie wächst in heilige *Tiefe*. Die Pflanzen haben Wurzeln, das Meer hat auch Tiefe, aber die Seele ... in der Seele wird die Tiefe etwas *wirklich* Heiliges. In der Natur sind die Tiefen nur Bild für dieses Heilige, und die Seele kann all dies spüren, weil sie ihre eigenen Tiefen ahnt. Aber sie braucht auch die Sehnsucht danach – um sie erreichen zu können, indem sie sie verwirklicht, indem sie wirklich in heilige Tiefen wächst.

Das wahre Wachstum der Seele ist innerliche Vertiefung. Will sie nicht die Tiefe, gelangt sie nur an die Oberfläche, sie wird oberflächlich. Das ist die falsche Richtung...

Hingabe ist Leben – aber die Seele kann nicht leben, ohne zu wachsen. Hingabe schenkt immer heiliges Wachstum, und dies ist ein Wachstum in die Tiefe. Mit jeder Hingabe wird die Seele tiefer, denn mit jeder Hingabe wird diese Hingabe reiner, reicher, heiliger – und *führt* die Seele in die Tiefe. Und warum? Weil die Seele

immer tiefer das Mysterium der Liebe kennenlernt, in sich auf-
nimmt. Es ist eine einzige große Saat, ein Säen. Jede Hingabe sät
Liebe in die Seelentiefen – und mit jeder neuen Hingabe geht die
Saat auf, immer mehr...

Dieses Geschehen ist so heilig, dass sogar schon das Bild dafür,
das Säen und die Saat, so heilig ist, dass man eigentlich nur noch
schweigen möchte.

Über dieses heilige Bild geht nichts mehr hinaus. Die Saat ist das
Weltenmysterium... Die Saat der Liebe...

Es gibt nur ein einziges wesentliches Tun. Dieses ist es. Alles ist
Saat. Wir sollen fruchtbarer Boden werden, denn der Sämann ist
unterwegs. Und zugleich ist die Saat längst gefallen – und wir sollten eilen, unseren Teil zu tun: *fruchtbare Erde zu werden*.

Und zugleich sind wir selbst der Same. Muss nicht auch das Sa-
menkorn sterben, damit das Leben beginnen kann? Aber wie man
es auch berührt, dieses Geheimnis, es soll nicht zu einer bloßen Be-
trachtung werden, man soll bis ins Innerste spüren, dass man dies
selbst *ist*; dass hiermit das innerste Geheimnis der Seele ausgedrückt wird. Man soll verstehen, dass all dies in einem *geschieht*,
wenn man eine Sehnsucht danach bekommt. Wenn man es geschehen *lässt*. Weil man sich selbst zu der guten Erde *macht*. Und weil
man genau weiß, warum...

27. Juli

Aber es würden alles nur große Worte und bloße Träume sein,
wenn die Seele nicht Hingabe *werden* würde. Die Hingabe nicht zu
ihrer tiefsten Fähigkeit machen würde. Völliges Verschwinden des
Giftes... Weil man weiß, was Sterben ist – und weil man dieses
Sterben liebt. Das Gift hat keine Macht mehr über einen. Es kann
einen nicht erstarren lassen, weil man vor seinem Zugriff einfach
hinwegstirbt – man stirbt schneller, als das Gift wirken kann, man
entgleitet ihm. Das Gift will einen erstarren lassen, aber bevor es
das kann, ist man schon gestorben. Man ist das reine *Leben* geworden, und die Spinne kann einen nicht mehr erreichen.

Vorher konnte sie nur einen heiligen Ort in der Seele nicht erreichen, jetzt kann sie die ganze Seele nicht mehr erreichen. Dieser heilige Ort war schon immer bereit, für alles zu sterben – und tat es auch fortwährend. Jetzt tut es die ganze Seele. Die ganze Seele ist zu einem heiligen Ort geworden. Das Gift kann nur erreichen, was sich nicht hinzugeben vermag. Die Hingabe *ist* der heilige Ort. Und mit der Hingabe ist das Reich der Spinne ganz verlassen. Die Spinne kann die Hingabe niemals begreifen, für sie bleibt sie das ewige Jenseits. Sie ist der *heilige Ort*. Die Hingabe ist das Jenseits. Aber für die Seele wird es nun – der Himmel auf Erden.

Die Engel kennen nur die Hingabe... Die Verstorbenen auch... Tod ist Leben.

28. Juli

Das wahre Leben nennen wir Tod, aber wir wissen nicht, was wir sagen. Wir sprechen von ‚Selbstaufgabe', aber alle, die so reden, wissen überhaupt nichts, denn alles, was sie haben, ist Angst vor dem Sterben. Und sie haben das Gift. Das gibt ihnen diese Angst gerade ein. Die Angst, das Ego zu verlieren, was sie mit dem Leben verwechseln. Oder vielleicht wissen sie sogar, dass das Ego tot ist, und haben trotzdem Angst vor dem Sterben. Und blicken trotzdem mit Hochmut auf die ‚Selbstaufgabe' – und haben trotzdem keine Ahnung.

Hingabe ist *niemals* Selbstaufgabe. Denn Hingabe ist auch niemals Hörigkeit oder so etwas. Das Ego und die Hörigkeit sind zwei Seiten derselben Medaille – es sind beides die *falschen* Seiten. Hörigkeit ist tatsächlich absolute Selbstaufgabe. Völlige Entfremdung. Verfallensein an eine äußere Macht. Aber das Ego ist nichts anderes! Das Ego ist Produkt der Spinne, ihres Giftes. Völlige Entfremdung. Das hörige Wesen hat nicht sein Ego verloren – das auch –, aber das Ego hat ebensowenig Wesen wie das hörige. Es steht zwar ‚über' dem hörigen, aber bei der Wahrheit hört alles Räumliche auf, sogar im übertragenen Sinne.

Das Ego hat die Wahrheit in falschem Sinne ‚überschritten'. Das hörige Wesen ist fast noch besser dran als das Ego. Denn es ist dem

Geheimnis der Hingabe nahe, wenn auch in falscher Weise. Das Ego ist diesem Geheimnis unendlich fern. Geheilt werden kann es nur noch durch das Wunder der Blüte, die aufbricht, wenn die Seele am eigenen Ego zu ersticken beginnt...

29. Juli

Die Liebe! Das größte und das einzige Mysterium des ganzen Kosmos – es kann nur leben, indem es sich in jedem Moment erneuert. Sonst wäre es tot. Es würde erstarren. Gewohnheit werden. Schwächer. Künstlicher. Nicht mehr aufrichtig. Schwächer, weniger, tot... Wahre Liebe ist fortwährende Auferstehung. Leben aus dem Nichts. Geburt von Moment zu Moment. Nie derselbe – und doch immer *dieselbe*. Der einzige Phönix, der existiert. Leben aus dem Tod. Unsterblich, weil immer sterbend. Unerschöpflich, weil immer sich schenkend und immer sich erneuernd, nie müde werdend, im Gegenteil...

Das ist der Moment der Wahrheit. Das ist der Moment, in dem sich offenbart, was Leben wirklich ist. Die Liebe ist das einzige Leben, das existiert. Alles Leben ist in irgendeiner Form Liebe. Alles.

Und die Seele ist in gewisser Weise das Erstarrteste auf Erden, fast schlimmer dran als ein Stein – denn selbst der Stein schenkt sich. Sogar er hat Leben – ein Leben, das wir gar nicht kennen, auch nicht erkennen. Und die Seele? Sie hat *kein* Leben – sie sucht es aber. Sie hat es schon, aber sie verliert es fortwährend. Weil sie doch lieber *sich* festhält als dieses Leben...

Wenn sie einmal zur Hingabe käme! Wenn sie einmal die *Sehnsucht* danach haben könnte, zu ertrinken, ertrinken zu können, wirkliche Sehnsucht nach diesem süßesten Tod...

Dann würde sie es schaffen. Dann *würde* sie es wirklich schaffen.

Dem Dornröschen in zärtlicher Hingabe beizuwohnen, wie es die Augen aufschlägt ... und sich davon ertränken zu lassen...

Heiligkeit und heiliges Erleben – das müsste alles Erleben werden. Und ist nicht auch die Schönheit des Sommers eine ganze Welt, in der man dies lernen könnte? Wenn man nur zur Ruhe käme, innerlich? Sich verwandeln lassen ... in ein heilig empfindsames langsames Staunen. Sich selbst verwandeln in heilig verletzliche ... Hingabe. Die Seele kann sich verletzlich machen. Zart. Und dies ist das Geheimnis.

Es sind alles so schöne Worte – aber warum liebt man nicht ihre Bedeutung? Warum liebt man nicht das Zarte? So sehr, dass man es auch selbst, in sich, als ganzen Inhalt, als ganzes Wesen der Seele *wahrmachen* möchte? Wieso wird man nicht eine zarte, eine zart empfindende Seele? Eine zart denkende, eine zart fühlende, eine zart wollende, eine zart wahrnehmende Seele? Es ist all dies das Geheimnis der heiligen, geheiligten, zutiefst sanften Hingabe.

Die Seele wird ein unendlich schöner, lieblicher, tautropfen-glitzernder, leuchtender Tempel, ein flüssiger Diamant, sie wird das zutiefst Schöne. Sie wird das Geheimnis des Schönen im Kosmos, des Schönsten, in einer unvorstellbaren Steigerung, die das Wort heiligt. Man weiß noch gar nicht, was das heilige Geheimnis der Schönheit ist. Es ist die Seele selbst...

Man bräuchte nur Ruhe und eine Sehnsucht nach diesem Heiligen, eine verborgene Liebe danach. Der Wille müsste es geheimnisvoll, aber innig wollen. Das Geheimnis der Sehnsucht!

Man kann seine Seele nur schön werden lassen, wenn man es möchte. Und man wird es nur wollen können, wenn man eine Sehnsucht danach hat. Aber diese könnte man haben, wenn man sich besinnen könnte – und das heißt wirklich nur: innerlich zur Ruhe kommen, ganz... Tief in sich hineinlauschen.

Was will man dort in der heiligen Tiefe wirklich? Die heilige Tiefe will nie etwas anderes. Aber bis zu ihr muss man erst einmal kommen. Man muss so still werden, so sehr zur Besinnung kommen und still werden, dass die Seele von fast alleine beginnt, in die Tiefen zu sinken. Die wahre Stille lässt einen immer sinken ... Denn dann gibt es nichts mehr, was einen von der Wahrheit abhält. Diese Wahrheit liegt aber dort in der Tiefe. In der geheimnisvollen, unendlich schönen Tiefe. Die Tiefen der eigenen Seele...! Jene Tiefen, wo die Wahrheit lebt. Das eigentliche Geheimnis...

1. August

O, Seele! Wenn man doch alles ohne Worte ausdrücken könnte! Du andere Seele – würdest du dich auf den Weg machen, allein...? Wenn Du einfach nur alles wüsstest, was ich bis jetzt geschrieben habe – und wirklich eine Sehnsucht fühltest, dies in dir selbst zu suchen? Würdest du das vermögen?

Ich möchte für einige Zeit nichts mehr schreiben... Ich möchte, dass selbst das, was vorher Schreiben war, heilige Gedanken, jetzt zu einem Erleben wird, zu einem Gehen zu den heiligen Tiefen. Vereinigung mit dem Allerheiligsten. So muss man es wirklich sagen.

Die Tiefen des Meeres der Seele – so unendlich kostbar, so unbeschreiblich, ein nicht in Worte zu fassendes Heiligtum, ein Tempel aus unnennbarem ... schweigendem Licht. Zugleich sanft leuchtend in samtenem Dunkel. Leuchtende Finsternis...

Die Worte versagen. Aber man braucht sie auch nicht mehr. Nicht mehr dort. Dort braucht man nur noch eines: es ist ein Gottesdienst. Man braucht nur noch den heilig-sanften Jubel über das, was man dort findet. Sich selbst und alles Übrige in seinem wahren Wesen.

Das Leuchten...

...

Sommer, Licht und Wärme

Ich kehre zurück mit erfülltem Herzen. Welche Gnade ist es, den Sommer erleben zu dürfen! Die Wärme. Die reifenden Felder. Die Blume am Straßenrand. Ein Sommerregen. Die Schmetterlinge, Bienen, Hummeln, Insekten. Es ist die Pracht der Blüten, der Überfluss des Lebens – das pure Leben. Alles lebt und tut einfach nur das – es lebt, glücklich, verschwenderisch, ausgelassen. In Hingabe – Hingabe an den Sommer.

Die Hingabe ist vollkommen, weil das Wunder des Sommers vollkommen ist. Reine Schönheit, reines Glück, ein geborgenes Aufgenommenwerden von der *Wärme*, dieser heiligen Alles-Umhüllerin...

Sie ist das Geheimnis des Sommers. Heilige Wärme, die alles umhüllt, alles durchdringt, alles trägt. Sie lässt reifen, sie lässt alles leben und lieben. Ja – die Wärme ist die Trägerin der Liebe. Alles liebt – alles liebt und lebt und liebt alles *Leben*.

Der Sommer ist ein heiliges Fest des Lebens. Nichts Geringeres. Ein heiliges Fest des Lebens. Jeden einzelnen Tag. Leben! Hingebungsvolles Leben... Lebendige Hingabe...

Sommer ist Fülle, unbeschreibliche Fülle. Fülle an Glück, Fülle an Überfluss, an Fülle, an Leben, ein Überfließen von Leben, in gnadevollem Segensstrom. Siehe – das ist der Sommer...

Niemand versteht das Wunder des Sommers, der nicht das Wunder der Wärme versteht – und das Wunder des Lichts. Zwei Wunder, die sich miteinander verbinden! Nicht dunkle Wärme, nicht Gebärmutter, aber auch nicht kaltes Licht wie im Reich der Schneekönigin oder in der Arktis oder in den Büroräumen, sondern *Wärme und Licht*. Das ist nicht zu beschreiben – denn man muss es erleben.

Erleben kann man es durch die Hingabe. Aber die Hingabe an das Wunder des Sommers muss niemand lernen. Noch das kleinste Tier und die winzigste Pflanze, sie alle geben sich aus ihrem Innersten heraus diesem Mysterium hin. Von selbst. Die Hingabe ist die *Antwort* auf Wärme und Licht. Wärme und Licht sind das Leben selbst – und so gibt sich das Leben dem Leben hin. Nichts ist natürlicher, nichts ist wundervoller.

Es gibt gegenüber dem Sommer keine andere Antwort als die Hingabe, denn er ist das Leben selbst... Würde man sich dem Wunder und der Gnade des Sommers nicht hingeben, so würde man sich vom Leben selbst abwenden...

28. August

Man kann das Wunder des Sommers und des Lebens eigentlich niemals beschreiben, denn man muss es *erleben*. Das Leben kann man nur erleben. Die Beschreibung ist bereits nur noch eine Beschreibung, und dann wird es immer toter. Auch die Beschreibung kann noch lebendig sein, kann noch leben, aber wenn ihr nicht warmes, lebendiges Verständnis entgegenkommt, dann ist eine Grenze erreicht. Die Wärme und das Lebendige darf nirgendwo unterbrochen sein, dann wäre es möglich...

Aber dieses Wunder ist zunächst *un*-möglich. Und gerade das ist die große, die heilige Aufgabe der Seele: Das Leben zu finden. Die Aufgabe der Seele ist es, das Leben, das sie in der Außenwelt findet, auch in sich zu finden, als Seele. Das *Leben*. Dass die Seele das Leben findet. Denn sie weiß gar nicht, wie weit das geht.

Das Leben der Seele... Die heilige Aufgabe. Sie bedeutet im Grunde, dass es auch in der Seele *Sommer* wird. Das auch sie das Geheimnis von Licht und Wärme in sich aufnimmt. Das Geheimnis des Lebens. Die Seele kann lernen, das Leben in sich zu bergen und zu hüten, in jeder Sekunde...

Drei große Mysterien sind es, die das große Geheimnis verstehen lassen: Licht, Wärme und Hingabe. Würde man sie zuinnerst begreifen, so würde man das Leben selbst begreifen.

Licht... Das Licht ist ein Wunder. Es lässt alles erscheinen. Nur durch das Licht wird alles sichtbar, wahrnehmbar, erkennbar. Alles tritt in die Erscheinung – nur dank des Lichts. So ist das Licht immer Offenbarungslicht. Im Licht gibt es nichts Verborgenes – das Verborgene ist nicht im Licht. Das Licht macht sichtbar – und es verbindet. Es hebt die Trennung auf, es ist die große Vereinigung.

Mit dem Licht ist die Trennung nur noch räumlich – aber nicht mehr sinnlich. Der Lichtsinn, das Auge, verbindet sich noch mit dem Entfernesten. Licht ist das Vereinigende. Die Vereinigung geschieht durch das Auge, aber *dank* des Lichts.

Und das Mysterium geht bis ins Geistige. Licht ist auch geistig. Auch hier lässt es alles erscheinen, macht es sichtbar, wahrnehmbar. In der äußeren Welt macht das Licht alle Dinge erkennbar. Im Geistigen auch. Wenn die Seele selbst Licht wird, dann erhellt ihr Licht die Dinge. Und dann kann auch das Geistige der Seele Licht werden. Dieses Licht ist aber *selbst* Erkenntnislicht. Es erleuchtet nicht nur, es begreift auch, was es erleuchtet. Es ist Erkenntnis.

Das Licht des Geistes ist Erkenntnislicht, Licht, das zugleich Begreifen ist, von seinem eigenen Wesen her. Lebendiges Begreifen, begreifendes Leben.

Das Mysterium des Lichts verbindet – wo auch immer es sich offenbart. Ob als zitternder Lichtstrahl auf einem kleinen Blatt oder ob als Erkenntnisstrahl des begreifenden Geisteslichts...

Wärme... Das Mysterium der Wärme ist anders als das des Lichts. Licht verbindet, auch über die Entfernung. Licht erhellt. Licht überbrückt Entfernungen und Distanzen, es schafft sie im Grunde ab. Wärme ist fast das Gegenteil. Sie überbrückt nur langsam wirkliche Entfernungen, aber für sie gibt es keine *Grenze*. Sie dringt ein. Wärme durchdringt alles und macht alles *sich* gleich – sie erwärmt. Das ist auch beim Licht so – auch das Licht macht alles sich gleich, es erleuchtet. Aber die Wärme ist distanzloser, sie dringt wirklich ein. Sie erwärmt ganz von innen. Es gibt für sie keine Grenze.

Das äußere Licht muss an jeder Grenze Halt machen. Für die Wärme gilt dies nicht, sie macht an *keiner* Grenze Halt. Das ist ein unglaubliches Wunder...

Im heiligen Reich der Seele und des Geistes ist es etwas anders, denn sie sind bereits etwas Innerliches, darum gibt es hier auch für das ‚Licht' weniger Grenzen. Das Licht des Anschauens und der Erkenntnis hat keine prinzipielle Grenze. Wenn sich etwas verbirgt, in seinem wahren Wesen, dann macht es sich schwerer erkennbar – aber es ist nicht unmöglich. Im Seelischen ist nichts völlig abgeschlossen, so wie Licht auch Wasser durchdringen kann.

Aber die Wärme ist noch etwas ganz anderes. Licht kann auch Eis durchdringen. Aber die Wärme durchdringt es nicht nur, sie lässt es auch *schmelzen*.

31. August

Das heilige Geheimnis der Wärme ist auch in der Natur ein allertiefstes. Es ist kein Zufall, dass die Wärme das Eis schmelzen lässt. Das ist nicht nur eine Analogie. Die Wärme hat zutiefst mit der Liebe zu tun. Sie *ist* Liebe – auch schon in der Natur. Wärme ist Liebe, und überall, wo in der Natur Wärme ist, ist dort Liebe. Das ist ein allerheiligstes Geheimnis. Die Wärme in der Natur ist die Liebe in der Natur. Überall...

Es ist die große Weltenliebe, die überall das Leben trägt und erhält. Liebe... Ohne Liebe kein Leben. Kaltblütig kann zwar das niedere Leben auch ohne Wärme noch eine Weile leben – aber nur bis zum Gefrierpunkt und auch vorher bereits erstarrend. Und die Pflanzen leben nur durch die *äußere* Wärme und das Licht der Sonne. Wenn sie sich vom Licht erkannt fühlen, fühlen sie sich auch geliebt, selbst am Polarkreis. Hier ist es ein fast geistiger Prozess – und dennoch lebt alles nur durch die Liebe...

Man kann diese heiligen Prozesse alle gar nicht beschreiben. Denn sie sind kaum begreifbar. Man muss sie empfinden, innerlich. Begreifen allein reicht nicht, wenn es nicht auch empfunden wird. Auch im Begreifen muss die Wärme der Liebe leben – sonst begreift man gar nichts...

1. September

Ohne die Liebe würde nichts wachsen. Das Licht allein, wäre es nicht heilig mit der Wärme vermählt, würde keine einzige Pflanze wachsen lassen. Jede Pflanze wächst nur durch *Liebe*.

Ohne die Liebe würde man nichts erkennen. Es gibt zwar auch eine lieblose Erkenntnis, eine bloß verstandesmäßige, kalte Erkenntnis – aber diese begreift im Grunde gar nichts. Sie erkennt nur die Außenseite. Sie erkennt nur das abstrakte Funktionieren, nicht aber das *Leben*. Wo die Liebe nicht erkennt, erkennt man eigentlich gar nicht. Und deswegen hieß es schon seit Urzeiten: ‚Und sie erkannten einander.' Die Liebe ist das eigentliche Erkennen. Ohne die Liebe bleibt auch das Erkennen öde und leer, wie die Welt vor der Schöpfung.

Jede Erkenntnis ohne Liebe ist tot. Weil sie aber tot ist und kein Leben hat, ist sie auch keine wirkliche Erkenntnis. Jede Erkenntnis ohne Liebe ist ein Nichts. Das ist das wahre Geheimnis der Liebe. Sie ist Trägerin *allen* Lebens – sogar im Erkennen.

Und *dann* wird es Sommer in der Seele... Wenn dieses Wunder geschieht. Wenn auch in der Seele die wirkliche Wärme Wohnung findet. Grenzenlos. Bedingungslos. In einer solchen Überfülle und Tiefe und überströmenden Gnade wie im wirklichen Sommer. Das wäre das heilige Wunder der Seele, ihre eigentliche Taufe, ihr Geborenwerden als Wärmewesen. Als Sommerwesen. Als Liebe-Wesen...

Der Sommer der Seele ist von dem Sommer der Natur ganz unabhängig. In der Seele wird es Sommer, wenn sie ihr eigenes Mysterium wahrmacht. Die Seele kann das heilige Sommerwesen werden, ein heiliges Wesen – und es könnte ihr von keiner Macht mehr genommen werden. Die Seele wäre dann Sonne... Das ist die große, die eine, einzige Aufgabe der Seele: heilig den Weg zur Sonne zu finden, zu ihrem eigenen Wesen. Den Weg, auf dem sie wahrhaft Seele wird. Sonnen-Seele. Das Ur-Geheimnis des Kosmos. Die Seele... Sie kann werden, was sie wahrhaft ist – das heilige Geheimnis. Wenn Worte hier noch ausreichen würden!

Und der Weg zur Sonne, zum eigenen Sonnen-Wesen der Seele, führt mitten durch das Herz. Hier beginnt er, und hier endet er. Das Herz ist das Sonnentor. Das Herz ist der Kosmos. Die Seele muss das Geheimnis des Herzens begreifen. Indem sie es findet, wird sie Seele. Das Herz ist das All – und ohne das Herz ist alles nichts, alles nichtig. Das Herz ist der heilige Quellort der *Wärme*. Die Wärme entspringt im gesamten Kosmos nur *hier*. Auch die Sonne ist ein Herz. Auch die Cherubim, diese flammenden Liebe-Wesen, sind Herz-Wesen... Das Herz ist ihr Geheimnis.

3. September

Es gibt nur einen Weg, auf dem die Seele sich wandeln kann, um heiliger Sommer zu werden. Es ist nicht möglich, dieses Geheimnis zu erreichen, wenn man es gar nicht will. Es ist nicht möglich, sich einem Mysterium zu nähern, wenn man sich ,so ein bisschen ändert'. Es ist nicht möglich, einen heiligen Weg zu gehen, wenn man das Heilige gar nicht kennt – das Wesen des Heiligen. Was heilig ist.

Es ist nicht möglich, in den Bereich des Heiligen einzutreten, wenn man nicht die heilige Empfindung der Ehrfurcht kennt, wenn die Seele nicht ganz Ehrfurcht wird, sich mit dieser inneren Bewegung erfüllt. Ehrfurcht ist eine zart leuchtende Bewegung des ganzen Seeleninneren, ihres Atems. Es ist nicht, was man meint, dass es ist. Ehrfurcht ist selbst etwas Heiliges, ein heiliges Sich-Einstimmen auf die *Begegnung* mit dem Heiligen. Eine zarte, nicht zu beschreibende Hingabe.

Ich brauche sicher mehrere Tage, um dies zu beschreiben. Ich habe es schon einmal getan, denn sie ist eine der heiligen Tugenden, die das wahre Wesen der Seele sind. Aber ich muss es noch einmal tun, wieder ganz neu, denn hier liegt der heilige Schlüssel zu dem Weg, den die Seele sucht, auch wenn sie es vielleicht noch gar nicht weiß. Sie sucht diesen Weg – und findet ihn nicht. Weil sie den Schlüssel verloren hat und erst *diesen* wiederfinden muss.

4. September

Ich spreche von dem Sommer der Seele. Es gibt nichts Heiligeres, aber der Weg dorthin ist weit – obwohl auch er von Anfang bis Ende ein heiliger ist, ein Sonnenweg, der bereits von Anfang an von den sanften Strahlen dessen begleitet wird, was man erst finden will. Es gibt keinen schöneren Weg – und doch... Wer geht diesen Weg? Warum ist er so unbegangen? Was ist das Hindernis, das sich vor diesen Weg stellt wie eine Dornenhecke vor das eigentliche, heilig-verborgene Reich?

Diese Dornenhecke, das ist die Seele selbst. Sie selbst steht vor diesem Reich und vor diesem Weg und ist voller Dornen, die dieses Reich und diesen Weg hassen. Die ihn nicht sehen und nicht sehen wollen, die ihn verbergen wollen, die *sich* vor ihm verbergen wollen, die lieber Dornen sein wollen als Blüten, als Licht, als Ehrfurcht.

Da sitzen die Dornen. Es sind die Dornen der Seele selbst. Und sie werden gebildet von den Gegenmächten, die die Seele daran hindern wollen, wahrhaft Seele zu werden. Und die Seele hat sich mit ihnen eingelassen, hat ihnen beigewohnt, hat diese Mächte ihr beiwohnen lassen, und aus dieser Verbindung sind Nachkommen hervorgegangen: Stolz, Unwille, Selbstbezug und Selbstsucht. O Seele, erkenne dich selbst!

Spirituelle Sehnsucht und Gegenmacht

Was die Seele in sich vorfindet, als ihr scheinbares eigenes Wesen, das sind jene Kinder, die in jedem Moment offenbaren, dass die Seele mit den Gegenmächten geschlafen hat. Ja, geschlafen hat sie wirklich! Ganz unbewusst geschah dies. Und ehe sie es wusste, war sie schwanger, und dann gebar sie – und war erfüllt von Unwille und Selbstbezug. Und all dies sind die Dornen. In ihnen zeugen die Gegenmächte in der Seele fortwährend ihre eigene Nachkommenschaft. Die Gegen-Macht...

Die Sonne wäre auch eine Macht. Aber hier haben wir die Gegenmacht. Die wirkliche Gegenmacht zur Sonne. Und es ist diese Gegenmacht, der die Seele sich selbst hingegeben hat, die verhindert, dass sie überhaupt den Weg betreten will, ernsthaft, meine ich. Diese Gegenmacht will es nicht. Und so will es die Seele auch nicht, denn sie ist, auch wenn sie dies nicht erkennen will, viel zu sehr *Geliebte* der Gegenmacht. Sie will das nicht hören, aber ihr gibt sie sich hin. Das ist eine Wahrheit.

Die Seele möchte nicht Sommer werden. Dafür müsste sie etwas tun. Die Seele möchte den äußeren Sommer genießen – dafür muss sie nichts tun. Die Seele möchte, dass der Sommer zu ihr kommt. Das ist Faulheit und die Verführung der Gegenmacht. Aber die Seele ist dazu berufen, selbst Sommer zu werden. Doch diesen Ruf hört sie nicht. Und wenn sie ihn hört, folgt sie ihm nicht. Und wenn sie ihm folgt, tut sie es halbherzig.

Immer möchte sie eigentlich nichts tun. Immer tut sie zu wenig. Sie ist nicht bereit, das Liebesverhältnis mit der Gegenmacht zu lösen. Sie möchte sich ihr doch hingeben und fortwährend ihr Kind empfangen: Faulheit, Passivität. Das Kind der Gegenmacht. Darauf möchte die Seele nicht verzichten. Sie hängt an dieser Passivität, dieser Faulheit, wie der Drogenabhängige an *seinem* Stoff...

Ich wollte vom heiligen Sommer sprechen – und nun muss ich von den Dornen sprechen, aber es geht nicht anders. Es gibt keinen anderen Weg, als zuerst einen Weg durch die Dornen zu finden, mit einem heiligen Schlüssel. Aber auch dieser Schlüssel geht hervor aus einer möglichst genauen und aufrichtigen Erkenntnis des Hindernisses, der Dornen, der Gegenmacht und ihrer Kinder, die sie mit der Seele und in der Seele gezeugt hat.

Betrachten wir dieses ‚mit'. Die Gegenmacht hat mit der Seele gezeugt. Die Seele hat sich hingegeben und empfangen. Und was hat sie empfangen? Die Faulheit, die Passivität. Und sie hat liebend gern empfangen, denn sie hat sich ja hingegeben – der Gegenmacht. Wäre die Faulheit nicht ein geliebtes Kind, könnte die Seele sie ja verstoßen, aber sie *ist* ein geliebtes Kind. Muss die Seele doch so nichts tun – überhaupt nichts. Innerlich nichts. Sie kann bleiben, wie sie ist. Und sie ist ... Geliebte der Gegenmacht.

Dieses Verhältnis, diese Affäre, erneuert sie in jedem Augenblick, immer wieder. Sie ist faul. Und wäre sie noch so aktiv, in Wirklichkeit will sie sich innerlich nicht entwickeln, nicht grundlegend, nicht entscheidend, die riesigen, die radikalen Schritte möchte sie nicht machen. Sie möchte sie *nicht* machen. Es ist keine Rede davon, dass sie es nicht könnte, es ist die Rede davon, dass sie es nicht *will*.

Immer wieder scheint bei der inneren Entwicklung der Seele das Ohnmachtserlebnis so wesentlich zu sein. Man gibt sich Mühe, aber man erreicht fast nichts. Jeden Tag gibt man sich Mühe – und erreicht wenig. Ja, man kann glauben, sein ganzes Leben irgendwie der inneren Entwicklung zu widmen – und kaum etwas erreichen. Man kann sogar glauben, das, was man erreicht, sei nicht so wenig. Alles Mögliche ist möglich – doch all diesen Möglichkeiten gemeinsam ist, dass man, wenn auch mit einiger Entwicklung, derselbe Mensch bleibt, der man immer war. Man erreicht *nichts*. Nur eine Illusion.

Es ist nicht nichts im Vergleich zu all den anderen, die nicht einmal *irgendetwas* versuchen. Es ist auch nicht nichts in Bezug darauf, dass man nach bestem Wissen glaubt, sich Mühe zu geben. Man erreicht wirklich etwas. Aber man erreicht so viel wie ein Wanderer, der sich mit zusammengebundenen Füßen an die Besteigung eines hohen Berges macht. Oder wie ein Auto, das mit angezogener Bremse eine lange Reise machen soll. Oder wie ein trotziges Kind, das scheinbar seinen Arm, so sehr es kann, nach etwas ausstreckt, aber nicht einmal bereit ist *aufzustehen*.

Die Grundwahrheit der Seele ist, dass sie, egal wie sehr sie sich dem, was sie ‚innere Entwicklung' nennt, zu widmen scheint und meint, doch nicht den einen, allesentscheidenden Schritt macht, dasjenige, was sie anzustreben scheint und meint, wirklich zu *wollen*.

8. September

Der Schlüssel zu dem *wahren* Weg durch die Dornen hindurch ist also zunächst die Erkenntnis der Dornen selbst. Die Seele ist gespickt mit diesen Dornen. Und jeder Dorn heißt: mangelnder Wille. Und jeder Dorn heißt: geliebte Faulheit. Und heißt: Liebschaft mit der Gegenmacht, freiwillige Hingabe, nicht aufhören können, immer wieder mit *ihr* sein Lager zu teilen. Davon ist die Seele ganz durchsetzt. Sie will nicht.

Und dass sie ihr Verhältnis mit der Gegenmacht nicht beenden will – auch das *will* sie nicht –, führt dazu, dass sie *überhaupt* nicht will. Der Nicht-Wille, das Verhältnis mit der Gegenmacht aufzugeben, führt zu der fortwährenden Empfängnis ihrer Zeugungen und diese heißen: *Nicht-Wille* an sich, in jeder Hinsicht, bezogen auf die innere Entwicklung. Der Nicht-Wille, das Techtelmechtel mit der Gegenmacht aufzugeben, führt zum generellen Nicht-Willen, den die Gegenmacht immer wieder neu in die Seele hinein-zeugt.

Früher glaubten die Menschen, körperliche Liebe würde den Leib schwächen. Dies war ein wesentlicher Grund für die Leibfeindlichkeit und ging aus dieser hervor. Man suchte einen Vorwand, um die körperliche Liebe verteufeln zu können. Aber in Bezug auf die Liebschaft mit der Gegenmacht ist dies alles wahr! Sie schwächt die Seele unmittelbar, in jedem Moment und auf entscheidende Weise. Sie lähmt den Willen. Denn die Gegenmacht will genau *dies* – und sie erreicht es. Denn die Seele will nichts anderes, sonst würde sie sich nicht hingeben. Auch die Seele will ... *nicht wollen*.

9. September

Was ist denn das Wichtigste? Die Seele muss wissen, was sie will. Und sie muss wahrhaft wissen und wollen lernen. Sie weiß zunächst gar nicht, was sie will, und sie will auch nicht wissen, und sie will auch nicht wollen – sie will eigentlich *gar* nichts. Sie will nicht einmal, was sie weiß.

Das Wichtigste ist, wissen und wollen zu lernen – und tief zu fühlen. Der Schlüssel liegt darin, dass ein Wissen ohne Fühlen bedeutungslos ist, denn die Seele wird mit allem Wissen nicht ein einziges bisschen wollen, wenn sie nicht fühlt. Erst das Fühlen ist das Tor zum Wollen und Tun.

Wenn ich wüsste, dass ich morgen sterbe, und ich würde nicht fühlen, wie schlimm das ist – ich würde nichts tun. Ich wüsste gar nicht, was ich tun soll, denn das Wissen würde mich gleichgültig lassen. Das Fühlen gibt dem, was man weiß, *Bedeutung*. Die Bedeutung hat es schon vorher, aber nicht für einen selbst. Erst wenn man etwas empfindet, geht einen ein Gewusstes auch etwas an, es betrifft einen, es berührt einen, es lässt einen nicht kalt. Es befeuert den Willen. Das Fühlen ist das Feuer für den Willen – zumindest für dessen Erweckung.

10. September

Aber das Fühlen kann persönlich und selbstbezogen oder aber leuchtend schön und selbstlos sein. Und hier liegt ein Geheimnis. Denn es hängt vom Willen ab. Man fühlt immer so, wie man fühlen *will*. Eine schöne Seele trägt die Hingabe an die Dinge schon *in sich.* Sie hat nie gelernt, allzu persönlich zu fühlen, selbstbezogen, sondern sie hat sich schon immer den Dingen hingegeben. Nicht weil sie naiv ist, sondern weil sie es wollte. Weil es ihr Wesen ist, aber mit diesem Wesen ist der Wille wie ein großes Mysterium verbunden.

Weil sie es wollte, bevor sie wusste, was der Wille ist. Weil ihr Wesen längst wollte, bevor sie überhaupt Bewusstsein bekam, das gewöhnliche Bewusstsein. Das Wesen hat auch ein Bewusstsein, aber davon weiß man zunächst nichts.

Eine schöne Seele *will* nicht selbstbezogen sein – selbst wenn das gewöhnliche Bewusstsein sich nie diese Frage stellt. Die Schönheit der Seele liegt gerade auch darin: Dass sie nicht erst überlegen muss, ob sie selbstbezogen sein will oder nicht. Sie muss es nicht überlegen. Es ist klar. Es ist gar keine Frage. Sie will es nicht. Also will sie das andere. Das Selbstlose. Dieses heilige Geheimnis. Dieses leuchtende Verbundensein mit allem in einer Hingabe. Heilige Hochzeit mit der Welt – in jedem Augenblick. Das ist das Geheimnis der schönen Seele. Sie bekommt alles geschenkt, weil sie nichts besitzen will...

11. September

Das Wichtigste ist also, dass die Seele weiß, was sie will.

Aber es ist zu leicht, zu sagen: Das geht mir zu weit, diese Hingabe, das will ich natürlich gar nicht. Es ist deswegen zu leicht und auch ganz falsch, weil die Seele zunächst gar nicht sie selbst ist – obwohl sie das natürlich denkt. Aber sie ist zunächst sehr weitgehend Opfer der Gegenmacht geworden – und *sie* ist es, die der Seele nun die Gedanken und auch alles andere so färbt, wie es ohne diesen Einfluss nie wäre.

Ein Vogel im Käfig sagt nach einiger Zeit auch, dass er natürlich gar nicht fliegen wolle. Aber er ist dann gefangengenommen von dem Käfig. Und das betrifft auch das, was dieses arme Tier dann ,wollen' kann – oder irgendwann auch nicht mehr.

Die Seele ist auch so ein Vogel. Nur hat die Seele die Möglichkeit, sich selbst wiederzufinden – und der arme Vogel nicht. Sie hat die *Möglichkeit*, aber sie wird oft genug der Vogel bleiben und diese Möglichkeit, die nur sie hat, gar nicht nutzen. Aber es liegt bei ihr. Aber zuerst muss sie wirklich die Möglichkeit kennenlernen. Und das tut sie, indem sie ansatzweise kennenlernt, was sie selbst ist. Ihr wahres Wesen. Damit lernt sie auch die heilige Möglichkeit kennen. Sie ist es selbst...

12. September

Die Seele ist ihre eigene Möglichkeit. Sie hat alle Möglichkeiten – aber zunächst verwirklicht sie viel zu sehr, was die Gegenmacht will. Von ihr ist sie bereits überfallen, bevor sie es weiß. Und manchmal weiß sie es nie, ihr ganzes Leben lang nicht. Weil sie sich nicht darum kümmert, denn die Gegenmacht gibt ein sehr angenehmes Leben.

Selbstbezug. Nicht nur krasser Egoismus, sondern jede Selbstbezogenheit, und das ist sehr angenehm, denn jede Seele, die davon eingenommen ist, möchte sich sehr gerne selbst fühlen, immer wieder – und das ist heute der normale Zustand. Die Gegenmacht hat überall gesiegt. Die Gegenmacht schenkt den Selbstbezug, dieser führt zum Selbstgefühl, und die Seelen genießen das, überall...

Dieser Sieg der Gegenmacht bleibt so lange unabwendbar, bis sich in der Seele noch ein *anderes* Bedürfnis regt – und dieses ist dann eine *Erinnerung*, an ihr wahres Wesen. Das wahre Wesen ruft nach Befreiung. Oder es ruft die sanfte Mahnung: Erinnere dich... Und die Seele spürt: Ich bin nicht das, was ich jetzt bin. Ich bin viel mehr. Ich bin ganz anders. Ich möchte herausfinden, wer ich wirklich bin, das Geheimnis der Seele – ich möchte es finden...

13. September

Die Gegenmacht wird schon diesen Moment angreifen – mit allem, was sie hat. Sie wird nicht zulassen wollen, dass die Seele sich erinnert. Sie wird die Verführung verstärken. Sie wird die Seele glauben machen, dass das Unsinn ist. Dass sie sich an überhaupt nichts erinnert. Oder dass sie zwar unzufrieden ist, aber dass sich daran nichts ändern lässt und dass sie lieber wieder zurückkehren soll zu alledem, was bisher war. Dass alles Flügelschlagen sowieso nichts bringt, dass es albern ist, sinnlos, lächerlich, vergeblich. Dass nichts dahintersteht. Dass auch nichts zu finden ist. Dass man einfach so weiterleben soll wie bisher.

Und die Seele muss wissen, dass das nicht stimmt. Dass sie in jedem Fall etwas zu finden hat – und dass dies sogar ihre größte, ihre heilige Aufgabe ist. Die Seele muss wissen, dass ihre leise Unzufriedenheit, ihr leises Unglücklichsein die *erste wahre* Regung ist, die sie hat, oder die wahrste Regung, die sie je hatte, was ihr eigenes Wesen betrifft. Dieses leise Unglücklichsein ist nichts Schlimmes, es ist gerade das erste leise Leuchten der *Rettung*. Es ist wie eine heilige Morgendämmerung.

Das muss die Seele wissen. Die leise Unzufriedenheit, die Sehnsucht nach etwas ganz anderem, innerlich, nach einem ganz anderen inneren Sein, Leben, Werden, das ist etwas ganz Wunderbares. Es ist wirklich ein Wunder. Das wahre Wesen der Seele hat es das erste Mal geschafft, die undurchdringliche Mauer der Gegenmacht zu durchbrechen. Nun ist sie nicht mehr unüberwindbar. Sie ist angeschlagen. Die Seele weiß jetzt, dass etwas nicht stimmt...

14. September

Noch weiß die Seele nicht genau, *was* nicht stimmt. Zuerst spürt sie nur diese seltsame Unzufriedenheit. Ein großer Schritt ist es schon, wenn sie auch die positive Kehrseite dessen spürt – jene seltsame Sehnsucht nach etwas anderem. Und noch konkreter: eine seltsame, aber ahnungsweise doch schon deutliche Sehnsucht nach einem anderen inneren Leben der Seele. Oder *überhaupt* einem inneren Leben – weil sie ja bisher fast nur nach außen gelebt hat.

Und vielleicht kann die Seele schon jetzt spüren, empfinden, erleben, dass all dies damit zu tun hat, dass sie *als Seele* erwacht. Dass nicht mehr einfach nur mit ihr etwas geschieht, dass das Leben so abläuft und sie vor sich hinlebt, sondern dass etwas *in* ihr aufleuchtet, aufzuleuchten beginnt. Sie selbst... Ihre eigene Frage – wer bin ich? Was tue ich hier? Worum geht es eigentlich, was ist das Wesentliche? Und was ist *mein* Wesen...

Es sind schon fast zu viele Worte. Zunächst geht es ganz darum, diese kostbare, zarte *Empfindung* zu hüten. Das, worum es hier geht, ist so zart, dass man erst lernen muss, in dieser Empfindung zu ruhen, zu leben; sie nicht wieder zu verlieren. Die Seele ist ja noch so schwach... Sie muss erst lernen, eine Empfindung nicht wieder zu verlieren, sie zu hüten, sie überhaupt erst einmal deutlich zu haben – und zu behalten.

15. September

Das Hüten der Empfindungen – das ist der große, heilige Schritt an diesem Punkt. Es ist der entscheidende Schlag gegen die Gegenmacht. Diese wird sich mit allen Mitteln dagegen wehren, dass die Seele diese zarten Empfindungen hüten lernt. Aber die Seele braucht nur eines zu tun: sie *trotzdem* zu hüten...

Mit diesen zarten Empfindungen der Unzufriedenheit, des leisen Unglücklichseins und der leisen Sehnsucht, vor allem dieser, lernt die Seele zum ersten Mal ein *innerliches* Leben. Sie lernt ein Leben *als Seele* – und damit wächst in ihr zart etwas, was wirklich Seele ist. Sie selbst wird immer mehr eine zarte, innere Wirklichkeit. Diese zarten inneren Empfindungen sind ein zartes inneres Aufblühen – von etwas, was zuvor nicht existierte.

Und die Gegenmacht möchte, dass es nie existieren wird. Sie möchte diese zarten Keime eines ersten Aufblühens verhindern oder wieder zerschlagen, überrollen. Was kann die Seele dagegen tun? Sie muss diese zarten Empfindungen oder auch die Momente, in denen sie diese Empfindungen sucht, immer wieder, *hüten*. Die Seele braucht Momente, die von der Gegenmacht ganz unangreifbar sind. Stille ‚Stunden' oder Minuten, die der Seele so heilig werden, dass sie wirklich ein inneres Heiligtum werden. Momente heiliger Empfindungen, die zu einem seelischen, unräumlichen *Raum* werden.

Ein Heiligtum, das für jede Gegenmacht uneinnehmbar ist, unberührbar schon.

Das ist ein Wunder. Es ist ein Hereinbrechen von etwas nicht Irdischem in das Irdische. Der heilige, unräumliche Raum in der Seele, den die Seele selbst schafft, der aus nichts anderem besteht als aus ihren eigenen, zarten Empfindungen und ihrem Hüten dieser... Aber das ist *mehr*, als die Gegenmacht je wünschen würde. Es ist ein Heiligtum, und die Seele kann dies zart empfinden; weil sie es selbst heiligt, genau dies, diesen heiligen Raum *ohne* alle Gegenmacht...

Und gerade *dies* ist jenes zarte heilige Weben, dieses noch ganz verletzliche, aber eben schon darin heilige Sich-Entfalten von Empfindungen, die gar kein klares Ziel haben, die gerade eine Abwendung von der bisherigen Klarheit sind; deren Sehnsucht einem Ziel gilt, das noch überhaupt nicht deutlich sichtbar ist – und dennoch sicher, denn es ist *nicht* das Bisherige, das ist sicher.

Und deswegen ist es so heilig... Weil die Gegenmacht da nicht herankommt. Sie ist es gerade, die für das Bisherige steht, nun wendet sich die Seele von ihr ab. Noch weiß sie nicht, wohin sie sich eigentlich wendet – aber sie wendet sich ab von der Gegenmacht. Und das kann sie zart spüren. Und das ist dieses Heilige. Diese Abwendung. Die zarte Hinwendung zu etwas noch ganz Unbekanntem, aber mit zarten, noch schwachen, verletzlichen Empfindungen, und doch schon mit einer untrüglichen, nicht mehr zu betrügenden, wahrhaftigen Sehnsucht.

Das ist das Element des Heiligen. Hieraus entsteht jenes unsichtbare Heiligtum. Und die Seele ist es selbst...

Wenn man in seiner Seele in einer klaren Mondnacht in einer lieblichen Gegend für Momente spürt, das alles *ein* großer Zusammenhang ist und man selbst auch ganz und gar dazugehört, mit allem eine Verbindung spürt, untrennbar – das *ist* so ein Gefühl...

Aber nun geht es weiter. Denn dieser Moment in der Mondnacht ist leicht zu finden. Er nähert sich fast selbst, wie ein gnadenvoller Engel, der einen berührt. Wenn der Friede der Natur einen umhüllt und die Nacht die Vorherrschaft des Augensinns gerechter teilt, sind die Engel nicht fern... Man spürt die Wahrheit, weil man für Momente aus der Lüge, der Illusion, herausgehoben wird. Es ist nicht das eigene Verdienst. Die Seele wird begnadet, mit einer heiligen Erkenntnis, und sei sie nur gefühlt.

Nun aber soll sie das Heiligtum in sich selbst finden, und das muss sie auch, denn sie ist meist jenseits der Mondnacht, jenseits der Natur. Sie muss die Mondnacht und die Natur in sich selbst finden – eine ähnliche Stimmung der Gnade und des Friedens, ohne dass ihr jemand hilft. Sie muss sich erinnern, wer sie ist. In Wahrheit...

18. September

Die leiseste Unzufriedenheit, mit der die Seele sich vom Bisherigen *abwendet*, ist bereits der Beginn dieser Erinnerung. Diese Abwendung bedeutet nicht, dass sie irgendetwas ganz aufgibt. Zunächst kann alles beim Alten bleiben. Nur innerlich ist die Seele nicht mehr ganz dabei. Das, was bisher ihr einziger Lebensinhalt war, sie ganz erfüllt hat, ist ihr jetzt nicht mehr ... Erfüllung. Sie fühlt sich jetzt unerfüllt, an irgendeiner Stelle leer, irgendwie suchend, irgendwie leidvoll nicht im Einklang. Es fehlt etwas.

Und das ist eine Rettung. Würde nichts fehlen, wäre der Käfig der Gegenmacht vollkommen. Aber der Vogel sieht durch die Gitterstäbe den *Himmel*. Und etwas in ihm erinnert sich an etwas... So ist es auch mit der Seele. Und nichts Rettenderes kann ihr geschehen, als dass sie beginnt, auf diese leise, zunächst fast unmerkliche Weise zu *leiden*. Dieses Leiden ist die allergrößte Rettung. Und wie kann das sein? Weil es eigentlich der Ruf der Seele selbst ist, ihres reinen, in die Gefangenschaft gebannten Teiles.

Das kann man beginnen zu spüren. Dass dieses leise Leiden das Schönste ist, was es gibt, weil es zum ersten Mal etwas ganz

Eigenes ist, aus dem Allerinnersten kommt, und eine heilige Empfindung bedeutet. Nicht genossener Weltschmerz, sondern unendlich viel zarter und reiner, so heilig-eigen wie zugleich selbstlos. Es ist eine Sphäre, zu der die Gegenmacht keinen Zugang hat. Es ist sanftes Leiden, das von den wahren Engeln getragen wird und selbst ganz *wahr* ist.

19. September

Mit dieser einzigartigen Empfindung, diesem stillen, immer mehr alles eigene Leben durchziehenden leisen Leid, dieser wie eine sanfte Morgenröte aufleuchtenden Sehnsucht, stellt man sich ja auch gegen sein *eigenes*, bisheriges Leben, wie man es bis jetzt geführt hat.

Dieses Leiden ist ja überhaupt nicht angenehm. Man muss sein bisheriges Leben, seinen bisherigen Lebensinhalt, ablehnen – nicht gänzlich, aber so, dass unmittelbar deutlich ist, wie hier etwas *fehlt*, was die wirkliche, volle Erfüllung geben würde.

Ein bloßer ‚Weltschmerz' würde auf der anderen Seite etwas sein, worin die Seele im Empfinden ganz aufgeht, sich als Leidende genießend und vielleicht sogar als ach so Verlassene das Scheiden aus dieser Welt suchend. Der Tod als wartende, liebliche Mondnacht, weil das Leben nicht zu ertragen sei. Aber dieses Nicht-zu-Ertragen ist nur ein Sich-Hineinsteigern in das geliebte Leid. Hier hat die Gegenmacht einen *anderen* Käfig aufgebaut. Einen Käfig aus goldenen Tränen. Sie hat es doch wieder geschafft, aus den Tränen einen Käfig zu bauen – sogar aus ihnen.

Die Sehnsucht, die *ich* meine, ist eine völlig andere. Nicht ganz völlig, weil die Sehnsucht immer sie selbst ist, aber sie kann von der Gegenmacht irregeleitet werden oder sich selbst treu bleiben – und dann von den guten Engeln geführt werden. Und sich selbst treu bleibt sie, wenn sie ihr Leid empfindet, aber *durch* dieses Leid zugleich eine heilige, unendlich leise singende Suche nach dem anderen...

Das ist dieses reine Leuchten der Sehnsucht, die sich von allem Bisherigen in leiser Weise abwendet, weil sich die Seele in dieser Sehnsucht *verinnerlicht*. Das reine Leuchten ist diese unsagbar zarte Selbstlosigkeit – mit der die Seele diese Sehnsucht *empfindet*, ohne sich darin sich selbst zu überlassen und ihren angeblichen Schmerz zu genießen.

Die Seele *muss* zart und sanft und empfindsam werden, um diese Sehnsucht wirklich spüren zu können, zu hüten und sogar weiter zu vertiefen. Gerade dies ist ihr heiliger Weg nach innen, zu sich selbst. Aber sie darf nicht ausfließen in Selbstgenuss. Im Grunde muss man sagen, dass ein solcher immer noch viel, viel zu grob, zu vulgär, zu profan wäre – und dass die Seele auf dem richtigen Weg ist, wenn sie dies selbst spüren kann ... dass der heilige Weg in eine noch viel weitergehende Zartheit des Empfindens führt.

In dieser Zartheit findet die Seele wahrhaft sich selbst. Zuvor ist sie immer zu sehr in die Empfindungen und alles andere *hineingegangen*. Wie Finger in die Handschuhe hineingehen. Wie soll sie da je zu sich selbst kommen? Sie muss sich zurückhalten. Sie muss spüren, wie alles an Heiligkeit gewinnt, wenn es an ‚Stärke', Grobheit, Direktheit *verliert*. Wie die wahre Tiefe der Empfindung gerade da zunimmt, wo sie nicht schwächer, aber *zarter* wird. Man identifiziert das Zarte mit Schwäche, weil man es nie kennengelernt hat. Es ist etwas völlig Verschiedenes. Das Zarte ist ein *Wunder*. Wie kann ein Wunder je schwach sein? Es ist das Gegenteil. Das Zarte ist eine heilige Macht – wie die Engel.

21. September

Deswegen ist es von der Gegenmacht auch nicht zu überwinden. Das Zarte ist so unüberwindlich wie die Engel. Das weniger Zarte ist eigentlich plump und blind – es lässt sich von der Gegenmacht in verschiedenste Richtungen lenken, ohne dass es dies auch nur bemerkt. Schon das Hineingehen in den Handschuh ist ganz im Sinne der Gegenmacht, denn mit jedem Hineingehen geht die Seele aus sich selbst heraus. Sie soll aber mehr und mehr bei *sich* bleiben, nicht blind ausfließen in ihre Taten, Gedanken, Gefühle, Zustände. Aber je zarter ihre Empfindung wird, desto weniger verliert sich die Seele, denn in der Zartheit leuchtet sie durch alles hindurch.

In der Zartheit geht nichts an Tiefe der Empfindung verloren, im Gegenteil, alles wird immer feiner, empfindsamer. Und zugleich spürt die Seele immer mehr, *wer* dieses Empfinden entfaltet – sie ist es selbst.

Es ist gerade eine Anstrengung, die Empfindung nicht *grob* zu lassen, sondern zurückzuhalten, um gerade in dieser Zurückhaltung viel feiner, viel bewusster, aber auch viel sanfter zu empfinden, die Begegnung mit allem viel sanfter und empfindsamer zu machen. Die Zurückhaltung führt gerade zu einer unbeschreiblichen *Vertiefung*. So, wie auch ein zärtlicher Kuss unendlich viel mehr ist als eine grob-leidenschaftliche Vereinigung in letztlich krasser Eigen-Lust-Empfindung. Die Empfindung vertieft sich in heilige Tiefen, je zärtlicher sie wird – es ist das heilige Geheimnis der Selbstlosigkeit, des *Vorsichtigen*.

22. September

Das Vorsichtige bedeutet, dass die Seele immer mehr dazu kommt, nicht sich selbst zu empfinden, sondern das Andere – und jede Einzelheit des Anderen. Und jede Einzelheit feiner als vorher. Sie kommt dazu, überhaupt erst zu begreifen, *was* eigentlich Sanftheit ist. Sie hatte vorher nicht einmal eine Ahnung davon, *wie* zärtlich ein Kuss eigentlich sein kann – und in welcher Unendlichkeit man das Geliebte dann zum ersten Mal wahrnimmt...

Die Vertiefung des Zarten ist ein zartes, heiliges Entdecken des Geheimnisses von Vertiefung überhaupt. Die Zärtlichkeit ist der heilige Engel der *Empfindung*. Die Empfindung wird dann tief, wenn die Selbstempfindung schwindet – und dies geschieht in der Zartheit.

Die Zartheit führt in das Wunder, weil etwas Unwesentliches – das Selbstgefühl – gegen etwas Wesentliches eingetauscht wird: das wirkliche Empfinden des Anderen.

Aber diese *selbe* Zartheit kann auch wirksam werden in der Empfindung der Sehnsucht. Das ist dasselbe nach innen gerichtet. Dann empfindet man auch nicht sich *selbst*, sondern wirklich das Andere. Das ist in diesem Fall die Sehnsucht. Und sie ist verbunden mit dem reinen Teil der Seele, der man zunächst *nicht* selbst ist, obwohl er einem so ureigen ist wie nichts anderes, nicht einmal das gewöhnliche Selbst. Aber die Zartheit empfindet die Sehnsucht *rein*. Sie gibt sich dem *Anderen* hin – dem wahrhaft reinen Teil der Seele und seinem Ruf...

23. September

In unserer Zeit ist nichts so schwer zu überwinden wie die Sucht nach der *Selbstempfindung*. Überall spricht man von Sucht und Suchtgefahr, aber die größte Sucht erkennt man nicht, weil jeder ihr verfallen ist. Es ist ein Massenphänomen, das sich selbst stabilisiert, weil jeder sich völlig sicher fühlt, da es alle anderen auch tun. Weil sie auch süchtig sind.

Wie wenn man elend faul wäre. Alle, die man sieht, wenn man sich umschaut; und also ist es überhaupt nicht schlimm, wenn man selbst auch stinkend faul ist. Man wird es nicht erst dann, sondern war es schon vorher. Aber der Blick um sich herum zeigt einem, dass es nicht schlimm ist, also macht man weiter – mit der Faulheit. Man fühlt sich geradezu ermutigt. Es ist das, was ‚normal' ist. Alles andere wäre *unnormal* – und wer will schon unnormal sein?

Und genauso ist es mit der Sucht nach Selbstempfindung. Jeder will wunderbar schön immer sich *selbst* fühlen – und alle stecken tief, tief drin in diesem Selbstgefühl. Die Seelen haben sich geradezu dahinein fallengelassen, wie in eine dicke, schäbige Hängematte. Einfach fallengelassen. Und jetzt fühlen sie sich immerfort selbst – wie schön!

Selbstgefühl. Die schlimmste Krankheit unserer Zeit. Jene nahezu unheilbare Sucht, die niemand bemerkt, weil sie ein allgemeiner Konsens ist, *die* Normalität schlechthin.

24. September

Diese Selbstempfindung, in der die Seelen wie in einer schäbigen Hängematte liegen, in der sie sich inmitten von Faulheit geradezu obszön wohlfühlen, führt dazu, dass man sich selbst immer als den wichtigsten Menschen überhaupt betrachtet. Was ich will, das muss gemacht werden. Was ich denke, ist natürlich wahr. Was ich nicht gut finde, ist auch nicht gut. Und immer so weiter. Dieses ‚ich' ist das Non-plus-Ultra, das Nichts-mehr-Darüberhinaus. Das eigene Selbst ist ein Gott, fühlt sich als Gott. *Man* fühlt sich als Gott – und dieses ‚man' hinterfragt niemand.

Egal, um welchen Bereich es geht – Politik, Religion, Kunst, Natur, Urlaub, Essen, was noch? –, die eigene Ansicht ist die entscheidende. Natürlich weiß man, dass Andere auch Ansichten haben, aber was sind die wert? In jedem Fall weniger, weil sie weniger wahr, weniger richtig, weniger *meine* Ansicht sind. Man muss einmal wirklich darauf achten, wie sehr sich dieses ‚ich' als Gott gebärdet. Einfach so, ohne Anhaltspunkte, es tut das einfach. Fühlt sich so, obwohl es für seine ‚Wahrheiten' nichts vorweisen kann – nichts als dieses armselige ‚weil ich es sage'. Hängematte! Die Seele ist in dieser jämmerlichen Haltung *gefangen*. Und sie genießt es!

25. September

Aber das Selbstgefühl durchtränkt nicht nur alle Inhalte, alle Meinungen, Ansichten, Standpunkte, die dieses ‚ich' so in Bezug auf alles Mögliche hat – es braucht auch einen ganz neuen Sachverhalt nur wenige Minuten kennen, und schon bildet es sich auch *dazu* eine ‚eigene Meinung', die natürlich die richtige ist –, es liegt bereits *davor*. Schon bevor irgendeine Meinung gebildet wird, sitzt dieses ‚ich' dick und fett da und sagt wie der Igel dem Hasen: ‚ick bün all dor'.

Man kann es sich auch als fetten Biertrinker auf dem Sofa vorstellen. Es tut nichts, es lässt sich nur bedienen, es muss immer genug Bier in direkter Armreichweite stehen, auch ein Teller mit Sandwiches, falls es Hunger hat – aber zu allem, was es um sich sieht bläht es seine Meinungen heraus. Mit seinem dicken, aufgedunsenen Bauch auf seinem Sofa fühlt es sich als der Mittelpunkt des Universums. Eine krankhafte, unheilbare Ausgeburt des Narzissmus, der an seiner eigenen, bierseligen Bedeutungslosigkeit langsam erstickt.

Und je dicker der Bauch aufquillt, umso unbeweglicher wird das ‚ich' – aber es hat ja eh keine Lust, sich zu bewegen. Nur hat es bald auch gar keine *Möglichkeit* mehr dazu. Bald müsste es sich sogar unsagbar *anstrengen*, um auch nur die kleinste Bewegung zu machen. Und das bedeutet eigentlich innere Bewegung der Seele. Das Ganze ist ja Bild für das ‚ich' und die Seele, und so muss man es auch verstehen. Also selbst die kleinste innere Bewegung ist schon eine Anstrengung. Das ‚ich' will eigentlich immer an dem Punkt liegen, wo es liegt. Es will einfach liegenbleiben. Sich nicht bewegen.

26. September

Der Biertrinker würde es als Zumutung empfinden, sich bewegen zu sollen. Die Welt ist doch dafür da, *ihn* zu bedienen! Wozu soll *er* überhaupt die kleinste Bewegung machen? Das hat er doch gar nicht nötig! Welche absurden Forderungen heutzutage gestellt werden...

Man muss einmal tief empfinden, wie wenig auch das eigene ‚ich' bereit ist, seine Meinung um ein Haarbreit zu ändern. Und wenn es dies doch tut, dann findet es sich deswegen geradezu unglaublich gnädig – und macht auch die neue Meinung gleich so sehr zu der eigenen, als hätte es nie eine andere gehabt...

Und das Leben hat die Aufgabe, *mich* glücklich zu machen. Und wenn irgendetwas passiert, und sei es nur eine Kleinigkeit, sei es nur, dass man in der Schlange stehen muss, obwohl man es aus irgendeinem Grund eilig hat, ist das ‚ich' schon unglaublich genervt, denn es liegt auch jetzt in der Hängematte, und die Welt sollte ihm doch eigentlich eine goldene Gasse öffnen oder eine Extrakasse aufmachen, nur für die eigene Person.

Immer und immer ist dieses ‚ich' im Zentrum, die Welt dreht sich um es herum und sollte, so ist der Plan, ihm zu Diensten sein. Wenn nicht, ist das ‚ich' pikiert, sauer, empört, aufgebracht, beleidigt, indigniert. Wieso passiert so etwas, wenn *ich* doch das Zentrum bin?

Und die ganze Welt funktioniert heute so – jede Seele hängt in einer solchen Hängematte, bequem, selbstgefällig, von sich selbst überzeugt, nach einem selbstzentrierten Leben gierend, es geradezu erwartend.

27. September

Ich beschreibe dies so ausführlich, weil es sonst gar nicht möglich ist, zu verstehen, was das ganz andere ist. Es ist vom gewöhnlichen ‚ich' *so weit* entfernt, dass man erst einmal dieses gewöhnliche ganz verstehen muss, um zu begreifen, wie die Seele zunächst beschaffen ist. Denn das gewöhnliche ‚ich' hat eben gerade diese Eigenschaft, sich ganz großartig zu finden und *überhaupt* nicht zu begreifen, wie es in Wirklichkeit ist. Es hat zu allem eine Meinung, ist aber völlig blind für sich selbst – blinder als ein Maulwurf. Erst mit einem Grundbemühen um Wahrhaftigkeit wird es möglich, zur Kenntnis zu nehmen, was die Wirklichkeit ist, die ganz, ganz anders ist, als es sich dieses ‚ich' zusammenphantasiert.

Das wirkliche gewöhnliche ‚ich' liegt in einer dicken, dicken Hängematte – und es ist *sich* am wichtigsten. Das Selbstgefühl ist so in ihm drin, dass es das Selbstverständlichste von der Welt ist. Wohlig badet es sich in diesem ‚ich'-Sein, diesem Mittelpunktsgefühl, das sein *Grundgefühl* ist. Äußerlich muss man gar kein Bierbauch sein. Innerlich ist man es immer, weil man sich für *so* wichtig hält. Wer sollte denn wichtiger sein als man selbst? Da gibt es niemanden!

Die übrige Welt um einen herum ist eben nur das Übrige. Auf der einen Seite ‚ich' – auf der anderen Seite alles Übrige. Das ist das fortwährende Erleben. ‚Ich' als das allererste Erleben – und dann kommt das Übrige, was dieses ‚ich' so umgibt...

28. September

Man kann dieses ‚ich' aber auch völlig verwandeln ... ganz und gar. Es ist eine heilige Alchemie. Der Dickbauch und die Hängematte – beides kann völlig verschwinden. Sie sind so etwas von hässlich... Und es ist auch nur das falsche Wesen des ‚ich', so süchtig nach diesem Selbstempfinden zu sein, so hässlich in seinen Erwartungen, Urteilen, seinem Mittelpunkts-Gehabe. Das ist das Gegenteil seines wahren Wesens. Und dieses wahre Wesen des Ich ist heilig...

Das wahre Wesen des Ich ist *Hingabe*. Diese Erkenntnis macht man, wenn man sie verwirklicht. Das wahre Ich ist Hingabe – und nichts anderes. Und diese Hingabe ist etwas Wundervolles. Es *braucht* keinerlei eigene Urteile. Kein Festhalten an irgendetwas ‚Eigenem', denn was soll das sein? Das Eigene ist die Hingabe – reicht das nicht? Das ‚ich' ist fähig, sich hinzugeben, und gerade dies ist ein heiliger Prozess: die Hingabe des ‚ich', das sich stattdessen auch selbstsüchtig auf das eigene Selbstgefühl richten könnte, wodurch es die narzisstische Krankheit in sich aufnimmt; das aber dies gerade nicht tut, sondern sich hingibt.

Wie zwei Wege – eine breite Straße und ein schmaler, scheinbar ganz unbegangener Pfad. Alle Seelen wählen die breite Straße – die ihnen dieses angenehme, fortwährende Selbstgefühl verspricht. Und nur einzelne Seelen wählen den heiligen Weg, der sanft leuchtet, obwohl irdische Augen dies nicht sehen können.

29. September

Der schmale Pfad, der nichts verspricht und doch alles schenkt...

Das Geheimnis der Hingabe ist die Zartheit. Sie ist der heilige Schlüssel. Man kann die eigene Seele und das eigene ‚ich' unendlich *zart* werden lassen. Man muss es nur mit aller Aufrichtigkeit versuchen. Und sobald man dies versucht, spürt man das heilige Geheimnis der Zartheit. Es ist das Schmelzen...

Sie schmilzt einfach – die dicke, zähflüssige, klebrige, hässliche Selbst-Verabsolutierung, die die ganze Seele durchtränkt, ausgekleidet, imprägniert und ausgemacht hat, vergeht wie Eis in der Wärme. Sie vergeht, löst sich auf, wird weniger und weniger, bis sie nicht mehr da ist. Das Geheimnis der Zärtlichkeit ist das Schmelzen.

Wenn sich die Seele hingibt, braucht sie nichts mehr zu ‚sein'. Sie ist ja schon etwas – die Sich-Hingebende. Verliert sie sich also? Nein – sie gewinnt nur alles Übrige hinzu. Und nun ist es nicht mehr das ‚Übrige', sondern dies, dies ist nun der Mittelpunkt. Die Seele ist zärtlicher Umkreis geworden. Sie umhüllt das Übrige, um es zum Mittelpunkt zu machen. Das ist Hingabe – das ist das Wunder der Zartheit. Für dieses Wunder gibt es keine Worte. Man muss es erfahren.

Hingabe ist die heilige Schwester Michaels, des Engels des Mutes. Michael ist selbst *auch* Hingabe – und seine Schwester ist selbst auch heiliger Mut. Beide kämpfen Seite an Seite für das Wunder – und gegen die Gegenmacht.

30. September

Michael will selbst auch nichts sein, auch er gibt sich ganz seiner Aufgabe hin – und diese ist: der Gegenmacht zu wehren. Michael lässt ihr keinen Fußbreit, er weicht der Gegenmacht nicht, und sie hat keine Chance gegen ihn. So sucht sie sich andere Opfer – die Seelen der Menschen, die nicht Michael in sich aufnehmen. Sie findet überall Möglichkeiten, *nicht* mit Michael zu kämpfen und daher zu siegen...

Aber die Hingabe kann von der Gegenmacht *auch* nicht besiegt werden. Sie kämpft mit ihr gar nicht. Sie hat die Gegenmacht bereits besiegt, bevor sie auch nur kämpfen muss. Sie geht mitten hindurch, wie wenn die Gegenmacht gar nicht da wäre. Gegen Michael kämpft die Gegenmacht. Gegenüber der Hingabe muss sie über ihren eigenen Zustand weinen, wenn sie es zuließe... Einst wird die Hingabe die Gegenmacht erlösen. Aber zuerst muss sie von Menschenseelen aufgenommen werden.

In Wirklichkeit ist die Hingabe das *einzige* Wunder, das sich auf Erden je ereignen kann. Denn sie umfasst alles. Einst hat sich das höchste Wesen *selbst* hingegeben. Davon geht alles aus... Seitdem gibt es Hingabe überhaupt erst. Sowohl das Wunder des Ich als auch das Wunder der Hingabe – das Ich, das sich hingibt... Siehe – der Mensch! Das ist der Mensch. Das ist sein Heiliges, sein Geheimnis, das wahre Wesen auch seiner *Seele*.

Welche Seele fasst mutig die Entscheidung, zu ihrem wahren Wesen zu stehen, um sich mit ihm zu verbinden und mit niemandem sonst, nicht mehr mit der Gegenmacht...? Welche Seele wagt das zarte Mysterium der Hingabe?

1. Oktober

Die Hingabe ist das eigentliche Geheimnis der Liebe. Deshalb ist Hingabe niemals sentimental – sie ist tiefste Zärtlichkeit. Und die Seele *muss* den Weg zu dieser Zärtlichkeit finden, sonst wird sie niemals ganz Mensch werden. Der Weg zum Menschen führt über die tiefste Zärtlichkeit, den Abgrund, die Tiefen, ein Meer der Zärtlichkeit. Erst wenn *diese* gefunden wird, in ihrer ganzen Tiefe, wird das Geheimnis des Menschen sichtbar...

Die Zärtlichkeit ist das heilige Geheimnis des Fühlens – und auch des Willens. Erst in der Zärtlichkeit kehrt sich das Fühlen um. Statt Selbstgefühl wird es Hingabe. Und statt noch grober oder aber Gewohnheits-Zuneigung wird es das zart Geführteste, was es gibt. Selbst gewollt, selbst in die Tiefen geführt, selbst zu einem heiligen Wunder der Seele entfaltet.

Zärtlichkeit ist das Wunder des ersten Moments. Des heiligen Aufblühens. Der heilige Aufgang der Sonne. Das heilige Öffnen der Augen des Dornröschens.

Dieses Mysterium ist das bewusste Hinschenken der Seele in ihrer schönsten Gestalt. Es ist sich-hinschenkende Bewusstheit. Fühlen und Wollen werden zu zartestem, wärmendstem Licht. Ein Edelstein aus Seelen-Heiligtum. Die Seele wird Leuchten. Sie löst sich in etwas Heiliges auf, aber dieses Heilige ist ihr eigentliches Sein. Die wahre Seele ist Lichtes-Liebes-Kraft, ein Wesen, das sich so liebend wie die Sonne allem hingibt und zugleich Quell eines Wunders ist. Quell eines Wunders...

2. Oktober

Die Seele braucht Mut, dieses wahre Wesen zu finden. Doch der Mut der Kämpfer, der kämpferische Mut ist nicht genug. Man braucht den Mut, auch darüber noch hinauszugehen – oder sich noch unter diesen hinabzubeugen. Nicht den Mut von Jesus im Tempel braucht man, die Tische der Wechsler umstoßend; nicht den Mut Michaels, der den Drachen unter seinen Füßen hält – sondern den Mut der Fußwaschung. Den Mut der Gefangenschaft. Den Mut der Kreuzigung. Den Mut des Unendlich-Friedvollen. Den Mut des *Lammes*...

Ein Lamm als Tier hat keinen Mut, denn es kann nichts anderes sein. Aber eine Seele kann alles sein. Sie kann Wolf unter Wölfen sein. Aber in dieser Situation nichts anderes zu wählen, als mit allem, was sie hat, *Lamm* zu sein – das braucht den allergrößten Mut. Todesmutig muss sie sein. ‚Siehe, ich schicke euch mitten unter die Wölfe...' Aber wer unter euch hat Mut, dann Lamm zu werden? Dieser Mut ist *über*menschlich. Und er ist *wahrhaft* menschlich. Nur der Mensch hat auf Erden die Möglichkeit, sich zu opfern. Sich zu schenken. Das fünfte Element, das alles verwandelt. Opferkraft...

Opferkraft ist nur ein anderes Wort für Zärtlichkeit. Es ist in Wahrheit nichts anderes, beides ist dasselbe.

3. Oktober

In der äußeren Welt ist alles verfestigt. Deswegen kann ein Lamm nur ein Lamm sein und braucht keinen Mut dafür, kann höchstens Angst haben, wie andere Tiere auch. Aber in der menschlichen Welt ist alles anders. So, wie die Seele Lamm werden kann, die dies sonst niemals ist, so kann die Seele, die einem Wolf gleicht, ebenfalls wieder bis in alle Tiefen verwandelt werden. Die einen Seelen verwandeln *sich* – die anderen *werden* verwandelt.

Als das Licht mit der Finsternis dadurch kämpfte, dass es sich in sie *hineinopferte* – hat das Licht da wohl keinen Mut gebraucht? Aber es hatte ihn, denn Mut gehörte zu seinem Wesen, denn das Licht war die *Liebe*, und Liebe hat immer den Mut. Liebe ohne Mut gibt es nicht, denn Liebe ist Hingabe – und Hingabe trägt alles in sich, was sie braucht, und wenn sie Mut braucht, ist auch der Mut bei ihr. Mut ist nur da eine Frage, wo überhaupt die Frage ist, was getan werden soll. Die Hingabe hat diese Frage nicht – sie hat ihre Antwort längst gefunden, also auch den Mut. Hingabe ist die *Aufhebung* der Mutfrage in eine ganz andere. In die Frage der Liebe...

Das Licht braucht keinen Mut, weil es Liebe ist. Das Licht liebt die Finsternis, denn sie ist dasjenige, was seine Liebe am meisten braucht. Also opfert sich das Licht in die Finsternis hinein, aber es ist gar keine Opferung, sondern eigentlich ist es eine Hochzeit – die Finsternis weiß es nur noch nicht...

4. Oktober

Wer zur Hochzeit geht, braucht keinen Mut, denn er hat die Freude. Das Licht opfert sich mit Freuden, denn es geht dem Bräutigam entgegen. Und selbst wenn der Bräutigam es vernichten will, so gibt sich das Licht hin, mit Freude, in Liebe, in heiligster, unerschütterlicher, unbesiegbarer Liebe – und die Finsternis ... erleidet die Liebe des Lichts, die mitten in ihr Herz strömt, heiliges Feuer, weltenheller Liebesstrom, und sie ist es *selbst*, die vernichtet wird.

Denn wie kann die Finsternis Finsternis bleiben, wenn das Licht sich mit ihr vermählt? Es ist unmöglich. Die Finsternis wird *Farbe*. Und das ist der erste heilige Schritt auf dem Weg zum Licht; auf dem Weg, ihm, ihrer Braut, gleich zu werden.

Das Licht opfert sich also, aber in Wahrheit geschieht eine *Hochzeit* – und jede Hochzeit ist eine Heilung. Eine Heilung dessen, was Heilung bedarf. Jede Heilung beruht auf einem Opfer. Und jedes Opfer bringt Heil. Das ist das heilige Geheimnis des Lebens. Das

Leben selbst wird durch das Wunder des Opfers getragen. Und wenn man stattdessen von Hochzeit spräche... Es sind alles Liebesprozesse. Die ganze Welt besteht aus so viel unerkannter Liebe.

Aber die Seele ist fähig, Erkennende zu werden. Und sie ist es, die gerade durch *Liebe* erkennt. Indem sie Liebende wird, wird sie Erkennende, und hoffentlich auch umgekehrt... Aber das Lieben ist zugleich das Erkennen ihres eigenen wahren Seins. Und die Zärtlichkeit ist ihre heiligste Gestalt...

5. Oktober

Wenn im Herbst auch die äußere Finsternis zunimmt, dann kann die Seele lernen, Licht zu werden... Die äußere Finsternis nimmt zu – aber was macht die Seele? Das ist die heilige Frage.

Sie kann trübsinnig werden, weil sie nur darauf aus ist, dass *sie* von möglichst viel Licht und Wärme umgeben ist. Das wäre die gewöhnliche Haltung, in der die arme, träge Seele sich aus ihrer Hängematte gar nicht befreien kann, weil sie es auch gar nicht will. Aber sie könnte auch aufhören, an sich zu denken und einfach nur das angenehmste Leben führen zu wollen, das in Wirklichkeit gar kein Leben ist.

Die Seele könnte im Herbst anfangen, zu lernen, selbst Licht zu werden. Und der erste Schritt zu diesem Wunder, lange, bevor sie tatsächlich anfängt, Licht zu werden, ist, dass sie anfängt, sich an der Finsternis nicht mehr zu *ärgern*. Der Ärger hat aber vielerlei Gestalt. Jede Unzufriedenheit, jedes Sich-Herbeiwünschen des Sommers ist so ein Ärger. Was ist an dem Herbst so schlimm? Gar nichts. Der Herbst ist etwas Wunderbares.

Der erste Schritt, sich nicht mehr an ihm zu ärgern, diesem herrlichen Bruder des Sommers, ist – wenn man ihn schon (noch) nicht lieben kann –, ihn zumindest mit einem heiligen, schneeflockenleichten Gleichmut zu ertragen. Es nicht mehr schlimm zu finden, welche Jahreszeit gerade ist. Nicht mehr von *sich* auszugehen. Sondern sich dem hinzugeben, was gerade ist. Heilige Hingabe an das, was einen *jetzt* umgibt...

Auch das ist dem Mut verwandt. Und man darf nicht glauben, jemals etwas von dem wahren Mut zu finden, wenn man nicht einmal die heilige *Gleich*mut findet. Die Gleichmut ist die schöne Schwester des Mutes – und ohne sie wird man auch ihren Bruder nicht finden, nicht in Wahrheit.

Und Gleichmut ist nicht einfach nur ein Ertragen. Die Gleichmut in ihrem schönen, wahren Kleid, ist *auch* bereits Hingabe. Gleichmut ist wie eine *kleine* Hochzeit. Man hat den Bräutigam nicht gewählt, aber man liebt ihn dennoch. Das kann nur die Hingabe! Die Hingabe vergisst, was *sie* gewählt hätte, weil sie nicht wählt. Hingabe ist das Gegenteil von Selbstimpuls. Und deswegen ist sie dieses Wunder – sie kann sich hingeben, wo niemand sonst dies könnte.

Gleichmut ist also bereits verborgene Liebe, im Keim. Keimhafte Liebe, wie die des Mädchens, das vor seinem Bräutigam noch Angst hat, in Wirklichkeit aber schon dabei ist, sich hinzugeben. Es muss nur die Angst überwinden, aber das geschieht. Es geschieht – und was bleibt, ist die Hingabe.

Und doch ist die Seele in der Hängematte von diesem Mädchen unendlich weit entfernt. Und doch kann sie sich auf den Weg machen, die Gleichmut zu lernen. Sie macht sich damit auf den Weg der Liebe und den Weg der Hochzeit, auch wenn sie es noch gar nicht weiß.

7. Oktober

Aber es braucht bereits Mut, die Hängematte zu verlassen. Denn die Seele hat Angst davor, nicht mehr faul sein zu dürfen. Sie hat Angst davor, den Willen zu fassen, nicht mehr faul sein zu *wollen*. Sie hat eine Abneigung vor dem Aufgeben ihrer eigenen Faulheit. Nicht einmal Angst, sondern Abneigung. Aber sie hat Angst vor sich selbst, ihrem wahren Sein.

Die Abneigung ist das willkommene Mittel, diese Angst nicht zu spüren. Aber in Wirklichkeit ist die Seele nicht nur bequem, sondern ängstlich – und sie hat Angst vor sich selbst, vor ihrer eigenen wahren Schönheit. In der sie nicht mehr bequem sein würde, es auch nicht mehr sein dürfte, es aber auch nicht mehr sein wollte. Vor all dem hat sie Angst. Sie will gar nicht sie selbst sein, gar nicht unsäglich schön. Sie will es doch, will es gern – aber hat Angst, denn sie weiß, wie schwach sie ist.

Der wirkliche Wille aber ist noch etwas anderes. Er braucht Mut, weil er weiß, dass es keine Rückkehr gibt. Sich für die Schönheit zu entscheiden, das wahre Wesen, braucht Aufrichtigkeit. Und Mut. Von da aus kann es nur vorwärts gehen, von da an darf die Faulheit nicht mehr geliebt werden. Diese Buhlerin, die Faulheit, muss die Seele dann aufgeben – denn tut sie es nicht, bleibt sie so hässlich wie diese, und es gibt keinen Fortschritt. Die Seele muss wissen, was sie will. Und es braucht Mut, etwas zu *wollen*. Nicht einmal Mut, aber ... den Willen. Aber eigentlich ist Mut auch nichts anderes als Wille.

Die Seele muss den Mut fassen, ihr eigenes Wesen zu suchen – oder sich zu diesem zu bekennen. Sie muss aufhören, in der Lüge zu bleiben.

8. Oktober

So, wie es nur ein Wunder auf Erden gibt, nämlich die Hingabe, so gibt es auch nur eines, was von diesem Wunder abhalten kann – *mangelnde* Hingabe. Es ist immer nur die Seele selbst, die sich davon abhält, ein Wunder zu werden, weil sie zu sehr sie *selbst* und bei *sich* selbst bleiben will.

Im Wunder würde sie wahrhaft sie selbst werden – aber das will sie nicht. Sie will in falscher Weise sie selbst bleiben. Selbst-süchtig. Sie weist es zurück, ein Wunder zu werden, weil sie bei der Sucht nach sich selbst bleibt. Sucht statt Wunder. Mit der Sucht ist sie hässlich, weil sie ohne die Sucht wunderschön wäre. Das Wunder der Hingabe macht die Seele wunder-schön. Wie könnte es anders sein?

Aber die Seele wird immer nur dann ein Wunder, wenn sie *liebt*. Und sie kann nur lieben, wenn sie nicht sich selbst liebt. Liebe ist Hingabe – und Selbstliebe ist immer Mangel an Hingabe. Es ist

228

kein Wunder, dass die Seele in der Selbstliebe hässlich ist. Es mangelt ihr das, was das Wunder wäre. Es ist kein Wunder, dass die Seele dann das Wunder nicht hat. Wunderlos ist sie hässlich – und das ist *kein Wunder*.

9. Oktober

Wenn die Seele sich dem Wunder annähert, dann geht es auch noch um das Geheimnis der Kraft. Aber was ist Kraft? Jeder weiß, was Kraft ist – aber die meisten scheuen sich davor, sie zu entfalten, um etwas in ihrer Seele *stark* zu machen. Aber wenn etwas nicht stark ist, dann ist es lau – und damit letztlich ein Zeichen von Faulheit. Stärke ist kein Gegensatz zur Sanftheit, sondern zur Faulheit. Auch die Sanftheit kann sehr stark sein...

Mit Stärke ist nichts gemeint, was mit diesem Wort auf körperlicher Ebene zu tun hat. Das Geheimnis der Stärke ist auf seelischer Ebene eines der *Intensität*. Und Intensität ist ganz und gar ein Gegensatz zur Lauheit. Hingabe ist nur mit Kraft, das heißt Intensität, wahre Hingabe. Kraftlose Hingabe ist nur halbe Hingabe, wenn überhaupt. Der Rest ist eigentlich noch immer Verweigerung oder einfach Trägheit. Trägheit ist behäbiger Selbstwille, der wollen könnte, es aber nicht tut. Der seine Kräfte einfach nicht entfaltet, um lau und träge bloß er selbst sein zu können.

Hingabe ist nur aufrichtig, wenn sie das Gegenteil ist. Das wahre Zeichen der Hingabe ist die Flamme – und die Kerze. Die Kerze gibt sich ganz hin, und ihre Flamme ist absolut aufrichtig. Und die Flamme verzehrt die Kerze, und die Hingabe vernichtet das bloße Selbstsein. Die wahre Hingabe ist das Licht der Welt. Ihre Stärke ist gerade die Stärke, mit der dieses Licht bei ihr ist und durch sie scheinen kann.

10. Oktober

Das Licht der Welt ist natürlich nicht die Kerze, sondern das, was sie trägt. Und doch ist eine Kerze auch das Licht. Jeder weiß, was eine Kerze ist. Trägt sie noch keine Flamme, weiß dennoch jeder, dass sie nur dafür existiert. Die noch nicht brennende Kerze ist wie die geschmückte Braut. Sie ist wunderschön, aber jeder weiß, dass ihre ganze Seele auf den *Bräutigam* und die Hochzeit wartet. Gerade weil sie wartet, ist sie so wunderschön. Das Geheimnis der Braut ist die Erwartung. Erwartung aber ist Hingabe.

Soll man sagen, dass die Braut ‚gleichberechtigter' ist als die Kerze? Das alles sind heilige Bilder, und die Gedanken der gewöhnlichen Seele haben hier nichts zu suchen. Früher hat sich die Braut ganz und gar hingegeben. Sie hat nicht einen Moment daran gedacht, dass sie gleichwertig sei – darum ging und geht es nämlich gar nicht. Eine Braut, die sich nicht hingibt, ist keine. Eine Liebe, die nicht in Hingabe besteht, ist keine. Entweder die Braut liebt den Bräutigam, oder sie liebt sich.

All das Reden von ‚Gleichberechtigung' ist nur ein Versuch, den Mangel an Liebe und Hingabe zu verschleiern. Dann verkommt eine Hochzeit zu einer armseligen Paarung zweier Menschen, die aber doch am liebsten sie selbst bleiben wollen. Der Andere ist dann angenehmes Beiwerk ihres Eigen-Lebens. Welch ein armseliger Abstieg der Seele! Wozu dann noch eine Hochzeit...

11. Oktober

Das Geheimnis der Hingabe ist immer das der Hochzeit – und umgekehrt. Heute ist die Hingabe der Seele so unendlich schwer geworden, weil sie so unendlich unwillig geworden ist. Sie *will* sich gar nicht mehr hingeben. Das ist ihr Problem, ihre Krankheit und ihre Besessenheit. Ja, Besessenheit – denn die Seele ist von Dämonen besessen, die ihr die Hingabefähigkeit geradezu aussaugen. Diese Dämonen flüstern ihr zu: ‚Sei du selbst! Keine Hingabe an nichts. Wenn du dich hingibst, verlierst du dich.' Welch eine Lüge!

Die Seele verliert sich gerade, wenn sie sich *nicht* hingibt. Denn die Hingabe ist ihr wahres Wesen. Gerade in der Hingabe findet sie sich in Wahrheit.

Ist es ein Beweis der Liebe, die Hingabe zu verweigern? Sich ‚emanzipiert' zu fragen: Ich will erstmal sehen, wer du bist. Und wenn ich dich für wert genug halte, werde ich mich vielleicht ein ganz klein bisschen hingeben. Mich dazu herablassen. Mein Selbstsein ein winziges bisschen aufgeben, um dich an mich heranzulassen. – Was für armselige Gesten einer Seele, die absolut *liebesunfähig* geworden ist und ihre eigene Lieblosigkeit, Armseligkeit, Einsamkeit nicht erkennt, sondern sogar noch mit großartigen Worten (‚Emanzipation') feiert!

Emanzipation ist der Sturz der Seele aus dem Himmel in die Finsternis. Die emanzipierte Seele hat nur noch *sich*. Aber alles andere hat sie verloren. In Wirklichkeit hat sie es verloren. Und sie spürt es auch – selbst wenn sie sich dagegen wehrt.

12. Oktober

Die emanzipierten Seelen wissen gar nicht, wie sehr sie sich anöden. Wie sehr sie einander in Antipathie begegnen, selbst da, wo sie eine ‚Zuneigung' zu empfinden glauben. Sie wissen gar nicht, wie sehr sie in ihrem eigenen, selbstgebauten Gefängnis bleiben und vor allem in der Kraft der Antipathie, der Abwehr leben, und nicht etwa in der Kraft der Sympathie oder gar der Liebe. Ein Kaktus kann nicht lieben. Ein Casanova auch nicht. Und ein Narziss auch nicht.

Diese Wahrheit gefällt der Seele nicht – aber auch das zeigt wieder nur ihre Selbstliebe. Hätte sie nicht Selbstliebe, sondern wirkliche Liebe, würde sie auch die Wahrheit lieben – und nicht sich selbst und sich gegen die Wahrheit wehren. Und welche Wahrheit? Dass es Liebe nur in der Hingabe gibt. Liebe ohne Hingabe ist eine Lüge, sie existiert nicht – es ist dann immer nur *Selbstliebe*. Die Seele, die sich nicht hingibt, sondern im Gegenteil verharrt, in sich selbst.

Die emanzipierten Seelen sind geradezu *stolz* auf ihre Selbstliebe – gerade das ist ja die Emanzipation! Sie besteht in der Selbstbehauptung. Selbst-Behauptung! Seit wann braucht die Liebe Selbstbehauptung? Entweder der Geliebte wird *geliebt* – oder die Liebe ist gar nicht da.

Wozu muss ich mich selbst ‚behaupten', wenn ich doch gerade *lieben* will? Um eine Rechnung aufzumachen? Um fein abgewogen zu überlegen, zu wieviel ‚Liebe' ich mich herablasse? Pfui Teufel – verschwindet doch aus dem heiligen Lichtschein der Liebe, ihr Heuchler!

13. Oktober

Ach, der Seele ist es *so* wichtig, sich mit dem Begriff der ‚Liebe' zusammenzubringen – aber sie ist so wenig bereit dafür zu tun. So wenig bereit, wirklich zu lieben. Das, was die Liebe ist, in sich wahrzumachen. Sie will sich mit dem Begriff *schmücken* – ihn aber nicht verwirklichen. Aber das eben ist nichts anderes als Heuchelei und Lüge, auch Selbstlüge. Die Seele will sich unwahrhaftig schmücken, weil sie es nicht aushielte, vor sich selbst und vor der Welt als lieblos dazustehen – aber genau das ist der Fall!

Die Seele spürt sehr genau, wie wesentlich diese Liebe ist. Sie spürt, dass sie allen inneren Wert verliert, wenn feststehen würde, dass sie mit der Liebe nichts zu tun hat. Und darum kämpft sie mit allem, was sie hat, darum, als etwas zu gelten, was sehr wohl mit ‚Liebe' verbunden ist. Eine ‚gute' Seele zu sein, die anständig liebt – die richtigen Menschen, die richtigen Dinge, Begriffe, Ziele, Ideale. Die Seele könnte sich *selbst* nicht ertragen, wenn sie ein Selbstbild von sich hätte, das nicht mit der Liebe zu tun hätte. Wenn sie der Tatsache ins Auge sehen müsste, dass sie stattdessen kalt und lieblos ist.

Also heuchelt die Seele sich vor, überhaupt nicht lieblos zu sein. Oh, sie ist es auch nicht! Aber wie wohldosiert und gezügelt gibt sie von dem, was Liebe sein *könnte*, wenn es nicht fortwährend mit so viel Selbstliebe und Selbst-Bleiben verbunden wäre! Mit der Krankheit des Narziss. Bloß nicht aufhören, der Mittelpunkt zu sein. Die Seele ist *unfähig* geworden, dieses Gefängnis überhaupt noch zu verlassen. Sie hat sich selbst geheiratet – und kann diesem Verlies nicht mehr entrinnen...

232

Und wie anders ist die Braut! Ihr Wesen ist leuchtende Hingabe, leuchtende Erwartung. Erblickt sie den Bräutigam, so eilt sie ihm in heiliger Freude entgegen – sei es auf ihren Füßen, sei es in jedem Fall mit ihrem Herzen, ihrem ganzen Inneren. Nichts hält sie an ihrem Ort – sie möchte sein, wo der Bräutigam ist.

Der Bräutigam... Er ist das Ziel ihres Lebens, Wesens und Sehnens. *Mit ihm* möchte sie leben. Für ihn. Bei ihm. In ihm. Aus ihm. Durch ihn. Siehe – das ist die Braut. Ihre leuchtende Schönheit besteht in ihrer reinen, leuchtenden Hingabe. Sie ist ihr ganzer Schmuck. Sie macht sie zur *Braut*.

Und die ‚emanzipierten' Seelen stehen widerwillig und sich empörend am Rand und haben keine armseligere Frage als: ‚Und der Bräutigam?' – Ja, und der Bräutigam! Oh, ihr Kleingläubigen und Engherzigen, ihr Emanzipierten und Lieblosen. Habt ihr wirklich geglaubt, der Bräutigam gäbe sich *nicht* hin?

Er ist ja das Licht, das die Kerze ergreift. Er ist die Krone, die die Braut schmückt. Er ist es, der der Braut voller Hingabe vorangeht, während sie ihm in Hingabe folgt. Er ist das Licht – und die Braut ist die Leuchtende. Er ist das Lamm, und durch ihn *wird* sie Lamm. Sie ist von Anfang an Lamm, Hingegebene, aber sie lebt auch von Anfang an aus ihm, der ihr Bräutigam ist: *das Lamm*. Sie lebt aus der Hingabe, aber das Lamm ist das Geheimnis aller Hingabe.

Die Braut ist in ihrer ganzen Seele Hingabe – aber das Lamm ist es in seinem ganzen *Wesen*. Die Kerze ist ganz Hingabe, aber in der Flamme hört selbst diese Frage auf. Die Flamme verbrennt selbst noch die Frage. Sie ist *nur noch Liebe*.

Die emanzipierte Seele scheut sich vor der Hingabe, denn sie müsste die Flamme aufnehmen. Sie will sich aber nicht verbrennen. Die Selbstliebe verbrennt an der Flamme – für die Hingabe aber ist es der Bräutigam... Welch ein Unterschied!

Die emanzipierte Seele wehrt ab, was sie nicht ertragen kann. Sie kann es nicht er-tragen. Die Kerze aber trägt das Licht, weil es ihre Bestimmung ist, ihr heiligstes Ziel – das Licht zu tragen, zu ertragen, zu erleiden, sich zu verbrennen, in heiligster Freude. Die Kerze will nichts anderes als Licht sein, durch ihn, den Bräutigam, durch den Geliebten, die Flamme. Nur in äußerem Sinne wird die Kerze verzehrt. In Wirklichkeit hat sie sich längst vorher nach der Flamme verzehrt. Ist sie aber entzündet, geschieht eine *Hochzeit*.

Die Kerze lebt in der Flamme, mit ihr, aus ihr, in ihr, durch sie. Und die Flamme gibt sich ihr, der Braut hin, in flammender Liebe, ganz, nur ihr, beide eins, nicht mehr trennbar.

Hochzeit ist reines Einander-Schenken. Es gibt hier keine Frage. Jede Frage käme von Dämonen... Das heilige Wunder dagegen ist ersehnte Antwort.

16. Oktober

Die Liebe besteht nicht in Fragen und Zweifeln, sondern in heiligen Antworten aufeinander. Die Geliebten antworten einander fortwährend. Liebe ist heiliges Weben in gegenseitigen Antworten – wie das sanfte Flüstern in einer sommerlichen Mondnacht.

Und was wäre eine Antwort, wenn sie nicht Hingabe wäre? Bloße Auskunft oder geheucheltes Scheinbild von ‚Hingabe'. Das Antworten der Liebenden ist immer ihr ganzes Wesen – und also Hingabe. Ein Weben gegenseitigen Liebens, das nichts anderes ist als ein fortwährendes gegenseitiges Sich-Schenken.

Warum braucht die Braut nicht zweifeln? Weil sie sich sicher ist. Ihrer eigenen Hingabe und auch des Wesens des Bräutigams. Sie *kennt* den Bräutigam. Nichts kennt sie so innig wie den Bräutigam und ihre eigene Hingabe. Nichts ist ihr so sicher, wie dass sie ihn liebt. Sie würde zuerst alles andere bezweifeln als *das*.

Wovon sollte sie sich emanzipieren? Von dem Bräutigam? Von ihrer eigenen Liebe? Vielleicht ist es das – die ‚emanzipierten' Seelen emanzipieren sich von ihrer eigenen Liebe, um weniger lieben zu müssen, um mehr ‚sie selbst' sein zu können, sich selbst liebend, damit aber nichts mehr liebend; denn Selbstliebe ist verkehrte Liebe, wie eine Flamme, die nach unten brennt, eine Kerze, die sich nicht mehr entzünden lassen wollte.

17. Oktober

Und wenn die emanzipierten Seelen auf jene Männer verweisen, die sie ausgenutzt und unterdrückt haben? Oh ja, das gab es, so war es. Und? Hat es einen Sinn, es den Männern nachzutun? Wenn die Männer selbst *auch* lieblos waren, bloß selbstsüchtig – hat es einen Sinn, so zu werden wie sie? Das Erdenziel wäre also ... die Liebe zu *verlieren*?

Die Emanzipation ist nur eine egoistische Antwort auf den Egoismus der Männer – und damit die *Ausweitung* der Herrschaft der Dämonen. Freiwillig haben sich auch die Frauen davon ergreifen lassen. Sie kämpften gegen die Unterdrückung, die aus der Lieblosigkeit hervorging – aber sie kämpften, indem sie sich dieselbe Lieblosigkeit auch *selbst* aneigneten.

Anstatt die Männer zu heilen, ließen sich die Frauen selbst infizieren. Sie übernahmen die männliche Krankheit. Sie wurden ‚Emanzen' – Seelen, in denen der Selbstheitswille überhandnahm. Was die Männer hatten, Egoismus und Selbstbehauptung, wollten die Frauen nun endlich auch – und warfen von sich, was sie bis *dahin* hatten: Hingabe und Liebe...

Der Sieg der Emanzipation war ein Sieg der Dämonen. Von nun an waren die Frauen *genauso* lieblos und unfähig zur Hingabe wie die Männer. Nicht die Frauen hatten gesiegt, sondern die Dämonen. Sie hatten die Frauen den Männern angeglichen, weil die Frauen es selbst so wollten, weil sie es zuließen, das Heiligste zu verlieren, das sie hatten.

18. Oktober

Wovon müssen sich die Frauen emanzipieren? Nicht von den Männern, sondern von den Dämonen! Wer hat die Frauen in der Hand?

Die Männer? Nein, wenn sie sich emanzipieren, haben die Dämonen sie in der Hand – wie die Männer schon vorher. Ich meine die Dämonen – sie haben die Männer schon vorher in der Hand. Aus der Vorherrschaft der Männer in die Vorherrschaft der Dämonen. Die eine ist mit der anderen aber gar nicht zu brechen – oder um welchen Preis!

Es gibt nur eine Herrschaft, die am Ende siegen soll – und gerade sie herrscht nicht. Das ist nämlich die Liebe. Sie gewinnt man niemals mit Hilfe von Dämonen. Und auch nicht mit Emanzipation. Dadurch verliert man sie gerade. Alle verlieren sie – die Männer schon längst, die Frauen dann. Emanzipation ist, es den Männern nachzutun. Es ist furchtbar...

Und wie ich sagte – sie sind dann alle so stolz darauf, die Seelen. So stolz... Endlich auch hart sein, hart und selbstständig. Endlich ,jemand'. War man vorher denn niemand? Woher kommt die Täuschung, dass ein ,jemand' selbstständig, selbstbewusst, hart und genauso schlimm wie die Männer sein muss? Was – die Frauen sind nicht genauso schlimm? Sie wissen es nur nicht! Und sie sind sogar schlimmer! Denn sie waren als Retterinnen der Männer berufen... Und was taten sie? Sie haben nur sich selbst ,gerettet' – nämlich auch in die Hände der Dämonen...

19. Oktober

Und man hält mich für naiv? Dass ich von der ,Rettung der Männer' spreche – etwa durch weitere Anpassung und Unterwerfung? O, wie naiv sind diese *Einwände*! Sie haben keine Ahnung, *welcher* Kampf hier gekämpft wird. Dieser Kampf ist viel größer als diese ganze, klägliche Emanzipation – viel, viel größer. Es geht um die *Seele selbst*, nicht nur um ein bisschen ,Mitbestimmung' oder das, was man so groß ,Selbstbestimmung' und ,Selbstständigkeit' nennt.

Was nützt all die sogenannte ,Selbstständigkeit', wenn die Seele ein Tummelplatz der Dämonen geworden ist? Und der größte Dämon ist gerade der Eigen-Sinn, der Selbst-Bezug, die Selbst-Ständigkeit als ständige Selbstheit, immer dieses ‚Selbst' im Zentrum, der Dämon...

Dieses Kreisen in der eigenen Suppe, in der man längst gekocht wird, in der die wahre Seele verdampft, während ein hässliches Anderes bleibt – das, was sie gerade *nicht* ist, jetzt aber wird, nämlich brodelndes Eigensein, immer nur man selbst, sich gar nicht mehr entkommend... Und diese Suppe hat man sich selbst eingebrockt. Womit? Mit der Emanzipation... Sie ist das Rezept.

20. Oktober

Die Griechen haben noch auf *gute* Dämonen gehört. Aristoteles und die anderen, sie kannten noch den *daimon* – aber das war so etwas wie ein Genius, wie das gute, höhere Ich, das die Seele umschwebt, wie ein heiliger Hüter. Ihn haben die Griechen gehört, empfunden, gespürt. Das war also etwas Heiliges. Und wir? Und heute? Die Seelen hören den bösen Dämon – und sie verwechseln ihn mit dem guten. Sie denken nicht einmal darüber nach.

Sie begrüßen ihn und sie beten ihn an – und sie beten *sich* an. Denn der böse Dämon heißt Ego. Das ist er. Und er versteckt sich gerade da, wo man natürlich behauptet, ihn *nicht* anzubeten – und es trotzdem tut. Der Frosch bemerkt die Suppe, in der er kocht, auch nicht. Und welche Seele bemerkt heute ihren brodelnden Selbstbezug? Der Frosch sieht auch den ‚Himmel über sich' – aber er steckt tief drin in etwas ganz anderem. So sieht auch das Ego sich selbst am allerwenigsten.

‚Verwirkliche dich selbst', ‚genieße das Leben', ‚finde deinen Stil' – der Teufel findet immer neue Namen für dasselbe Rezept. Und es hört sich doch so lecker an... Und so gesund auch, so richtig. Natürlich – er ist ja auch Meister im Betrügen. Und die Seele will es ja längst *selbst*. Sie ist ja längst blind, den Lockungen verfallen. Selbst will die Seele ein Selbst sein – und sie greift nach jedem Rezept, was ihr das bestätigt. Selbst-Bestätigung...

Die *Braut* braucht kein Selbst – denn sie hat den Bräutigam. Was sie selbst braucht, hat sie – und das ist die Liebe. Die Braut *ist* Liebe – die Liebe ist ihr Selbst. Die Liebe ist aber auch ihr Bräutigam. Wer Ohren hat, der höre – und wer es fassen kann, fasse es! Die Braut braucht kein Selbst, denn sie hat die Liebe, und das ist alles, was sie braucht. Was braucht eine Braut mehr als Liebe? Sie hat dann *alles*. Und die anderen haben nichts. Die Liebe *ist* das Alles – das Alpha und das Omega. Was will man denn noch mehr? Man kann höchstens weniger haben – und alle anderen haben weniger. Die Braut hat das meiste, denn sie hat alles. Sie hat alles, weil sie nichts will. Sie will nichts und liebt dennoch – liebt den Bräutigam. Ihn will sie – aber nicht ‚will', sondern ‚liebt'. Ihn *liebt* sie – und das ist ihr Wille. Und so ist ihr Wille kein Eigen-Wille, sondern Liebe, also Hingabe.

Die Liebe der Braut ist Hingabe. Sie gibt sich hin – gerade das ist ihre Liebe. Die Liebe der Braut ist nicht Eigen-Wille, sondern Hin-Gabe. Sie will nicht nehmen, sie will geben – und gibt sich. Das ist ihre Liebe. Und der Bräutigam erkennt seine wahre Braut – und gibt sich *auch*...

Oh, ich könnte immer wieder nur von diesem Mysterium schreiben, von der Braut und dem Bräutigam! Es ist das Höchste und Heiligste. Es ist das, von dem geschrieben werden *muss*, weil es verstanden werden muss – und von dem man nicht in gewöhnlichen Worten schreiben kann, weil das Gewöhnliche das Heilige gar nicht erfasst, sondern höchstens abtötet, wie ein Museumsstück, eine Schmetterlingssammlung, und dann glaubt man, man hat etwas, aber man hat nur etwas getötet, nicht mehr...

Und wenn man von diesem Geheimnis schreibt, von diesem Geheimnis *singt*, weil die Seele selbst singt, singen will – was ist dann? Hören dann andere Seelen zu? Werden sie es verstehen? Oder werden sie unwillig, weil sie nicht *sofort* etwas verstehen?

Oder nicht genug? Oder nicht sofort alles? Oder werden sie unwillig, weil sie das Gefühl haben, es wiederholt sich? Oder aus anderen Gründen? Es gibt tausend Gründe, aus denen die Seele unwillig werden kann. Aber alle sind *ein* Grund – nämlich der Unwille selbst.

Die Seele *wird* nicht unwillig, sie *ist* unwillig. Und sie sucht dann nur ‚Gründe', um sich dies auch zu begründen, nachträgliche Argumente, um das schlechte Gewissen zu überdecken, das einem sagt, dass sie hätte zuhören *sollen*. Die Seele ist solch ein Rätsel – sie erkennt sich selbst so wenig...

23. Oktober

Und *wäre* die Seele nicht so unwillig, so wäre sie ja selbst fast schon Braut – denn die Braut ist ja gerade willig. Sie ist *reinster* Wille – nur Wille, und Wille in äußerster Reinheit. Die Braut ist das Wesen der Reinheit. Ihr weißes Kleid, diese unbeschreibliche Schönheit ihres Kleides – es drückt nur aus, was die Braut selbst ist. *Sie* ist es, nicht das Kleid. Das Kleid auch, aber es ist nur Bild. Seine unbeschreibliche Schönheit kommt der *ihren* nicht einmal nahe – und die ihre...

Für die Augen der Engel *leuchtet* die Braut. Und was ist ihr Leuchten? Das Fehlen ihres Eigenwillens, ihre Selbstlosigkeit. Wie kann etwas Fehlendes leuchten? Nein, es ist nichts Fehlendes. Es ist etwas Vorhandendes. Es ist übersinnliche Schönheit. Fehlender Eigenwille ist vorhandene Hingabe. Die Braut ist ganz Hingabe. Sie muss dafür gar nichts ‚tun' – es ist bereits ihr *Wesen. Das* ist das Leuchtende. Ihr Wesen leuchtet. Das, was sie ist...

Und so leuchtet die Braut, ohne es ausdrücklich zu wissen, dem Bräutigam entgegen. Sie ist die Leuchtende. Und übersinnlich könnte man sie *Lucia* nennen – denn das ist ‚die Leuchtende'. Was ist eine Braut? Sie ist das dem Bräutigam Entgegenleuchtende... Und was ist das Leuchten? Die Hingabe.

Aber bleibt dann von der Braut überhaupt noch etwas übrig? Was soll der Bräutigam mit bloßer Hingabe? Hingabe von *wem*? So fragen nur die Dämonen...

Dieses Geheimnis kennen die Dämonen gerade nicht: Dass die Braut immer schon ‚jemand' ist, ohne jemand sein zu müssen. Sie ist Braut. Sie ist mehr als jede andere Seele, denn die andere Seele ist nicht Braut, aber *sie* ist Braut.

Braucht es denn mehr? Und die Zweifler sagen: Ja, es braucht mehr. Dann möge man an das Gleichnis von den Jungfrauen denken: Die einen vergaßen das Öl, als sie dem Bräutigam entgegengingen, und die anderen aber vergaßen es nicht. Die Braut ist die, die nicht vergisst. Braucht es *noch* mehr? Wieso verlangen die noch mehr, die längst zu denen gehören, die vergessen? Ihr wollt wissen, wer die Braut ist? Denkt zuerst an das Öl für eure eigenen Lampen, o, ihr Heuchler!

Hingabe bedeutet, dass man nicht einmal *erwähnen* muss, wer man selbst ist. Natürlich gibt die Braut immer *sich* hin – aber dieses ‚sich' muss sie gar nicht erwähnen, denn die Hingabe besteht gerade darin, es zu verschweigen. Aber natürlich ist es da! Die Braut ist ganz Hingabe, aber sie gibt *etwas* hin, alles, und zwar sich. Aber wer sie ist, braucht niemand zu wissen als der Bräutigam allein, dem sie sich schenkt. Siehe – das ist die Braut...

Deswegen haben die größten Meister in früheren Jahrhunderten nicht einmal ihren Namen unter ihre Kunstwerke geschrieben. Sie brauchten das nicht. Wozu...

Die Braut könnte also die Königin von Saba sein – und der einfache Mann von der Straße würde sie trotzdem nicht erkennen und es nicht wissen. Wozu auch – dient es doch nur der Begierde nach Wissen, nach Information, nach Schubladen, und wie tot ist das alles!

Wer die Braut ist und was sie ist und wie reich sie innerlich ist, in ihrem Wesen, und dass sie mehr ist als jeder andere, das alles geht niemanden etwas an. Nur der Bräutigam soll es wissen – und er weiß es. Und jeder andere versuche, der Braut wenigstens nahezukommen. Er frage sich nicht, wer die Braut ist, sondern wer er selbst ist! Das frage man sich wirklich. Statt sich zu fragen, ob die Braut mehr als nur Hingabe ist, frage man sich, ob man selbst wenigstens *das* ist... Oder was ist man, wenn man die Hingabe abzieht, die man nicht hat und nicht ist?

Was bleibt dann übrig? Man dachte, die Braut sei nichts – aber man kennt sie gar nicht! Man weiß von ihrer Hingabe und schätzt diese gering, aber man weiß nicht, dass dies gerade das Leuchten in den Augen der Engel ist, und was die Braut darüber hinaus ist, weiß man nicht. Aber *sich* schätzt man hoch – und was man selber ist, weiß man auch nicht. Man schätzt es nur bereits *an sich* hoch, ohne zu wissen, was das ist. Sicherlich, ein Tummelplatz von Dämonen ist auch ‚etwas'. Aber muss man das hochschätzen?

Hier ist die Braut tatsächlich etwas nicht – ihre Seele ist kein Tummelplatz der Dämonen. Sie ist das Gegenteil...

26. Oktober

Um etwas verstehen zu können, muss man es innerlich werden können. Die Seele wird die Braut nie verstehen, wenn sie nicht ... selbst Braut werden kann. Aber das nächste Hindernis ist, dass man den Bräutigam nicht ‚versteht', weil man ihn nicht kennt. Man ist also noch nicht einmal so weit wie die törichten Jungfrauen, die zwar das Öl für ihre Lampen vergaßen, aber doch immerhin den Bräutigam kannten. Und wie sollte es anders sein? Die Braut *kennt* den Bräutigam – denn sie erwartet ja nur ihn, liebt ihn mit allem, was sie hat.

Und die moderne Seele? Oh, wie weit ist ihr Weg! Sie ist nicht einmal Braut, sie kann nicht einmal lieben, sie trägt nicht einmal das Hochzeitskleid – und sie kennt nicht einmal den Bräutigam! Man weiß nicht einmal, wo man anfangen soll. Es ist, wie wenn man mit unverständigen Kindern spricht – die aber schon mit dem Fuß aufstampfen, wenn ihnen der erste Satz nicht gefällt. Kann man von Kindern erwarten, dass sie Braut werden? Sie können es nicht!

Wo also soll man anfangen? Und wann ist die Seele überhaupt dazu bereit? Hat sie ihr Trotzalter denn überhaupt schon überwunden? Und was danach kommt? Man weiß doch, was danach noch alles kommt – bis die Seele endlich soweit herangereift ist, dass sie *Braut* werden kann, eine bräutliche Seele... Und welche Seele ist so weit? Welche Seele ist bereit, dem Bräutigam entgegenzugehen, mit der Lampe, mit dem Öl für die Lampe, mit allem, weil sie bereit ist...?

27. Oktober

Eine Seele, der man erst erklären muss, wer der Bräutigam ist, *ist* noch nicht Braut. Sie ist auch noch nicht würdig, Braut zu werden. Jener Seele, die würdig ist, Braut zu werden, *braucht* man nicht zu erklären, wer der Bräutigam ist – sie weiß es. Und sie wünscht nichts anderes mehr ... als Braut zu sein, Braut zu werden. Weil dieses Eine – zu wissen, wer der Bräutigam ist – ihr *heiligstes* Wissen ist. Es ist das, was sie zur Braut macht. Dass sie weiß, wer der Bräutigam ist. Mit diesem Wissen *ist* sie Braut geworden – weil sie nichts anderes mehr sein will.

Es gibt also keine Sprache, mit der man erklären könnte, wer der Bräutigam ist. Ebenso könnte man erklären wollen, was ein Kuss ist. Wie vergeblich wäre ein solcher Versuch!

Natürlich kann man es äußerlich beschreiben, und wenn man es dann selbst versucht ... wird man das Mysterium erfahren.

Soll ich also äußerlich beschreiben, wer der Bräutigam ist? Das kann ich nicht... Aber ich habe doch die Hingabe beschrieben. Und wenn die Seele *das* selbst versuchen würde, dann würde sie auch hier das Mysterium selbst erfahren. Denn dann würde sie Braut werden. Und die Braut kennt den Bräutigam... Und in Wahrheit ist er *auch* Hingabe. Sie kennt ihn also sogar zweifach...

28. Oktober

Das große, große Problem ist, dass die Seele von dem Bräutigam nur deshalb hören will, um ihre Neugier zu befriedigen. Im Grunde sind es wieder nur die *Dämonen*, die zuhören. ‚So, aha, nun – erzähle uns doch vom Bräutigam. Aha, so, das ist er also? Na ja, interessant. Interessant war es. Hast du sonst noch etwas?'

Das sind die Dämonen. Man würde also Perlen vor die Säue werfen. Mehr als Perlen! Weniger als Säue! Wozu soll man es dann erzählen? Wozu versuchen, es zu beschreiben? Wenn es doch nicht heilig genommen, mehr als heilig genommen, sondern mit Füßen getreten wird? Mit den Füßen des *Ego*...

Das große Problem ist, dass man keine *Sehnsucht* nach dem Bräutigam hat – und dass man sie vielleicht auch wirklich erst haben kann, wenn man ihn kennt. Dass man ihn aber gar nicht kennen will, außer um seine Neugier zu befriedigen, denn man hat ja gar keine Sehnsucht. Sieht man hier nicht schon, wie sehr man in der eigenen Suppe der Dämonen kocht, unveränderbar? Die Perlen könnten einen vielleicht retten – vielleicht fallen sie aber auch einfach nur in den Kot der Säue. Sind sie das wert? Nein...

Zuerst müsste die Seele erkennen, wie sehr sie in einem Stall steht, in einem Saustall, um sie herum Dämonen und Kot, eigener Kot, Schlacke, Abfall, Unrat, Produkte des Ego, das sie selbst ist. Und was ist sie *noch*? Ist sie darüber hinaus noch etwas? Dies – dies sollte sie als erstes suchen.

29. Oktober

Ehe die Seele nicht fühlt, das Gefühl gewinnt, dass sie in einen Saustall geraten ist, kann sie nicht hoffen, Braut zu werden. Wir sprechen hier nicht von äußerlich schönen, aber innerlich toten Cinderellas, sondern von wirklichen *Aschenputteln*, die sich nicht zu fein sind, demütig zu erkennen, wo sie sich befinden. Dabei wäre Aschenputtel bereits die wirkliche Braut – denn sie dient am Anfang in Staub und Schmutz, aber sie *ist* nicht der Schmutz. Der Schmutz sind vielmehr ihre Stiefschwestern.

Bei der modernen Seele ist es anders. Sie glaubt, mit Staub und Schmutz, mit Kot und Unrat gar nichts zu tun zu haben – und um so mehr klebt all dies an ihr, wie bei der Pechmarie. Ach, wenn man nur fühlte, wie *wahr* all diese Märchen sind!

Ist die Pechmarie nicht genau die, die wie die moderne Seele erst einmal dreimal überlegt, ob sie etwas machen *will*? Ach, wie sehr klebt dies an ihr! Das Pech, was sie am Ende übergießt, macht nur sichtbar, was vorher schon war. Das Eigentliche, was an ihr klebt und woran sie klebt, ist dieser Eigenwille, diese hässliche Selbstsucht. ‚Ach – ich hab keine Lust!' Das klebt an ihr – und sie bekommt es nicht weg. Wie auch? Das ist ja gerade das, was sie *will*. Sie will keine Lust haben. Sie will das Pech – was sie so hässlich macht. Und sie bildet sich sonst was ein... Womöglich noch, dass sie schön sei!

30. Oktober

Die Seele kann nicht eher Braut werden, als bis sie mit Haut und Haar und bis über den Kopf durch die Demut geschritten ist.

Das mag die moderne Seele nun gar nicht hören! Da höre ich doch gleich wieder den trotzigen kleinen Fuß aufstampfen, der so sehr zu der modernen Seele passt, die sich doch so reif dünkt. Stampf, stampf! Nein, meine Suppe ess ich nicht! Die Medizin der Demut ist zu bitter – da bleibt die Seele lieber in der Suppe, in der sie von den Dämonen gekocht wird! Und im Schweinestall, der sie so hässlich macht, weil sie den Unrat gar nicht ab bekommt, denn sie will sich ja gerade damit ‚schmücken'. Stampf, stampf – ich bleibe lieber in meinem Saustall.

Nein, die Seele kann nicht eher Braut werden, als bis sie mit Haut und Haar durch die Demut geschritten ist.

Die Demut ist das klare, reinigende Wasser, in dem sich die Seele bräutlich reinigen und bräutlich getauft werden würde. Bereit muss sie sein – bereit dazu: zur völligen Demut. Nicht Demütigung – demütigend ist nur die Erkenntnis, wer und wie sie *bis dahin* war. Aber selbst das erträgt sie willig und demütig, denn sie kann jetzt ihren schönen Kopf beugen, und er *wird* gerade dadurch wunderschön, dass sie ihn beugen kann. O, wie schön wird sie, die Seele, in dem Moment, in dem sie *das* vermag...

Die Seele kann noch so schmutzig sein – in dem Moment, wo sie sich ihres Schmutzes *schämt* und demütig in das Wasser steigt, geschieht etwas...

Und was geschieht denn? Ja, seht ihr es denn nicht? Seht ihr nicht ... was geschieht, wenn die Seele demütig in das Wasser steigt? Sie wird demütig. Und sie steigt in das Wasser. Und sie möchte sich dem Wasser hingeben, und sie tut es. Demut wird *Hingabe*. Und während sie in das Wasser steigt und durch die Demut geht, erfüllt die Demut *sie* – und erfüllt auch die reinigende Kraft des Wassers sie und beginnt dort ihr Werk. Und das Wunder der Reinigung, des Reinwerdens, geschieht...

Dieses Mysterium ist ganz und gar mit der Hingabe verbunden. Wenn die Seele sich demütig dem reinen Wasser hingibt, *geschieht* etwas. Das erste Wunder ist schon die Hingabe selbst. Schon sie ist ein Wunder – denn die Seele kannte sie bis dahin nicht. Aber das zweite Wunder ist, was dieser Hingabe dann entgegenkommt. Das Wasser, und was mit ihm verbunden ist. Das ist das zweite Wunder. Ein heiliges Mysterium. Und die Seele erfährt es, wenn sie durch die Demut schreitet, in das Wasser steigt, mit Haut und Haar, also bis über den Kopf, mit *allem*...

1. November

Es gibt manchmal seltsame Zufälle – aber eigentlich gibt es sie nicht, sondern sind es Zu-fälle, die sein mussten, weil nur dann alles stimmt. Und so ist es auch etwas wunderschönes Zu-gefallenes, dass heute ausgerechnet der Tag ist, den die katholische Kirche als den Tag der Heiligen feiert. Das ist überhaupt kein anderes Wort als die *Reinen*. Es sind die Reinen, derer an diesem Tag gedacht wird. Man könnte auch Katharer sagen – denn Katharsis ist doch die Läuterung. Lauter wie reines Erz... Geläutert von der Schlacke, gereinigt vom Kot der Straße, auch vom eigenen, seelisch gesprochen.

Und es ist auch kein Zufall, sondern ein Zusammenfall, dass *läutern* und *leuchten* denselben heiligen Wortstamm besitzen – die Bedeutung des Lichtes... Die Läuterung ist also der Weg der Lucia, der Licht-Braut – die zugleich die Braut des Lichtes ist...

Was kann man überhaupt noch mehr sagen? Ist damit nicht wirklich alles gesagt? Ist der Rest nicht nur noch das *Gehen* des Weges? Bleibt noch etwas anderes? Nein...

Der Weg der Lucia. Er beginnt also mit der Demut. Mit dem Wundermysterium des Wassers und der Hingabe an die Reinigung, die Läuterung. Hingabe... Wasser...

2. November

Und dieser zweite Novembertag ist dann das Fest der Verstorbenen, Allerseelen. Und ist nicht auch die Seele selbst jetzt endlich gestorben? Ja, sie ist es! Die alte Seele – die Pechmarie, der Ort der Dämonen. Waren es nicht die Säue, in die die Dämonen gefahren sind? Und siehe – die Seele war es wiederum selbst. Nun aber sind sie ausgefahren, sie mussten es, denn die Seele ist hineingestiegen in das Wasser, bis über das Haar, mit Haut und Haar. Das Wasser von außen, die Demut von innen...

Und so starb die Seele, die alte. Und so wird sie geboren, eine andere, sie selbst, die wahre, aber wer ist sie dann? Dann ist sie *Braut*...

Und noch immer braucht sie vom Bräutigam gar nicht mehr wissen, denn noch immer ist es wahr: In dem Moment, in dem sie Braut wird, weiß sie vom Bräutigam – sie weiß es einfach, sie kennt ihn, sie liebt ihn. Nur *sie* musste Braut werden – die Braut aber kannte den Bräutigam immer. Nun weiß sie es. Nun kennt sie das Geheimnis: Die Braut kennt den Bräutigam immer.

Und sie ist die Leuchtende, weil sie Lucia ist, die Geläuterte. Das ist ihr Leuchten. Und in leuchtender Hingabe geht sie dem Licht entgegen, *ihrem* Licht – ihrem Bräutigam. Er ist das Licht, das sie bereits zum Leuchten bringt, während sie sich ihm nähert...

Und das Mysterium lebt zwischen den Worten hin und her – läutern, leuchten, licht, leicht. Es fällt auch alles ab, was herabzog, an die Erde fesselte, insofern sie Kot und Unrat war. Nicht, insofern sie Schönheit und Reinheit ist. Leicht – leicht wie ein Engel ist die Seele, wenn die beschmutzten Ketten des Ego zu Boden fallen, rasselnd, wie ein letztes Knirschen der Dämonen, die keine Macht mehr haben.

Schwer klebt das Pech der Selbstsucht am Wesen der Seele, bis sie zur Hingabe bereit ist – Hingabe an die Demut, Hingabe an das Wasser. Bis sie lernt, die Hingabe zu lieben – mehr als das Pech. Und die Hingabe löst das Pech auf, es verschwindet ... und zurück bleibt das Reine. Die Liebe...

Und doch kann dieser Prozess sehr erschütternd sein, sehr langwierig, sehr schwierig, ein Kampf, eine Katastrophe. Katharsis – kein Zuckerschlecken. Je *weniger* Hingabe die Seele am Anfang kannte, um so schwieriger ist der Weg in das läuternde Wasser. Die Seele könnte zum Beispiel meinen, sie würde ertrinken. Sie könnte wild um sich schlagen wie ein Ertrinkender. Oder sie könnte meinen, sie verbrennt, mitten im Wasser. Denn Pech ist ja sehr brennbar. Sie könnte meinen, es würde von ihr gerissen, mit ihrer eigenen Haut – auch das brennt wie Feuer. Aber es ist gar nicht ihre eigene Haut. Es ist eine *fremde* Haut. Erst darunter lebt ihre wahre Gestalt. Das Pech muss ab...

Erst die völlige Läuterung gibt der Seele ihre neue Gestalt, ihr neues Wesen – auch ihr neues Kleid. Das Kleid der Braut... Kann man glauben, es würde einen überkleiden, *bevor* man durch all dies hindurchgegangen ist?

Mit dem Kleid der Braut hat sie aber auch ein neues Wesen. Sie *ist* Braut. Und das Licht ihrer Hingabe macht auch etwas anderes leicht: den Blick zu ihrem Bräutigam zu erheben. Erst, wer gelernt hat, den Blick und den ganzen Kopf zu *senken*, kann ihn auch wahrhaft wieder erheben. Wer es nicht gelernt hat und die Demut nicht kennt, der blickt auf alles nur *herab* – auch wenn er es nicht weiß. Da aber ist der Bräutigam nicht zu finden – erst im heiligen Aufblicken... Und das vermag nur die Braut... Leicht erhebt sich ihr liebender Blick – und sie sieht ihn, den sie liebt...

Schwer zieht der Blick herab, mit dem das Ego nur sich selbst liebt und auf alles andere herabblickt, ohne es zu wissen. Nur die Demut ist leicht – so schwer sie der Seele auch wird, bis sie sie wahrhaft findet. Die Demut ist schwer zu finden und zu erringen, auch zu wollen – aber *wenn* man sie gefunden hat, macht sie alles andere leicht. *Sie* macht alles andere leicht – und der Bräutigam, der längst unsichtbar hilft, liebend, auch er...

5. November

Verlangt der Bräutigam nun die Demut? Das sei ferne! Er verlangt sie wohl, aber mehr noch verlangt sie die Braut. Möchte sie ihm gefallen? Ja, das möchte sie, aber nicht aus Gefallsucht, sondern weil sie ihn liebt. Liebt er sie denn nicht, solange sie nicht demütig ist? Doch, aber erst wenn sie demütig ist, liebt sie auch *ihn*. Und das möchte er auch.

Aber wie nun – möchte sie demütig sein, weil sie ihn liebt, oder kann sie ihn erst lieben, wenn sie demütig ist? Fragen über Fragen! Die nicht-demütige, die nur neugierige Seele kann all diese Fragen haben und noch tausend andere, und man kann sie ihr nicht beantworten, weil dann tausend neue folgen würden. Wie ein Dämonenkopf, dem immer neue nachwachsen. Die Seele sollte lernen, eine einzige Frage einmal selbst zu beantworten. Nämlich, warum ihr das Fragenhaben wichtiger ist als das *Antwort-Werden*.

Bevor die Seele ihr Pech erkennt – das an ihr klebende Pech –, liebt sie sich selbst. Gerade das ist ihr Pech. Ihr Glück ist, wenn sie dies zu erkennen beginnt. Und dann beginnt sie *zuerst*, die Demut zu lieben – denn sie weiß, dass die Demut ihr hilft, rein zu werden. Sie weiß zunächst *nicht*, dass ihr noch jemand hilft – jemand, den sie aber auch längst liebt, was sie aber ebenfalls noch nicht weiß. Und zwar jemand, den sie sogar von Anfang an und zuallererst

248

geliebt hat, was sie aber am allerwenigsten weiß. So wenig, wie sie wusste, dass sie schon von Anfang an Braut war – und vom Bräutigam geliebt wurde...

6. November

Die Seele kann den Bräutigam also erst lieben, wenn sie demütig ist – aber sie liebt ihn zugleich vom Anbeginn der Zeiten. Sie ist erst Braut, wenn sie demütig ist – aber sie ist es zugleich von Anfang an, nur *weiß* sie dies dann noch nicht ... das heißt, nicht mehr.

Der Bräutigam hat sie von Anfang an geliebt – und auch das weiß sie nicht mehr. Sie muss es erst wieder lernen. Weil sie erst wieder lernen muss, Braut zu werden. Braut sein zu wollen. Was sie doch immer war...

Das sind die Geheimnisse der Seele. Sie sind heilig, und sie sind ewig, und sie sind deswegen heilig. Nicht ewig ist nur das Pech – und es wäre mehr als Pech, wenn es ewig wäre, dann wäre es Tragik. Das Pech ist also nur vorübergehend – bis die Braut beginnt, es loswerden zu wollen, weil sie spürt, dass es nicht zu ihr gehört, dass es sie nur beschmutzt...

Dann steigt sie in das Wasser, bereits vorher durchdrungen von Demut, und sie weiß, das Wasser wird ihr helfen. Und sie ist bereit zu sterben. Und dieser Tod ist der allerschönste Tod – denn er ist die Rettung... Ach, wie schön kann ein Tod sein! Ach, wie schön ist es, sterben zu wollen – sterben für ihn, den Bräutigam; sterben für das Brautkleid... Und zu wissen: Wenn ich *jetzt* sterbe, dann werde ich dann, danach, was auch immer dieses ‚danach' dann sein wird, das Brautkleid tragen – jenes Brautkleid, das ich schon kenne, ich habe es nur vergessen...

7. November

Die Braut ist nichts ohne den Bräutigam. Er ist ihr ein und alles. Sie liebt ihn, wie nur je geliebt wurde. Das macht sie zur Braut. Zur schönsten Braut, die je liebte.

Und wieder höre ich die Fragen der Unwilligen, der Murrenden, der mit den Füßen Scharrenden, der Dämonenbesetzten, Schweinebuben und Pechmarien: ‚Wie, die Braut ist nichts?' Und noch immer wollen sie alle etwas ‚sein' und verstehen nichts. Vor allem verstehen sie nicht das ‚nichts' – gerade das nicht! Man kann das ‚nichts' auch nicht verstehen, solange man ein ‚jemand' sein will. Genauso wenig kann die Finsternis das Licht verstehen, solange sie Finsternis sein will. Dabei ist die Finsternis das *wirkliche* ‚nichts'.

Und genauso sind all die ‚jemande' die wirklichen ‚nichtse', die nicht verstehen, dass man in der wirklichen, also der übersinnlichen Welt erst dann ‚jemand' wird, wenn man ‚nichts' werden kann. Denn erst dann ist man bereit und fähig, zu sterben – und wie kann man vorher in dieser wirklichen Welt etwas oder jemand sein? Nur die Sterbenden sind jemand – die anderen sind nichts. Sie wollen ‚sein' – und sind nicht!

Den Schweinebuben und Pechmarien sage ich also: Guckt doch, was ihr seid! Guckt doch einmal hin – wirklich hin!

8. November

Die Braut ist nichts ohne den Bräutigam. Er ist ihr ein und alles. Und sie jubelt dabei – und er sieht es und lächelt. Nur die Braut kennt das Geheimnis der Hingabe – und nur die sie kennt, ist Braut.

Und wer es hören will, der höre: dieses ‚nichts' ist ein Alles. Die Braut ist alles – alles, was sie sein muss, ist sie. Mehr muss sie nicht sein, und alles ‚mehr' würde sie *weniger* zur Braut machen. Die Braut ist nicht Braut, weil sie nichts ist, sondern weil sie alles ist – sie ist ganz und gar Braut. Für die Augen der Engel und die des Bräutigams ist niemand so sehr Alles wie sie...

Was ist nun dieses Alles? Es ist die Braut, wirklich sie, ihr Wesen, ihr unverwechselbares, und noch darüber hinaus ihre Demut und Hingabe, die sie aber *auch* ist. Und deswegen sage ich: Die Braut ist nichts ohne den Bräutigam – denn das ist ihr eigenes Erleben. Der Bräutigam würde das nie sagen – er weiß, was die Braut ist. Man kann nicht sagen: ‚auch ohne ihn', denn die Braut *ist* nie ohne ihn. Er war von Anfang an bei ihr...

250

Aber sie selbst fühlt: Ich bin nichts ohne ihn. Es ist ihr egal, ob er von Anfang an bei ihr war – sie fühlt: Ich bin nichts ohne ihn. Und das ist wahr. Aber sie war immer *mit* ihm. Sie war nie ‚nichts'... Sie war immer ‚alles'.

9. November

Dennoch scharren die Schweinebuben und Pechmarien weiter: ‚Was interessiert mich der Bräutigam? *Natürlich* bin ich etwas ohne ihn! Er ist mir sogar völlig egal.'

Wohlan, sage ich, so geht denn durchs Leben als das, was ihr seid – denn auch das ist euch ja offensichtlich egal. Ich kann euch dann nicht mehr helfen. Euch kann dann nur noch der Eine helfen – indem er euch hilft, etwas mehr zu erkennen, als ihr es jetzt tut. Es ist immer er, der hilft. Möget ihr euch irgendwann helfen *lassen* – denn er versucht es immer...

Es gibt ja nur zwei Möglichkeiten – etwas sein wollen oder nichts sein wollen. Wer etwas sein will, ist nichts, und wer nichts sein will, ist voller Wunder etwas. ‚Die Letzten werden die Ersten sein'. Es ist alles schon gesagt, man will es nur nicht hören – bis man es eines Tages hören will. Auf diesen Tag warte ich...

Wer hier etwas sein will, ist für die Augen der Engel ein Nichts – und ist nur da etwas, wo er nichts sein will, denn das ist in der Seele auch immer vorhanden. Da beginnt sie immer schon, Braut zu werden und sich an ihr Brautsein zu erinnern. Aber sie weiß es nicht, weil sie sich selbst so wenig kennt. Bewusst ist ihr nur, dass sie ‚etwas' sein will, bewusst ist ihr nur das Pech an ihr – und auch das hält sie für ‚etwas', aber sie erkennt es nicht als das, was es ist.

Die Wege der Seele sind unergründlich – für sie selbst! Bis sie lernt, nicht mehr etwas ‚sein' zu wollen, sondern erkennen zu wollen, was sie ist, und dann noch lernt, sich davor zu entsetzen!

Man kann ewig darüber diskutieren, aber diskutieren hat gerade keinen Sinn – auch das ist ein ‚nichts' für die Augen der Engel. Will man für immer in diesem ‚nichts' bleiben? Sinn hat nur, herauszufinden, was etwas ist – wie bei einem Kuss. Es hat keinen Sinn, über den Kuss zu diskutieren, solange man gar nicht weiß, was das ist. Und wer es weiß, wird nicht mehr diskutieren wollen... Man kann die Sehnsucht nach einem Kuss letztlich auch nicht herbeireden. Irgendwann ist ein Punkt, wo man sagen muss: Wenn du jetzt noch immer nicht küssen willst, musst du warten, bis du es eines Tages willst. Vorher wirst du nicht wissen, wie schön es ist.

So ist es auch mit der Demut. Und wie passend ist dieses andere Beispiel! Denn auch der Kuss erhofft völlige Hingabe. Die meisten Menschen küssen heute ohne diese völlige Hingabe – und das bedeutet *nicht richtig*. Das ist dann ihre eigene Schuld. Sie mögen tun, was sie wollen, denn offenbar wollen sie beim Küssen etwas anderes, als sich *wirklich* hingeben. Das ist traurig genug, aber helfen kann man ihnen nicht, außer ihnen zu sagen, dass es noch etwas *anderes* gibt – und dass erst dies ein wirklicher Kuss wäre.

Auch beim Küssen muss man sterben können... Sagt man nicht ‚zum Sterben schön'? Ich glaube nicht, dass heute noch jemand weiß, was Küssen eigentlich ist. Der Tod ist immer eine Hochzeit, eine Vermählung. Aber was bedeutet das Seelen, die nicht mehr Braut werden wollen?

Der elfte November ist der Tag von Sankt Martin – er teilte seinen Mantel mit einem Armen. Ist das ein gutes Bild? Wenn man es denn ernst nähme! Wenn man es aufrichtig spüren würde, dieses Teilen, dieses Hingeben. Auch hier wieder: Hin-Gabe...

Wenn man es allerdings nur ganz oberflächlich hin-*nimmt*, dieses Bild, ohne dass es irgendetwas in der eigenen Seele verwandelt, ist es ganz nutzlos. Dann ist der halbe Mantel wie halber Ernst, wie ‚halbe Sachen machen', wie ‚nichts Halbes und nichts Ganzes'.

Hätte Sankt Martin nicht seinen *ganzen* Mantel geben können? Aber das fragen auch wieder nur die, die sowieso nur diskutieren wollen. Es kommt auf die *innere* Gesinnung des heiligen Martin an – und weil er heilig ist, war seine innere Gesinnung die richtige. Es *war* ja auch kalt, auch er brauchte den halben Mantel. Und der Mantel war groß genug für zwei... In Wahrheit ist *immer* alles groß genug für zwei – und nur die Wenigsten wissen das. Blind dafür macht aber nur der Egoismus. Wenn er größer ist als alles andere, will man die einfachsten Wahrheiten nicht sehen. Der Unwille ist dann groß, und der Wille, die Augen aufzutun, klein. Manche denken, sie teilen ihre Seele zumindest auf zwischen Egoismus und Demut – aber warum geben sie der Demut immer nur das kleinere Stück? Sankt Martin hat immerhin gerecht geteilt. Vielleicht sogar dem Bettler das größere Stück, denn sein Herz führte das Schwert, mit dem er teilte...

12. November

Die Tage werden kürzer, und die Seelen werden auf sich selbst zurückgeworfen. Ist das gut oder schlecht? Wenn die Tage kürzer werden, ist man mehr innerlich, mehr mit sich allein, jedenfalls nicht mehr so sehr in der Natur. Ich meine, im Sommer, der vor Licht und Wärme sprüht, ist die Seele wie ausgegossen in diese Natur. Das kann auch in der Stadt sein. Man fühlt sich eins mit allem – man ist nicht bei sich. Nicht so sehr wie im Herbst, wenn alles immer dunkler und auch immer abweisender wird. Die Außenwelt stößt den Menschen gleichsam zurück – also *muss* er ja mehr zu sich kommen...

Ist das nun gut oder schlecht? Es *wäre* gut, wenn man dann auch in ein Nachsinnen käme. Aber auch dafür müsste die Seele eine Veranlagung haben – oder eine Sehnsucht danach. Sonst wird sie die Abweisung durch die Natur nur mürrisch registrieren und noch unfreundlicher werden als sonst schon. Oder depressiv in einem ganz unfruchtbaren Sinne. Dann ist überhaupt nichts gewonnen, obwohl im Herbst so viel zu gewinnen sein könnte – ist der Herbst doch die Zeit der Frucht und der Ernte!

Heute wissen die Seelen nicht mehr zu reifen und zu ernten. Es ist, wie wenn sie schon am Stamm verfaulen würden.

13. November

Die meisten Menschen, die in der dunklen Jahreszeit depressiv werden, leiden an einer Depressivität, mit der man kaum Mitleid haben kann. Denn es ist nicht eine Depressivität, die wahrhaft leidet und die deshalb auch eine Sehnsucht nach Erlösung hätte. Die meisten Menschen haben im Grunde auf die Dunkelheit und scheinbare Trostlosigkeit von wenig Licht und viel Kälte und viel Nässe nur einen heimlichen Groll. Sie merken gar nicht, wie sehr sie unbewusst oder ganz bewusst die Jahreszeit des Spätherbst und des Winter *anklagen* – so als seien diese zu etwas verpflichtet, was sie nicht einhalten.

Die Menschen merken gar nicht, wie sehr sie sich gehenlassen – in einer inneren Faulheit, die sich von der Dunkelheit einfach überwältigen lässt. Die Menschen sind wie die Pflanzen – sie verwelken ebenfalls seelisch mit jedem Herbst. Aber wenn sie darunter wenigstens aufrichtig leiden würden! Doch stattdessen jammern sie nur, was das Gegenteil von Leiden ist, und beklagen sich, schimpfen – und bilden sich sogar noch etwas darauf ein, dass sie mit dem Herbst so streng und unduldsam sind. Als wenn sie ein Recht darauf hätten, täglich von Licht und Wärme umflutet zu werden!

Die Menschen merken gar nicht, wie *arrogant* so eine Herbstdepression ist! Sie benehmen sich wie die Prinzessin auf der Erbse.

14. November

Wer sich fortwährend beklagt, der ist nicht bereit für den Weg der Seele, denn sein Ego ist viel zu groß. Gerade die Ewig-Jammernden haben oft ein ganz großes Ego. Sie können es nicht ertragen, einmal nicht *gehätschelt* und umhegt zu werden und vollkommen im Mittelpunkt zu stehen, mit allen Annehmlichkeiten versorgt. Und dann schimpfen sie, gegen Gott und die Welt – und an Gott glauben sie sowieso nicht und die Welt verachten sie sowieso, und was bleibt? Ihr eigenes Ego, das groß wie die Welt ist und sich zum eigenen Gott aufbläst. Riesengroßes Ego – und ein ganz winziges Ich.

Ich-schwache Menschen, die dauernd klagen und jammern müssen und für alles zu schwach sind – sogar dafür, den bösen, bösen Herbst zu ertragen. Und niemals fragen sie, wer alles *sie* ertragen muss!

Es gibt Menschen, deren Lebenszweck darin zu bestehen scheint, sich über alles zu beklagen. Doch dahinter steht eine riesengroße, unfassbare *Faulheit*. Sie wollen nicht die geringste innere Aktivität aufbringen, die sich *selbst* halten könnte, lebendig und kraftvoll wie ein Baum. Stattdessen verhalten sie sich wie eine kraftlose Schlingpflanze, die lieber andere erstickt, als irgendeine eigene innere Leistung zu vollbringen, und sei es nur, sich einmal zu *freuen*. Das wäre eine eigene innere Tat, ein Blühen der Seele, etwas Positives, etwas Fruchtbares – aus dem tatsächlich auch eine Frucht entstehen könnte. Es ist nie umsonst, wenn man sich freut... Die Freude trägt ihren Lohn schon in sich selbst, und dennoch entsteht aus jeder Freude noch etwas.

Aber von alledem wollen die, die sich durch das Jammern und Grollen definieren, nichts wissen. Wann werden Sie ihren Sinn einmal ändern?

15. November

Jede Seele, die geboren wird, hat einen ungeheuren Willen zur Erde hin, einen freudigen Willen – sie *will* geboren werden! Es ist eine *Kraft* – eine Kraft der Verkörperung. Man muss sich doch fragen, wie kann sich eine körperlose Seele mit einem Körper vereinigen? Das ist eine unvorstellbare Kraft. Die Seele *will* es, ganz und gar. Es ist eine Kraft, die ganz und gar aus Zuversicht besteht – und diese Zuversicht ist *Wille*. Diese Kraft bejaht die Erde, sie will das Erdenleben, das Erdenschicksal. Obwohl sie im Himmel war, geht sie nun einem neuen Erdenleben entgegen und *verkörpert* sich.

Man kann sich das einfach nicht groß genug vorstellen. Der Geist selbst verbindet sich mit der lebendigen Materie. Was sonst, in der Natur, nie geschieht – das geschieht durch den *Menschen*. Der Geist wirkt nicht nur auf die Materie, Formen gestaltend, Leben erweckend, Empfindung einhauchend, sondern er *selbst* offenbart sich, taucht ein in die Materie, in einen Leib, gleichsam eins werdend, sich *im* Leiblichen und durch das Leibliche zur Erscheinung bringend.

Der Mensch ist eine geistige Erscheinung. Die Inkarnation ist ein Wunder. Sie ist der Einschlag des Geistigen in das Irdische. Der Wille schlägt wie ein Blitz ein – der Geist *will* sich verkörpern. Das ist der Ur-Schöpfungsmythos jedes einzelnen Menschen. Eine Realität. Apokalypse, Offenbarung, erschütternde Schöpfung, Werde-Wunder...

16. November

Und diesen nicht vorstellbaren, unfassbaren *Werde-Willen* muss man vor Augen haben, wenn man dann ... die trostlosen, herbstdepressiven Seelen sieht, die überall sind – überall.

Welche Vernichtung muss die Menschenseele durchgemacht haben, um so zu enden? Welche Vernichtung an schöpferischer Werde-Willens-Kraft, die sich einst von einem Himmels-Sein in einen irdischen Leib *hineininkarniert* hat! Es ist, wie wenn ein mächtiger, ein bergesstarker Riese ... sich auflöst zu einem trockenen Laubblatt, das kraftlos vom Baum fällt und zur Erde niedersinkt.

Der *Mensch* – der Mensch sollte, so war es gedacht, stärker sein als ein Baum, stärker als die mächtigste Eiche. Der Mensch – das war der *Magier* unter allen Wesen der Erde. Ihr weiser Beherrscher und sein eigener Schöpfer. In jedem Moment sollte er sein eigenes Glück *neu schöpfen* – und zugleich das Glück aller Wesen, die seine Gefährten auf Erden waren, nämlich die ganze Natur.

Der Mensch hatte alle Macht, ein Heger und Hüter der lieben, wunderschönen Natur zu sein. Und was ist er geworden? Ein Sofa-Geschöpf, das sich beklagt, wenn es früher dunkel wird! Wie tief musste der Mensch sinken, um so vollkommen alle innere – und äußere – Kraft zu verlieren? Um von einem Werde-Willens-Schöpfer zu einem ganz buchstäblichen Jammer-Lappen zu werden? Wie ist so etwas möglich?

17. November

Man muss *spüren*, wozu der Mensch bestimmt war und noch immer ist – und es auch für immer sein wird, weil es noch immer nicht zu spät ist. Man muss spüren, was man nicht verwirklicht, obwohl man es verwirklichen könnte. Dieses Spüren, das *Fühlen*, führt einen in die Realität. Man muss *spüren*, wie die innere Faulheit, die man bisher nie zur Kenntnis genommen hat, eine übersinnliche Realität ist, und zwar Realität im Sinne von Kraft – in diesem Fall von einem Fehlen, aber als volle Realität.

Man muss die Realität des Vakuums spüren. Die verlorene, aufgegebene und weggeworfene Kraft ist so real wie ein gebrochenes Bein, wie ein ins Herz gestoßener Dolch. Es ist nicht nichts, sondern das Gegenteil – allergrößte Tragik, tragische *Versagens-Tat*.

Denn dieses Vakuum, das aus dem Menschen einen mäkeligen Stubenhocker und Sofa-Sitzer gemacht hat, der noch *in* der Stube weitermacht mit seinem depressiven Jammern, dieses Vakuum an innerer Kraft ist eine direkte Folge eines verachtenswürdigen Sich-Auslieferns an die Gegenmächte. Der heutige Mensch weiß davon nichts, aber seine Seele hat sich ausgeliefert – und hat sich *gern* ausgeliefert, in diese Trägheit hinein, in dieses Jammern, das ja ach, so wohltuend ist! Wie viel angenehmer ist es, zu jammern und nichts zu tun, als einmal innere Stärke zu zeigen und wahrhaft Mensch zu sein!

18. November

Was ich geschrieben habe, scheint nach Spott und Sarkasmus zu klingen. Aber echter Sarkasmus ist seelenlos – selbst auch williges Opfer der Gegenmacht. *Mir* brennt das Herz, wenn ich diese ganze

Willenlosigkeit sehe. Ich will mit meinen harten Worten die Seele *aufwecken*, weil ich die Zuversicht habe, dass das möglich ist.

Es nützt der jammernden Seele gar nichts, wenn man falsches Mitleid mit ihr hat – denn das will sie ja gerade. Sie bejammert und bemitleidet sich selbst eigentlich fortwährend – und heischt zugleich nach einem Mitjammern aller anderen. Das würde ihre Krankheit aber nur *unterstützen*. Ein Arzt weiß genau, dass jede Schonhaltung auf Dauer verheerend ist – und man nur heilen kann, wenn man diese wieder *wegbekommt*.

Nahezu alle Probleme mit Muskeln und Knochen kommen durch einen Mangel an Tätigkeit. Erst ist der Mensch faul – dann wird er krank, bis in den Leib hinein. Man kann dann mit ihm Mitleid haben – aber muss ihn doch zugleich zur *Tätigkeit* antreiben, denn nur so kann man ihn wirklich heilen. Und das Gleiche ist es mit der Seele. Die Seele ist in der Regel noch viel fauler als der Leib. Viele Seelen bewegen sich nach Ende der Jugend – und oft schon vorher – *überhaupt* nicht mehr. Sie versteifen, und zugleich werden sie haltlos wie ein trockenes Herbstblatt im Wind. Zu nichts mehr in der Lage.

Die Faulheit ist die Ur-Krankheit der Seele – und eigentlich auch ihre einzige, in ihr liegt die ganze Katastrophe. Die Faulheit ist die Selbst-Versklavung an die Gegenmacht.

19. November

Die Seele muss dies verstehen: was geschieht, wenn sie innerlich nicht tätig wird, obwohl sie mit einem derartigen Werde-Willen auf die Welt gekommen ist. Sie muss begreifen, dass dies eine einzige Katastrophe ist. *Die* einzige Katastrophe, die auf Erden geschehen kann: das Versagen des Willens. Ein Versagen durch Versiegen.

Aber die Seele wird diese Katastrophe nie begreifen und auch nie empfinden können, wenn sie nicht an irgendeinem Punkt *erleben* kann, was eigentlich *Wille* ist. Denn nur, wenn sie dies kann, kann sie erleben, dass sie ihn normalerweise nie hat. Ein Blinder weiß nicht, was Licht ist. Ein Gelähmter weiß nicht, wie es wirklich ist zu gehen.

Den Willen kann man auch nicht da kennenlernen, wo man Dinge sowieso macht, und sei es gequält. Man kann ihn erst da *wirklich* kennenlernen, wo man ihn aktiv *einsetzt* – bewusst, mit Entschlossenheit, aus eigener Entscheidung, ja mit Freude. Man muss etwas selbst *wollen* – da lernt man den Willen kennen. Wenn man dann darauf achtet, was man da eigentlich macht und was da eigentlich geschieht. Es geschieht nämlich ein Wunder. *Das ist wirkliche Magie.* Der Wille auf Erden.

Hier liegt das Mysterium des Berge versetzenden Glaubens. Es beginnt mit dem Berge versetzenden *Wollen.*

20. November

Dem wirklichen Willen ist kein Hindernis zu groß. Es *interessiert* ihn überhaupt nicht, wie groß die Hindernisse sind – sondern ihn interessiert nur sein Ziel: das, was er will. Dies zu erreichen, wird er keinen Augenblick nachlassen, keinen Moment ermüden, er wird *unerschütterlich* daran festhalten.

Man glaubt nicht, dass das möglich ist? O, wie schwach ist euer Glaube! Das ist die *einzige* Realität des Willens! Der Wille ist das Unerschütterliche schlechthin. Da, wo eine Erschütterung ist, ist der Wille eben nicht mehr da, da weicht er zurück. Der Wille selbst ist reinste Kraft. Kraft! Das muss man einmal besinnen. Würde man einen ganzen Tag lang darüber meditieren und kontemplieren, was Wille wahrhaft ist, so würde man den Willen schon finden. Wille ist Kraft. Und diese Kraft ist unerschütterlich. Und alles andere ist nicht mehr Wille – sondern Gegenschlag, Willens-Schwäche, Zweifel, Mangel an Wille, Fehlen des Willens.

Die Mysterien des Willens sind die Mysterien der Kraft und damit die Mysterien der Magie. Wille ist Magie – eine Magie, die Berge versetzen kann. Dass der *Körper* das zunächst nicht unbedingt kann, ist etwas völlig anderes. Wir sprechen hier von den Mysterien des *Willens*, nicht von denen des Körpers. Der Körper hat Grenzen – der Wille hat keine Grenzen...

Und wenn *das* der Wille ist, die Magie des Grenzenlosen, grenzenlose Magie, eine unendliche Zuversicht, die zur *Inkarnation* führt und diese Inkarnation *ist* – wenn man dies alles wirklich erleben kann, dann kann man auch empfinden, welcher Vernichtungsschlag den Gegenmächten gelungen ist, wenn sie diesen Willen *paralysieren*.

Und diese Gegenmächte wirken überall und hoch effektiv. Sie wirken in der Erziehung – die nämlich von Menschen praktiziert wird, die *selbst* schon paralysiert wurden. Und eigentlich ist alles Erziehung, jeder Moment in einer Kultur, die aus einem Zusammenleben mit anderen Menschen besteht. *Immer* wird man geprägt, erzogen, subtil kontrolliert und gelenkt. Der Mensch ist nie ohne mächtigsten Einfluss, unter dem er steht. Die Kontrollmechanismen sind hoch effizient. Um ihnen zu entgehen, müsste man schon den allerstärksten inneren Willen haben. Und den hat man nicht, weil er einem schon ganz früh ausgetrieben wurde.

Die Tragik ist, dass das ganz kleine Kind durch seine leibliche Schwäche vollkommen auf seine Umwelt angewiesen ist. Der unendlich starke Wille wirkt ganz im Umkreis, die Inkarnation ist ja nicht mit der Geburt abgeschlossen. Sieben Jahre lang wächst der Leib ungeheuerlich, alle Organe bilden sich weisheitsvoll. Was da geschieht, kann sich der Weiseste nicht klarmachen. Hier wirkt *Wille*. Aber seelisch ist das Kind unendlich schwach, ist wie ein Schwamm, ein Bienenwachstäfelchen, das alles aufnimmt, was man ihm eindrückt.

Der kleine Mensch wird geprägt. Und man presst ihm den Willen aus und bringt ihn dazu, sich anzupassen und zu gehorchen.

Die Schule tut dann den Rest. Dreißig Kinder sitzen still. Dreißig Kinder lernen das Gleiche zur gleichen Zeit. Dreißig Kinder lernen genau das, was die Großen sagen, und das, was auf einem Plan steht. Sie haben Stunden nach Plan und dürfen erst nach Hause gehen oder etwas anderes machen, wenn der Plan es sagt. Erziehung ist *Gehorsam*.

Das Kind lernt, zu tun und zu lernen, was man ihm sagt. Es lernt, nichts mehr selbst zu tun. Es lernt, sogar zu vergessen, dass man das tun *könnte*. Das Kind lernt völlige Passivität. Es lernt Fremdbestimmtheit. Das Kind lernt das Prinzip der Gegenmacht.

Erziehung ist eigentlich nur eines: eine ungeheure Willens-Vernichtungsmaschinerie. Und die Erwachsenen haben nicht die geringste Ahnung, was sie da tun. Denn sie reproduzieren nur, was man auch mit ihnen getan hat, und sie durchschauen nicht das Geringste.

Wille wird vernichtet. Wille wird gebrochen. Wille wird aberzogen. Wille wird gelähmt. Wille wird zum Vergessen gebracht. Wille wird daran gehindert, aufzuwachen. Und *hinterher* wundert man sich, warum die jungen Menschen nichts wollen... Dabei wollen sie noch immer unheimlich viel, und selbst daran hindert man sie noch...

23. November

Und die größte Verlogenheit besteht darin, dann, wenn die Jugend beginnt, etwas zu wollen, dies zu verurteilen und zu sagen: Wir haben euch noch nicht gut genug erzogen. Denn was hat man getan? Man hat ja über Jahre hinweg den Willen vernichtet! Wenn er dann in der Jugend völlig unkontrolliert und manchmal chaotisch und subversiv noch einmal an die Oberfläche drängt, sagt man: Erziehung ist das Einzige, was ein Gegengewicht zu dieser dunklen, dionysischen, kulturgefährdenden Macht geben kann. Aber man durchschaut nicht, dass das eigene Erziehungshandeln, die brutale Konditionierung in den Jahren zuvor, verursacht, dass sich jetzt der Wille des Jugendlichen gegen all dies noch einmal zu wehren beginnt.

Man durchschaut überhaupt nichts. Der Wille des Jugendlichen müsste sich gegen die Erwachsenenwelt überhaupt nicht wehren, wenn diese nicht so *schlimm* wäre. Dass das, was die Jugendlichen tun, in den Augen der Erwachsenen nicht ‚vernünftig‘ ist, ändert nichts daran, dass die Erwachsenenwelt noch viel unvernünftiger ist. Denn die Erwachsenen sehen nichts, obwohl sie erwachsen sind. Die Jugendlichen wehren sich aus gutem Grund, und nicht einmal das begreifen die Erwachsenen. Meistens begreifen die Jugendlichen sogar *sehr gut*, wogegen sie sich wehren – die Erwachsenen jedoch nicht.

Die Jugendlichen sehen viel klarer als sie, welches Vernichtungsprogramm alle durchmachen. Alle. Und die Jugend wehrt sich für kurze Zeit dagegen, wie ein Fisch auf dem Trockenen, der noch einmal zappelt.

24. November

Das Geheimnis von Pädagogik wäre, den Willen nicht zu vernichten oder zu lähmen, sondern ihm zu helfen, in voller Stärke und in seiner wahren Gestalt zu erwachen – in dem Maße, in dem das Kind älter wird und Erdenbewusstsein erhält. Man kann sich nicht vorstellen, wie gigantisch dieser Wille sein kann. Die größten Genies und Schöpfer auf Erden haben ihren wahren Willen mehr oder weniger offenbart. Und *jeder Mensch* hat einen solchen Willen! Davor kann man schon Angst haben – wenn man selbst nur durch die Vernichtung gegangen ist und *keinen* solchen Willen mehr hat.

Man kann sich schon vorstellen, dass man dann lieber ein kleines Rädchen in der Erziehungsmaschinerie bleibt und ganz nach Vorschrift und Plänen auch den Willen der anderen, heranwachsenden Menschen vernichtet – selbst wenn man glaubt, man täte es nicht.

Man kann sich gar nicht vorstellen, wie mächtig dieser Wille ist, der da sein *könnte*, wenn man ihn nicht vernichtet. Man kann sich aber auch nicht vorstellen, wie gut dieser Wille ist – wie sehr er das Gute wollen könnte und würde. Was in der Jugend an die Oberfläche gespült wird und drängt, ist überhaupt nicht mehr *dieser* Wille, sondern nur noch das Produkt der Vernichtung, der letzte Rest, der dann in völlig verwandelter Gestalt aufbegehrt. Der zum Beispiel genießen will, weil er den Genuss mit Leben gleichsetzt und das Lernenmüssen mit Zwang und nutzlosem Brechen des Willens.

Und zum einen haben die Jugendlichen damit ganz und gar Recht, zum anderen sind sie aber bereits selbst längst so ungeheuer Opfer geworden. Sie haben ihren ur-eigenen Willen verloren und vergessen, und der Wille der Gegenmacht hat sich mit dem ihren – dem, was noch übriggeblieben ist – vermischt.

25. November

Niemand *weiß*, wie groß und heilig und umfassend der Mensch ist – der wirkliche Mensch, sein wahres, großes, heiliges, umfassendes Wesen. Das weiß heute niemand mehr – aber jeder sollte es wissen und könnte es wissen. Es muss gewusst werden! Denn das Nicht-Wissen ist das Tragischste, was es gibt. Ein Vergessen des eigenen Wesens. Und dann auch ein Nicht-mehr-wissen-*Wollen* – weil dieses eigene Wesen *degeneriert*. Und was ist die Degeneration? Das Sich-Anfüllen mit dem Gift der Gegenmächte – mit einer bodenlosen Faulheit, die sich *wohlfühlt* im Nichtwissen, im Vergessenhaben, im Nicht-mehr-wirklich-Mensch-Sein.

Oh ja, sie alle fühlen sich als Menschen – denn nichts unterscheidet sie voneinander, es wirkt ja in allen dasselbe Gift. Und weil der Mensch so gerne vergleicht, ist er auch hier wieder beruhigt – hier, wo er nicht beruhigt sein dürfte, sondern *entsetzt* sein müsste, was er aus sich gemacht hat und hat machen lassen. Und mehr noch: Was er *nicht* aus sich gemacht hat. Nämlich das, was er hätte sein und werden sollen – wahrhaft Mensch...

Stattdessen – ein blindes Wesen. Ein dementes Wesen. *Vollkommen* vergessen hat es, was es eigentlich wäre, was sein Wesen wäre. Dieser Erdenmensch zu sein? Verrückt ist es auch noch. Niemand weiß mehr, was der heilige, wahre Mensch ist...

26. November

Ich habe das Gefühl, dass die Jahreszeiten, die uns Menschen durch eine unglaubliche Gnade geschenkt wurden – sie sind ja selbst ein Mysterium, ein wahres Wunder in ihrer ganzen Schönheit, Weisheit, Vollkommenheit –, da sind um unserer Seele willen. Und mehr noch, dass sie alle mit jeweils einer Kraft der Seele zu tun haben. Was für ein wunderbares Geheimnis!

Aber niemand kann es würdig empfangen, der nicht eine heilige Hingabe an das Wunder kennt. Und wie kann man glauben, überhaupt *irgendetwas* zu verstehen, verstehen zu können, wenn man so unfassbar selbstgefällig in seiner Seele ruht? Dass man eine Lieblingsjahreszeit hat und dass die anderen einem mehr oder weniger egal, unwesentlich, nachrangig sind – als hätten die Jahreszeiten, als hätte irgendetwas die Aufgabe, *mir* zu gefallen! Wie bequem und selbstzentriert sind die Seelen! Es ist nicht mehr zu beschreiben... Oder dass man in der dunklen Jahreshälfte in einen Schwäche-Klage-Jammer-Zustand versinkt, wie eine Blume, die dahinwelkt – und als wenn der Mensch nicht unendlich *mehr* als eine hilflose Blume wäre!

Wie also will man unter solchen Voraussetzungen – dieser gewaltigen Selbstliebe und dieser gewaltigen Selbst*schwäche* – irgendetwas von den Mysterien der Welt erkennen?

Ein Tölpel, der sich in einen Tempel verirrt, wird alles mit seiner Anwesenheit beleidigen und beschmutzen, aber er wird nicht das Geringste *erkennen*!

27. November

Das Heilige muss man *wollen* – und man *wird* es von dem Moment an wollen, wenn man die Leere und das Armselige des Bisherigen begreift. Die Schande, die Blässe und das Beschmutzende, das das gewöhnliche Menschenwesen für das wahre Wesen und Leben der Seele bedeutet. Aber dies ist ein wachsendes, heiliges Erkennen. Ein Erkennen mit dem ganzen Herzen. Und *dann* wird die Seele gar nichts anderes mehr wollen, als sich von dem Furchtbaren, dem Verdunkelnden, Schwächenden, von den Gegenkräften abzuwenden und sich dem Heiligen zuzuwenden. Denn dies ist ihre wahre Heimat, und nun *fühlt* sie es, weiß sie es, erkennt sie es und will sie es...

Und die Gnade der dunkler werdenden Jahreszeit, des Herbstes, ist es, den Menschen auf sich selbst zurückzuverweisen. Und dann kann das Denken beginnen. Das Denken und die Kraft der Besinnung – das gerade ist die Gnade des Herbstes! Es gibt so unendlich viel zu *erkennen*. Und das Denken ist das Geschenk, das Organ, das in diesem Erkennen leben könnte. Man weiß gar nicht, was und wie viel das bedeutet, aber nach und nach könnte man es erkennen. Das Denken könnte sein *eigenes* heiliges Wesen erkennen. Was es überhaupt bedeutet zu erkennen. Was für ein heiliges Geschehen dies ist – und was für ein heiliges Tun. Es ist Gottesdienst – und es ist Menschwerdung.

Das wirkliche Denken ist ein Wunder. Aber es ist auch ein Tempel. Bevor man nicht in diesen eintritt, denkt man nicht wirklich. Aber der Herbst könnte einem den Zugang schenken. Es ist, wie wenn die Stürme des Herbstes einem mit sanfter Hand den Schlüssel entgegentragen: Löse dich von mir, der Natur. Kehre in dich selbst zurück. Und – *erkenne* dich selbst...

28. November

Das Denken ist der erste Schritt. Die Seele wird sich immer nur dann ändern, wenn sie beginnt zu *begreifen*... Allein daran kann man schon sehen, welch ein heiliges Zentrum das Denken ist. Das Leben in lichtvoller Erkenntnis und ihrem heiligen Wachsen.

Aber wenn dies wirklich ein *Leben* ist, dann wird die andere Kraft der Seele zutiefst und innigst damit verbunden sein – das *Fühlen*. Und ist das Denken schon ein heiligstes Mysterium, das man gar nicht begreift, bevor man von diesem Begreifen erschüttert wird ... so ist das Mysterium des Fühlens noch tiefer, noch heiliger und erst recht gar nicht mehr begriffen.

Aber der Winter will es uns jedes Mal wieder schenken! Das Fühlen und seine Kraft der heiligen Vertiefung ist die Gnade des Winters... Und nicht umsonst und nicht zufällig, sondern aus heiliger Notwendigkeit liegt hier und nirgendwo sonst das Geheimnis der Heiligen Nacht.

Nacht! Also in völliger Dunkelheit. In jener Dunkelheit, über die die Menschen sich so beklagen. Aber sie tun es, weil ihnen das Fühlen verlorengeht. Weil sie in bloßem Selbstgefühl und in Nicht-mehr-Fühlen ersticken. Aber der Winter möchte der Seele dieses Fühlen gerade immer wieder schenken. Und die hingebungsvolle Seele, die das Geheimnis der Winternächte kennt, empfängt es in Fülle – in Überfülle...!

29. November

Und dann gibt es noch ein Geheimnis – und das reicht noch tiefer und ist noch heiliger. Und wie kann man glauben, es überhaupt ahnen zu können, wenn man nicht die beiden anderen Geheimnisse begriffen hat, in erschütternder Verwandlungsmacht? Man kann von diesen Dingen gar nicht mehr sprechen – man bräuchte selbst ein ganzes Jahr, allein nur dafür!

Und doch spreche ich ja die ganze Zeit über nichts anderes... Und trotzdem. Trotzdem wäre noch so viel zu sagen – aber vor allem müsste die Seele unendlich, bis in alle Tiefen, *empfänglich* werden. Denn man kann noch so viel sagen – wenn es nicht auf guten Boden fällt, sondern auf die Steine und unter die Dornen ... dann ist es alles vergebens.

Das dritte Geheimnis ist der heilige *Wille*. O, wie tief ist dieses! Und dieses unvorstellbare Geheimnis will der Frühling schenken. Der Frühling – ist es nicht reinster Wille, der im Frühling erwacht? In jedem Keimling? Der sich mit unglaublicher Kraft in das Leben hineinbricht, *als* Leben? Und der mit einer unbesieglichen Kraft durch den Asphalt bricht, zwischen Mauern hindurchbricht? Das Leben, das unüberwindbar stärker ist als der Tod?

Und das ist die Natur. Und der Mensch? Ist er etwa weniger als die Natur? Er ist mehr! Und die Natur offenbart nur sein *Geheimnis*.

Aber dann gibt es noch ein Gotteswesen, das Mensch wurde und das alle scheinbaren Naturgesetze aufhebt, weil es ein *höheres* Gesetz offenbart hat. Und was ist dieses höhere Gesetz? Es sind die allerheiligsten Willensmysterien... Was der Wille vermag, wenn er nicht nur so klein ist wie ein Senfkorn, mit dem doch schon Berge versetzt werden könnten! Tod, wo ist dein Stachel? Die größte Macht ist das *Leben*, und in diesem der *Wille*, und in diesem die *Liebe*!

30. November

Aber wenn dann das Mysterium der Auferstehung, dieses allerhöchste Geheimnis, im Frühling liegt und dem Menschen den *Willen* schenken will ... ist dies nicht schon das Höchste? Und ist nicht das Himmlische immer eine Dreiheit – und nur alles Irdische eine Vierheit? Wozu der Sommer...?

Ist das nicht erschütternd? Gerade der *Sommer*, der von so vielen Menschen begehrt wird als die einzige angenehme Jahreszeit, das Ziel all ihrer Wünsche – gerade er soll kein Geheimnis mehr bergen? Oder liegt das Geheimnis so tief, dass alles irdische Begehren der Menschen nur wie eine ... *Blasphemie* anmutet? In der Tat, nackte Körper am Strand oder in der Gartenliege, die sich in Faulheit fallenlassen, um im Prinzip nur noch *Körper* zu sein, sind in der Tat eine Blasphemie des *Menschen* – eines Menschen, der göttlich gedacht war, als das *Gegenteil*.

Nicht etwa als reiner Geist, aber als Geistesmensch, als Leib, der nicht bloß *Körper* ist, als Seele, die nicht selbstsüchtig ist, als Geist, der der wahre Mensch ist. Die Auferstehung des höchsten Gotteswesens, das *für uns Mensch* wurde, hat nur den einen Sinn – dass der Mensch ihm, dem Erretter, nachfolgt. Und es ist seine Gnade, dass dafür noch eine Jahreszeit übrig ist... Der Sommer – sein eigentliches, heiliges Mysterium ist gerade die Menschwerdung. Das völlige Gegenteil des Bisherigen, wo der Mensch im Sommer eher Tier wird, oder Pflanze, oder bloße Materie. Der Sommer ist die Jahreszeit von Johannes – des größten aller Menschen...

Der Mittelpunkt der Seele ist das Ich. Christus ist der wahre Bringer dieses Ich, denn er ist seine Quelle... Aber die Quelle muss noch durch die Wüste strömen, damit auch diese zum Leben erwacht. Und Johannes ist der Rufer in der Wüste. Er sucht den Menschenbruder, der mit ihm den verkünden will, dem jeder Mensch alles verdankt. Und auch Christus selbst sucht ... seine Brüder, seine Schwestern. Erkenne dich, o Mensch!

Advent

1. Dezember

Und dann wird die Seele fromm... Der Dezember bricht an, und die Seele empfindet den heiligen Monat. Es ist der Monat des Frommwerdens. Aber nur für jene Seele, die sich dem hingeben kann, und dieses Sich-Hingeben ist bereits der Beginn... Der Dezember ist der Monat des Advent. Und Advent heißt Ankunft. Aber was nützt eine Ankunft, wenn sie nicht erwartet wird, erhofft? Advent ist also der Monat der Erwartung. Aber nicht jener Erwartung, die ‚Forderung' heißt, sondern jener Erwartung, wie sie die Frauen kannten: in froher Erwartung sein...

Und in Bezug auf das Heilige, das im Dezember erwartet wird, kann man sich noch mehr als in Bezug auf eine eigene Geburt ... in der Seele wie eine Braut fühlen, die *auch* jemanden erwartet. Auch Maria empfand sich nicht wie eine Mutter, sondern wie ‚des Herrn Magd' – das heißt *Mädchen* –, die etwas ganz ohne eigenes Zutun *empfängt*, in heiligster Demut und Hingabe...

Advent ist also Ankunft, aber die Erwartung der Seele ist reinste Hingabe. Und gerade dies ist dieses tiefe, tiefe Frommwerden... Das ist nur möglich, wenn die Seele weiß, wer oder was kommen wird und was sie in so heiliger Empfindung er-wartet.

2. Dezember

Das Geheimnis des Unterschiedes zwischen seelenlos-selbstbezogener Erwartung und heiliger Erwartung liegt im Mysterium des Wortes selbst. Denn das adventliche und damit bräutliche Erwarten liegt im hoffnungsvollen *Warten*. Und dieses Warten ist von heiliger Stille. Es ist nicht das laute Warten einer fordernden Erwartung

– es ist das tief winterlich stille Warten auf eine heilige Erfüllung. Voll stiller Freude, voll stiller Demut und Hingabe.

Jemandem *entgegen*-warten, mit seinem ganzen Herzen... Obwohl die Seele still und geduldig wartet, eilt das Herz dem Erwarteten doch bereits heimlich entgegen. Und gerade dieses Geheimnis *ist* Erwartung. Es ist nicht Ungeduld, sondern Hingabe. Ungeduld nur im Sinne der vorauseilenden Freude, freudigen Hoffnung, stillen Hoffnung – es gibt auch eine meerestief *unschuldige* ‚Ungeduld'. Die Worte hören auf, einen Sinn zu haben, weil sie sich mit einem viel tieferen Sinn erfüllen.

Die Adventszeit ist die Zeit eines unfassbaren Stillwerdens der Seele – und wer dies nicht begreifen, teilen, selbst erleben kann, der begreift und hat den Advent nicht, denn er wird nicht selbst adventlich, wird nicht bräutliche Erwartung...

3. Dezember

Der ganze ‚Vorweihnachtstrubel' ist das absolute, schlimme Gegenteil des Advent. An einem Tag kann man auch einmal in die lebendige Stimmung eines abendlichen Adventbasars eintauchen. Aber selbst dieser hat noch etwas Geheimnisvolles – etwas, was er selbst gar nicht mehr kennt. Er wäre vollkommen *leer*, wenn er nicht auf etwas viel, viel Heiligeres verweisen würde – auch wenn man es fast nicht mehr weiß. Aber das bedeutet, es wird irgendwann völlig leer werden, weil dies ganz verlorengeht.

Wenn man es nicht im *Zusammenhang* mit diesem Heiligen hält, wird sich das Heilige immer weiter entfernen, denn was soll es sonst tun? Die Seele ist selbst verantwortlich dafür, ob sie weiß, wen sie erwartet – oder ob sie es gar nicht mehr tut.

Und deshalb ist jeder Trubel das Gegenteil von Erwartung. Es sei denn, dass die Seele von diesem Trubel gar nicht wirklich berührt wird, sondern in viel tieferem Sinne gleichsam *singend* in heiligstiller Freude dem Eigentlichen, dem Heiligen entgegenwartet.

Und das ist es in Wahrheit. Erwartung ist, insofern es von Freude berührt ist, ein stilles, sanftes Singen, ein heiliges, geheimnisvolles

Klingen. Die Seele wird *selbst* so etwas wie Engelsmusik – oder die Engel singen bereits in ihr und sie mit ihnen. Erwartung, heilige, bräutliche Erwartung ist immer ein inneres Singen der Seele...

4. Dezember

Trubel entsteht, wenn zu viele Menschen zu viel Oberflächliches suchen und tun. Es ist das Gegenteil von Innigkeit. Innigkeit ist nur möglich, wo es kein Zuviel gibt und wo das Wesentliche im Inneren lebt. Es gibt Adventbasare, wo diese Innigkeit lebt. Dann sind sie wahrhaft ein Ort des adventlichen Erwartens, des still-freudigen Sich-Vorbereitens. Dann gehören auch die Geschenke dazu, mit denen man Anderen eine Freude machen will, weil dies ein kleiner Abglanz des *einen*, großen Geschenks ist, auf das die Menschen sich freuen.

Dann ist der geheimnisvolle Zusammenhang da und lebendig. Und alles wird genährt von diesem – von seiner unerschöpflichen Fülle. Und so hat ein Adventbasar einen einzigen, heiligen Sinn. Und wenn dieser in den Herzen lebendig anwesend ist, dann ist auch ein solcher Basar ein heiliges, freudevoll-stilles Singen, bei allem, dann aber lieblichen Trubel. Dann ist dieser Trubel eine Art heilige Gemeinschaft ... von fromm Erwartenden.

Das eigentliche Leben der Seele geht in diesem Monat in die Tiefe. Es wird ein frommer Strom, der die heilige Stille eines Meeres hat. Den stillen Frieden einer Sternennacht. Und das Wunder der still blühenden Erwartung einer Braut...

5. Dezember

Der Advent. Es sind auch die Wochen des stillen Lichts der Kerzen. Wie sehr gehört der Adventkranz in diese Zeit! Aber warum? Die Seele muss dies eben tief und immer tiefer *empfinden*. Sie muss spüren, was die Botschaft dieses Lichtes ist...

Das treue Licht... Das Licht in der Finsternis. Es ist dasselbe wie das große Licht, das kommen wird – ein lebendiges Zeichen, ein tröstliches Leben, das sich mitten in die Seele einsenkt. Die Seele weiß viel besser, was dieses Licht ist, als der Kopf. *Sie* wird schließlich genährt – und nicht er. Die Seele ist viel weiser. Ihr muss man gar nichts erklären – sie braucht auch keine ‚Erklärung'. Sie braucht nur das Lebendige selbst.

Ist eine brennende Kerze nicht mehr wert als eintausend Worte? Gerade *durch* ihr wunderbares Schweigen. Sie schweigt einfach – und brennt. Nur das. Und verbreitet ihr sanftes, tröstendes, heiliges Licht...

Wer nur aus Gewohnheit zum Advent Kerzen anzündet, versündigt sich eigentlich und bringt sich ganz um das tiefe Heiligtum. Denn die Kerze ist eine reale, tiefe *Trösterin*. Das Licht in der Finsternis. Man kann es nicht tief genug auffassen. Denn auch die Finsternis ist etwas Reales. Aber hier, an diesem Punkt, durchdringt das Licht die Finsternis – und sie verliert ihre Herrschaft. Nun gibt es ein Licht – das Licht.

6. Dezember

Das Licht kann nur ernst nehmen, wer die Finsternis ernst nimmt. Wer nur Dunkelheit kennt, nicht aber ihre moralische Qualität, der begreift auch das Licht überhaupt nicht. Auch die Dunkelheit ist Bild für etwas – aber lebendiges Bild, reales Bild. So, wie die Sonne Bild für die Herrlichkeit Gottes ist – und ist sie nicht auch *in Wirklichkeit* herrlich? So ist auch die Finsternis eine Wirklichkeit – und der reale Gegensatz für das Licht. Man empfindet sehr stark etwas an der Finsternis ... wenn man überhaupt noch empfinden kann.

Finsternis kann auch tröstend sein. Wenn man an die Heilige Nacht denkt, wie sie von Sternenschein und dem Licht auf Erden durchdrungen ist, das aus Himmelshöhen herabkommt, und vom Gesang der Engel, und von nachtsamtener Milde. Maria, die Himmelskönigin und ihr Sternenmantel. Das alles sind auch Wirklichkeiten der Nacht.

Hier aber steht die Nacht dann in heiligem Gegensatz zu dem *ent*heiligten Tagesbewusstsein, dem kühlen Intellekt, dem kühlen Neonlicht des künstlichen Tages. Der Intellekt kennt zwar die Helle des Lichts, aber diese ist kalt, denn er kennt nicht die *Wärme*. Der Intellekt kann die Sonne nur in ihrer Helle nachmachen, die Wärme verliert er dagegen völlig. Und diese hat dann die sanft umhüllende Nacht, mild, schmeichelnd, tröstend, das Heilige bewahrend.

Aber wir sprechen von einem anderen Licht – und das Herz empfindet immer sehr genau, wovon gerade gesprochen wird, und es lässt sich nicht verwirren.

7. Dezember

In der Zeit des Advent lebt im Herzen die Erwartung desjenigen Lichtes, das das wahre Heilige ist. Und die Heilige Nacht ist deshalb heilig, weil alle Engel zur Erde herniederkommen, um dieses Licht zu *begleiten*. Die Nacht wird geheiligt, weil etwas da ist, was sie heilig macht – und nicht nur etwas, sondern die Fülle. Eine unvorstellbare Fülle. So heilig, dass jede aufrichtige Seele *fühlt* und fühlen kann, was diese Nacht so heilig macht. Es ist mehr, als man aussprechen kann. Vielleicht ahnt man es nur. Dennoch ahnt man es untrüglich. Diese Überfülle. Sie ist einfach da – und sie gilt dem einen Wunder und ist selbst auch ein Wunder. Heilige Nacht. Überfülle...

Aber der Advent harrt und lebt diesem Heiligen erst *entgegen*. Und das Licht der Kerzen ist dieses liebe, treue, lebendige Bild. Tröstlich wie nur irgendetwas. Und die Finsternis ist dann gerade der Gegensatz zum Licht. Das Licht durchdringt alles, was *nicht* Licht ist. Es tröstet den Schmerz, es heilt die Bosheit, es beseitigt den Zweifel – es bringt die Zuversicht, den Glauben, die Hoffnung. Siehe, ich sende ein Licht in die Finsternis...

Das ist Advent. Es gibt nichts Schöneres als diese sanfte, unendlich tiefgehende Verinnerlichung der Seele in diesem heiligen Warten voller Zuversicht, voller bräutlicher Stille, stiller Freude. So still, dass man gar nicht weiß, ob es Freude ist – aber es ist Freude... Die Freude der Braut. Und dennoch Advent. Nicht nur besinnlich, sondern tief verinnerlichend. Der Weg geht nach innen...

Das Wort ‚besinnlich' ist falsch. Es macht viel zu früh Halt. Es macht Halt beim bloßen *Genießen* einer ‚Stimmung'. Die Seele spürt sehr genau, was sie an diesem Besinnlichen hat, aber sie spürt nicht ihr eigenes Stehenbleiben. Das Besinnliche will die Seele zur Ruhe kommen lassen – aber sie kommt nur zu einem sentimentalen Spüren dessen, wie gut ihr diese Ruhe täte, wenn sie sie einmal ernst nähme.

Aber es geht nicht um die Ruhe bürgerlicher Besinnlichkeit, womöglich noch mit Kaffee und Kuchen, sondern um eine viel, viel tiefere Besinnung. Unendlich viel tiefer. Man muss das Wort Besinnung unendlich ernst nehmen. Dann ist es auch eine Be-Sinnung. Denn darum geht es, dass das Herz ganz und gar Sinn wird, ein neuer Sinn für etwas. Das Herz muss wie ein heiliges, nachtsamtenes Sinnesorgan werden.

Dann spürt es das Unsagbare, das Heilige, das Sich Nähernde, das sie so innig erwartet, aber auch alles bereits Anwesende, die Wunder wirkende Heiligkeit schon eines kleinen Lichtes einer treuen Kerze. Das Herz spürt dann viel mehr, als es je ausdrücken könnte. Denn die Be-Sinnung hat es zu einem heiligen, treuen, frommen Sinn werden lassen. Einem Auge, das *fühlend* sieht, einem Sinn, der sehend tastet... Worte versagen hier, denn es ist un-aussprechlich. Heilige Besinnung des Advent! Die Herzen werden sehend, aber es ist ein Mysterium des *Fühlens*.

Die Kerze ist auch ein tiefes Bild der *Treue*. Nicht nur der Treue des himmlischen Lichtes, sondern auch der Treue der Seele *zu diesem*. So ist die Kerze auch ein Bild für das eigene Licht der Seele – das dem Weltenlicht entgegenleuchtet. Wiederum wie die Braut...

Und wie unendlich treu ist so eine Kerze! Sie brennt still vor sich hin, aber nie nur für sich, sondern immer für andere, jedenfalls ist sie für jeden anderen da, ist dieses Licht. Und doch ist sie nur Bild dieser tiefen Treue. Unbeirrt brennt sie still für sich – und für das Eine, was der Urgrund allen Lichts ist. Jede Kerze singt in Stille das heilige Lob Gottes. Jede Kerze ist ein heiliges Wunder der Treue. Sie brennt – und die Herzen sollten brennen wie sie. Letztlich verbrennt sich die Kerze, für das Brennen lebt sie. Sie opfert sich, aber dieses Opfer ist ihr Leben. Sie lebt brennend. Sie lebt sich hingebend. Und so lebt sie wahrhaft, denn es gibt nur ein wahres Leben, und das ist Brennen...

Dafür ist die Kerze dieses tiefe, berührende Bild – für die Treue und die Hingabe. Die Treue der Hingabe. Wenn man diese lernen will, braucht man sich nur in die Kerze vertiefen, sich *ihr* hingeben. Dann lehrt sie einen, was die Treue ist. Die Kerze lässt sich durch nichts von ihrer Bestimmung abbringen. Unerschütterlich tut sie das Eine. So wie Maria – die Schwester von Martha. Die Kerze flackert nicht hin und her, sie brennt ruhig und ist gleichsam der Inbegriff der Andacht, der Sammlung, aber Sammlung in und für die Hingabe. Konzentrierte Hingabe. Ohne jedes Abirren und ohne jede Schwäche. Heißes Brennen...

10. Dezember

Zu sich kommen muss der Mensch in diesen Wochen der Adventzeit. Zu sich kommen muss die Seele. Sie muss wirklich zu *sich* kommen. Früher sagte man ‚Einkehr halten' – aber man muss dies ernst meinen, wenn man es sagt. Die Seele kommt nach Hause, jedenfalls erst einmal zu sich nach Hause. Sie kehrt sich zu sich selbst zurück, sie wendet sich nach innen. Sie geht nach innen und ist mit *sich selbst* allein. Das ist innere Einkehr – und erst dann ist sie wahr und real.

Heute macht man ‚Selbsterfahrungstrips' und geht allein in die Wüste oder den Wald oder was weiß ich. Tagelang. Oder man meditiert in Tempeln – wochenlang. Aber die wirkliche Einkehr ist davon gar nicht abhängig. Wie müsste die Seele in die Wüste gehen, um mit sich allein zu sein! Das zeigt nur, dass die Menschen zu echter Einkehr gar nicht mehr fähig sind. Sie schleppen ihre ‚Auskehr' immer mit sich herum und müssen bis in die Wüste, um mal ganz zur Ruhe zu kommen und überhaupt anzufangen, sich zu überlegen, was Einkehr heißt? Völlige Veräußerlichung haben wir heute. Aber die Seele braucht nur ein Einziges: wirkliches Stillwerden. Sich mit Stille erfüllen. Alles, wirklich alles schweigen lassen. Und *dann* sich nach innen wenden – die Seele zu sich selbst.

11. Dezember

Die Seele mit sich allein. Was hat sie dann – wer ist sie dann? Die Außenwelt ist verschwunden. Sie ist irgendwo ‚draußen‘, aber nicht hier, wo die Seele jetzt ist. Mit sich allein.

Die Seele kann sich besinnen. Sie hat Gedanken. Aber nicht die gewöhnlichen Gedanken des Alltags. Nicht Gedanken *an* den Alltag und nicht Gedanken *aus* dem Alltag. In der Einkehr zu sich selbst können die Gedanken *wesentlich* werden. Ihr Gegenstand wird das Wesentliche, nicht mehr das Unwesentliche. Sie umgeben das Wesentliche, richten sich auf dieses. Und das heilige Mysterium ist, dass die Seele *weiß*, was das Wesentliche ist. Sie fühlt im Denken den Unterschied. Sie kann wesentlich und unwesentlich unterscheiden. Nicht im alltäglichen Sinne, sondern im existenziellen Sinne. Sie kommt also existenziell zu dem Wesentlichen, weil sie das Unwesentliche hinter sich lässt.

Sie denkt nicht mehr tausende Dinge, sondern wenige. Sie denkt nicht mehr schnell und oberflächlich, sondern mit tiefer, schweigender Substanz. Und was sie denkt, ist immer mehr das Wichtigste, das überhaupt gedacht werden kann. Bedacht. Besonnen.

Die Gedanken dienen, das Denken dient immer mehr dem ‚ewigen Gold‘, den wirklichen ‚Schätzen im Himmel‘, dem Unvergänglichen, dem wahrhaft Wesentlichen. Alles andere fällt mehr und mehr ab.

12. Dezember

Und dies wird als unbeschreiblich erlösend empfunden. Das aber bedeutet, dass all das andere, das Unzählige, das Tausendfache, das viel zu Äußerliche, das Oberflächliche, das Unernste, das nicht Wesentliche – dass all dies für die Seele *Ballast* ist. Es ist ihr fremd und es belastet sie, es zieht und zerrt an ihr. Es zieht die Seele von sich selbst weg – und *entfremdet* sie von sich selbst.

Heutzutage sind alle Seelen *krank* vor Selbstentfremdung. Sie können sich vor Ballast kaum noch retten. Sie sind völlig ins Äußere gezogen, völlig ins Oberflächliche, an die Oberfläche des Unwesentlichen, während das Wesentliche gerade in der Tiefe liegt – ihr *eigenes Wesen*. Aber da in der Tiefe ist es geradezu begraben – von Oberflächlichkeiten und Äußerlichkeiten. Das Wahre erlischt, und eine Scheinwelt ersteht, wie eine Fata Morgana, die aber nach und nach die wahre Welt völlig *ersetzt*.

Die wahre Welt aber besteht aus Seelengold, aus Tiefe, aus Einfachheit, aus Ernst, aus Wesentlichem. Und nach der Rückkehr zu diesem Heiligtum muss man eine Sehnsucht haben. Es ist das reale Fühlen, dass die innere Einkehr wirklich das Nach-Hause-Kommen ist. Das aufrichtige Erleben, dass alles andere ein Irrweg war. Angst vor der Wahrheit des eigenen Wesens...

13. Dezember

In dieser Einkehr hat die Seele also Gedanken – wesentliche Gedanken. Aber sie hat auch Gefühle. Und diese Gefühle können sich ebenfalls auf das Wesentliche richten und selbst wesentlich werden.

Und wieder fühlt die Seele selbst immer wesentlicher den Unterschied. Und wieder fühlt sie selbst immer mehr ihre eigene Sehnsucht nach dem Wesentlichen auch hier wachsen. Denn sie ist mit den Gedanken ja keine andere Seele als mit den Gefühlen. Ihr Sehnen nach dem Wesentlichen betrifft alles und kommt auch immer mehr aus ihrem ganzen Wesen.

Und doch können dies Schritte sein, Stufen. Denn mit ihrer Sehnsucht vertieft sich die Seele gerade. Vorher *war* sie ja oberflächlich, viel zu sehr. Und die Tiefe wird nicht in einem Augenblick erreicht, selbst wenn die Einkehr gelingt. Erst *in* der Einkehr geschieht auch die Tiefe, und das ist *wieder* ein Prozess. Zuerst muss die Einkehr geschehen, dann kann die Vertiefung einsetzen.

Ich kann auch im Meer erst in die Tiefe sinken, wenn ich hineingegangen bin. Die innere Einkehr ist die Rückkehr in das wahre Meer der Seele. Und dann erst kann die Seele beginnen, zu sinken – immer mehr ihrem wahren Wesen entgegen. Man muss den Mut zu diesen immer wesentlicheren Geschehnissen haben – und man hat ihn, wenn man fühlt, wie sehr man es *will*, weil man alles andere *nicht* mehr will. Die Sehnsucht gilt der Tiefe – und man spürt, dass diese erst das eigene Wesen ist.

14. Dezember

Die Menschen haben Angst vor solchen Bildern, weil sie Angst davor haben zu ertrinken. Haben sie noch nie einen solchen Traum gehabt, wo man im Wasser atmen konnte? So ist es auch hier. Und dennoch ist es wie ein Ertrinken, wo an die Stelle des Atmens etwas ganz anderes tritt. Das In-die-Tiefe-Sinken ist trotzdem nur mit einem Tod des Bisherigen zu haben. Denn wozu sollte der Mensch sinken, wenn er doch nur derselbe bleibt?

Das Sinken in dieser Meerestiefe ist ein Mysterium. Und hier geht es wirklich nicht mehr ohne das, wovon ich schon so oft gesprochen habe: ohne die Hingabe. Wer nicht Sehnsucht und Hingabe besitzt, kann sich nicht sinken lassen – und ist noch nicht würdig, zu ‚ertrinken'. Man muss sich völlig an die Tiefe übergeben wollen, die einen aufnimmt, indem man in sie hineinsinkt. Und ohne dies kennt man die Hingabe noch nicht.

Die Seele ist ein Meer – und man kann ewig an der Oberfläche bleiben. Wenn man aber ihre wahre Tiefe kennenlernen will, muss man den Willen haben, in diesen Tiefen zu ‚ertrinken'. Man muss sich als der, der man bisher war, aufgeben können, um sich übergeben zu können, hin-geben an eine Wandlung – an das, was die Tiefen mit einem machen. Aus einem machen werden... Liebe zum Ertrinken. Sehnsucht nach Ertrinken. Sehnsucht danach, nicht mehr der zu bleiben, der man an dieser Oberfläche war. Sehnsucht nach diesen Tiefen, nach einem Sinken...

Und die Gefühle verwandeln sich... Auch sie erreichen nun das heilige Reich des Wesentlichen. Die Seele, die gelernt hat, zu sterben, lernt Gefühle kennen, die andere Seelen niemals haben.

Wieder findet die Seele ‚das Gold' – aber diesmal auf einer *noch* wesentlicheren Stufe. Wie wenn die Gedanken bereits das reine Licht der Sonne gefunden hätten, die Gefühle aber auch die wahre *Wärme* der Sonne finden. Man kann das nicht mehr beschreiben, weil alle Beschreibungen doch nur mit Gedanken aufgenommen würden – sogar nur mit den unwesentlichen, oberflächlichen. Alles Wesentliche kann nur so aufgenommen werden, dass die Seele innerlich wirklich auf demselben Weg *folgt*.

Aber was sind dann die Gefühle, die die Seele in der Tiefe findet, in der sie ertrunken ist, weil sie nichts anderes *wollte*, als zu sinken? Ich könnte jetzt wieder zu den Tugenden zurückkehren, mit denen ich begonnen habe. Fast ein Jahr ist nun vergangen... Aber es geht um ein einziges: dass man all dies *selbst* finden würde, wenn die Seele wesentlich wird. Was sind die Gefühle, die die Seele findet? Fast ein Jahr lang habe ich versucht, davon zu schreiben!

Die Seele findet das Heilige, das Wesentliche, und es eröffnet sich ihr eine *Fülle*. Das Wesentliche ist immer eine Fülle – und doch ist es auch immer einfach. Aber all diese Begriffe bedeuten das Gegenteil von der gewöhnlichen Welt. Denn hier, in der Tiefe, geht es um das Wesen der Seele, nicht um seine Entfremdung.

Und die Seele ist noch immer mit sich allein, aufgenommen von den Tiefen ... und da gibt es jenseits des Fühlens noch den *Willen*. Mysterium...

Was wird dieser Wille, wenn die Seele in die heiligen Tiefen hinabsinkt, hineinstirbt...? Die hinter sich gelassene Welt der Oberfläche weit, weit weg. Das Geschäum des Vielen weit, weit weg... Die stille Ewigkeit der Tiefe, schweigend-heilige Welt des Bedeutsamen, des Für-immer-Wesentlichen.

Was wird der Wille da... Wenn die Tiefe wesentlich ist, aber man ist in ihr ertrunken, man ist durchdrungen von ihr, *auch* wesentlich – aber was ist die Seele dann? Und der Wille? Wenn die ganze umgebende Tiefe in ihrer erschütternden Dichte nur ... *Frage* ist? Existenzielle Frage – ohne Wort.

Man ist gesunken, nichts anderes wollte man. Man ist ertrunken, nichts anderes wollte man. Und nun ist die ganze Tiefe tiefes Wesen – und Frage. Und welche Antwort gibst du, Seele? Wenn die Frage deinem eigenen Wesen gilt? Deinem Willen? Welche Antwort gibst du? Wer bist du, Seele? Was ist dein Wille? Warum bist du hier? Wieso hast du die Tiefe gesucht... Hast du eine Antwort? Bist du die Antwort...

17. Dezember

In der tiefsten Tiefe kann man nur eine Entdeckung machen: das Mysterium des guten Willens. Entweder man macht sie, oder man macht sie nicht. Macht man sie nicht, sollte man sich fragen, warum nicht. Dann ist keine Frage wesentlicher als diese geworden. Dem Heiligsten weicht die Seele am meisten aus. Warum?

Wenn sie aber *nicht* ausweicht, findet die Seele gleichsam am Grund des Meeres dieses heilige Mysterium. Und sie musste diesen ganzen Weg gehen, um zu sich zu kommen. Und dies ist das zweite Mysterium. Dass die Tiefen nur das verschwinden lassen, was nicht *sie* ist. Und dass sie zu dem führen, was sie ist. Im Grunde *sind* die Tiefen das wahre Wesen der Seele. Nur deshalb kann sie auch diese Sehnsucht nach ihnen haben.

Der gute Wille. Man kann ihn sich nicht vorstellen – ebenso wenig, wie man in die Sonne schauen kann, ohne geblendet zu werden. Aber dieses Mysterium will auch nicht vorgestellt werden – es will *gefunden* werden. Und so gibt es das Licht der Sonne, die Wärme der Sonne, und es gibt ... das *Strahlen* der Sonne, ihre Kraft. Es ist der Wille, Sonne zu *sein*. Würde sie es nicht wollen, gäbe es kein Strahlen, also auch kein Licht, keine Wärme.

Der gute Wille ist nichts anderes. Auch er strahlt. Und wo nichts strahlt, da ist nicht der gute Wille. Und die Seele spürt doch sehr genau, wo Licht ist, wo Wärme ist, wo etwas in dieser Weise strahlt? Nicht nur Schein-Licht und Schein-Wärme, sondern Sonne, auch seelisch. Aber wie sie *selbst* zu diesem Mysterium steht, das beantwortet sich in jenen Tiefen.

18. Dezember

Die Winterzeit ist die Zeit der Auseinandersetzung der Seele mit dem Bösen. Und zwar in aller Einsamkeit. Es gibt nur die Seele, sie ist mit sich allein – und dann ist da noch etwas: das Mysterium des Bösen...

Wann hat man den Mut, ganz allein zu sein – nicht nach außen zu leben, sondern sich nach innen zu kehren? Mut zur völligen Stille und Einsamkeit – und dann Mut, dem Bösen in die Augen zu blicken! Sich mit dem Rätsel des Bösen zu konfrontieren, mit seinem Wesen, dem sehr, sehr realen Wesen.

Und dieses Wesen hat mehr mit einem selbst zu tun, als man denkt. Denn unsichtbar hat es fortwährend *Einfluss* auf die Seele. Unsichtbar übt es Macht aus, unsichtbar hat es Zugriff auf die Seele, die man ist, und unsichtbar verwächst es mit dieser. Man kann sich dieses dramatische Geschehen nicht real genug vorstellen, eine Realität in jedem Moment. Und die immer gegenwärtige Frage: Wie, o Seele, *stellst* du dich dazu...? Wann wagst du es, diese Tatsachen *anzuschauen*?

Wann wagst du es, dich dem Bösen zu stellen und es anzuschauen – und dich nach deinem eigenen Wesen zu fragen, in konkretestem Sinne? Spürend diese Realität des Bösen, diese reale Begegnung mit ihm... Einer wesenhaften Realität, der man nur ausweichen kann, indem man beschließt, sie für nicht real zu halten. Dann aber läuft man zugleich auch vor dem *eigenen* Wesen weg. Das Eintauchen in die Tiefen führt unweigerlich zu dem erkennenden Erleben, dass da *noch* etwas ist. Das Wesen des Bösen...

Und so ist die Adventzeit zugleich die Zeit für ein Eintauchen in das Geheimnis des Gleichnisses von dem verlorenen Sohn. Denn in aller Tiefe ist dies kein Fremder, Anderer. Sondern immer mehr kann die Erkenntnis zu einem durchdringen, dass *man selbst* dieser verlorene Sohn ist.

Es ist nicht nur ein äußerlich das Erbe verprassendes Leben gemeint – es geht darum, dass die Seele, die sich von Gott abgewandt hat, nichts anderes tut! Sie verprasst ihr Erbe... Sie vergeudet das, was sie entfalten könnte, ihre tiefe Verbindung zu einer heiligen, unermesslich weiten Welt. Religion ... als *Tatsache*, in jedem Moment. Aber der Sohn ist in die Irre gegangen, dort aber ist er verloren.

In dieser Irre hat er sich mit dem Gegenteil eingelassen, mit der Nichtigkeit. Er nennt es ‚Alltag' und ‚reale Welt', aber er vernichtet sich damit, vernichtet seine eigene Seele, die von einem Tempel zu einem üblen Freudenhaus wird, einem Hort nichtigster Lüste und bedeutungslosester Tätigkeiten.

Und die Geliebte dieser so schmählich untreu gewordenen Seele, die sie verführende Hure, der die Seele so unglaublich gerne folgt – das ist dieses geheimnisvolle, unerkannte, sehr reale *Böse*... Es hat all seine Finger nach der Seele ausgestreckt und sie vollkommen umgarnt. Aber seine wahre Gestalt ist von abgrundtiefer Hässlichkeit. Und in einem erschütterndsten Augenblick müsste die Seele *dieses* begreifen!

Advent... Die wahre Seele wendet sich dem Heiligen zu. Sie hat keine Schwierigkeiten, die Hure von sich zu weisen. Sie *erkennt* das Böse als das, was es ist. Und sie hat an dem Bösen keinen Anteil, und das Böse hat an ihr keine Rechte.

Die wahre Seele erhebt sich in der Adventzeit mit heiligem Flügelschlag in das heilige Reich der *Andacht*. Demütig taucht sie ein in dieses Reich. Voll *stiller Freude*, die nichts anderes als die heilige

Demut ist, taucht sie ein in das Schweigen, das sanft wie eine Sternennacht leuchtet und das eins ist mit heiliger Erwartung und ebenso heiligem Sich-Bereiten.

Sinnend werden die wahren Seelen im Advent. Sinnend ... in dunkler Erdennacht, während sich übersinnlich das Lichte naht. Während das Herz spürt, dass sich das Heiligste naht, dass diese ganze Zeit heilig ist, die sich naht. Sinnend werden die Seelen, sie werden ganz und gar *Fühlen* – aber heiliges Fühlen, sinnendes Fühlen, erkennendes Fühlen. Erkennet es! Die Seele selbst wird Sinnesorgan. Sinnend wird sie ganz das, was sie immer sein könnte, wozu sie bestimmt ist. Sie wird Herzensauge für die göttlichen Geheimnisse.

Und ,Herzensauge' kann man nicht beschreiben. Es bedeutet, dass die Seele *fühlend* erkennt. Dass sie nie aufhört, zu fühlen, dass gerade *dies* ihr Zustand ist. Die Seele fühlt, ist eingetaucht in das Sinnen, und was sie fühlt, ist ein Unendliches, ist die Fülle, die sich nahende Fülle, die Heiligkeit der Weltengeheimnisse, und inmitten dieser *das* eine Geheimnis. Advent...

21. Dezember

Kann man nicht spüren, was dies heißt? Und wie sich die Seele hier *vollkommen* von dem Gewöhnlich-Irdischen abwendet? Wie selbst da, wo sie weiter im Irdischen handelt, sie gleichsam wie entrückt ist, mit ihrem wahren Wesen ganz woanders lebend? Wie es gerade auf dieses Geheimnis ankommt – in *zwei* Welten leben zu können, wobei das Wesentliche die Rückkehr des verlorenen Sohnes ist?

Wie lebt man in zwei Welten? Das kann man nicht beschreiben – aber zugleich würde es diejenige Seele, die sich mit ernster Aufrichtigkeit danach sehnt, unmittelbar *wissen*. Denn sie würde es tun. Wie könnte der verlorene Sohn nicht wissen, was er verlassen hat und wie er sich der Heimat wieder zuwenden kann? Die Seele *weiß dies*. Oh, die Seele weiß so viel! Sie will es gar nicht wahrhaben, wie viel sie weiß! Aber sie weiß alles. Und alles, was sie braucht, ist die Sehnsucht, die bereits der Wille ist. Der Sohn könnte jederzeit umkehren – und irgendwann wird er es tun. Und dann weiß er alles, und er wusste es schon vorher...

Das Leben in zwei Welten ist das Leben auf der Erde, das aber eigentlich ein Leben in den Himmeln wird, denn die Seele *fühlt* das Umgebensein von dem Mysterium, und auch ihr eigenes Herz wendet sich *diesem* zu, lebt in diesem, mit diesem, aus diesem. Die Seele lebt in heiliger Hinwendung. Sie lebt in Andacht und Hingabe. Dies und das reale Umgebensein von dem Mysterium wird ihr *Lebenszustand*. Das ist Advent...

22. Dezember

Und würde man der Stimmung der Seele eine Farbe geben wollen, so wäre es das tiefe, tiefe Blau. Dieses Himmel-Meeres-Blau ist aber nicht nur die Stimmung der Seele, sondern auch die Farbe des sie umhüllenden Geheimnisses. Den Weltenweiten wendet sich die Seele zu, sinnend, heilig ahnend, wie unermesslich diese Weiten sind, nicht räumlich, sondern moralisch-mystisch-übersinnlich. Und sinnend ist die Seele von dieser umhüllenden Wirklichkeit ganz *durchdrungen*.

Sie spürt nicht, wie sie sich gerade durch die Hingabe bereit macht, von den Weltenweiten durchdrungen zu werden, aber genau dies geschieht. Advent ist das heilige, tiefe Geheimnis der Durchdringung von Himmel und Erde, von unbeschreiblicher Fülle der Welt der Engel und Seele. Die Seele wendet sich dem Himmel zu – und der Himmel naht der Seele. Und wie tief die Durchdringung und die Vereinigung ist, hängt nur von der Seele ab, nicht vom Himmel, denn dieser ist *immer da* und will die Seele immer begnaden, es hängt nur von der Rückkehr der *Seele* ab...

Und doch naht sich der Himmel im Advent der Seele und der Erde noch mehr – denn wäre es sonst *Advent*? Hier geschieht wirklich etwas, auch vom Himmel her. Und deswegen ist die Farbe des Advent das tiefe Blau. Der Himmel kommt nahe. Nahe bis in Tiefen, die die Seele gar nicht ahnen kann. So nahe, dass die Seele im Himmel selig ertrinken könnte – und deswegen ist es auch das *Meeresblau*.

Wäre es nur die Farbe der Andacht und Hingabe der Seele, müsste es das Violett sein, denn dies ist die Farbe des Frommwerdens. Es ist aber das Blau – und dies offenbart, wie sehr inmitten der Andacht der Seele das herannahende Geheimnis der Weltenweiten überwiegt.

Man könnte geradezu sagen, diese heiligen Himmelsreiche branden heran – und auch dann hätte man wieder das Geheimnis des Meeres.

Ist es nicht wunderbar, dass die Seefahrer durch die Jahrhunderte hindurch Maria auch als Himmelskönigin, als ‚Stella maris', Stern des Meeres, verehrt haben? Das Meer war aber auch hier der Himmel selbst! Und tiefblau war auch immer Marias Mantel – oft stellte man ihn sich auch übersät von Sternen vor. Hier war das tiefe Blau aber auch die Farbe der Demut, der Gottergebenheit: ‚Siehe, ich bin des Herrn Magd...' Oh, wenn die Seele dies genau so auch von sich sagen könnte! Siehe, ich bin des Herrn Magd... Magd auch im Sinne von Maid, Mädchen, Jungfrau, reine Hingabe. Das wäre die Seele!

Und dann hatte Maria noch ein Innengewand, und das war rot – rot wie die Liebe, die in der wahren Hingabe immer strömt. Aber als das heilige Geheimnis bleibt sie im Advent unsichtbar, denn Andacht und mehr noch, das heilige *Sinnen* der Seele, überwiegt alles. Tiefes Sinnen, Advent-Blau, heiligste Hinwendung der Seele zu den Himmelreichen, die sich nahen. Die Heilige Nacht selbst naht sich – und mit ihr alle Engelreiche...

Weihnachten und die heiligen Nächte

24. Dezember

Die Heilige Nacht... Ist dieses Wunder denn in irgendwelche Worte zu fassen? Sagt nicht auch Selma Lagerlöf in ihrer Legende: ‚Ich kann es dir nicht sagen, wenn du es selbst nicht siehst'? Das Herz ist voll, übervoll – und welche Worte hat es? Wie armselig sind denn Worte! Wenn nicht mehr das Blau des Advent über einen hereinbricht, sondern der unbeschreibliche *Glanz*, das *Licht* der Heiligen Nacht selbst! Die Seele, die den Advent durchlebt hat, wird jetzt mit etwas *Unbeschreiblichem* begnadet... Sie *kann* eigentlich nur noch singen – so wie alle Engelreiche in dieser einen Nacht singen. Und die Seele erlebt, was dieses Kind und was diese Geburt ist. Sie kann es nicht *sagen*, aber sie erlebt es. Sie erlebt ein Unendliches, und deswegen sind alle Worte so unendlich unzureichend. Anbetung, die völlige, selige, unendlich staunende *Hingabe* an dieses Kind und seine Geburt – das ist die einzige Sprache, die hier möglich ist. Und wer dies nicht kann, der ist kein Christ, der ist immer noch der verlorene Sohn – o, welche Tragik, denn dieses Kind ist für *jeden* Menschen in die Welt gekommen!

In dieser Nacht gibt es kein Gegeneinander mehr, nur noch Hingabe an das Kind, das sich selbst hingibt. Nichts mehr bleibt von einem Gegeneinander oder auch nur Nebeneinander. Deshalb ist dies das Fest der Liebe. Legende über Legende kündet davon: dass in dieser Nacht selbst Fuchs und Hase, selbst Löwe und Lamm einander nichts tun, ja dass die Tiere sprechen können, dass sich also alles vereint. Diese Nacht ist durchdrungen vom heiligen Geheimnis der Einigung, eines unfassbaren Friedens. Das Herz empfindet diese unbeschreibliche *Überfülle*, der Himmel selbst gießt sich auf die Erde aus...

25. Dezember

Und dann beginnt die *Zeit* der Überfülle – des Sich-Ausgießens der Himmel, und dies hat eine unbeschreiblich heilige *Dauer*. Es sind die zwölf heiligen Nächte. O, welch unbeschreibliches Geheimnis! Zwölf heilige Nächte – und wie konnte die Seele je zu glauben beginnen, es gäbe nur ein kurzes Weihnachten? Wie sehr vergeht sich die sich nur an staatliche Feiertage haltende Seele an der Wirklichkeit! O, wenn die Menschen das Geheimnis der Heiligen Nacht kennten, sie würden nichts anderes tun als mit ihrer ganzen Seele innehalten – zwölf heilige Tage und Nächte lang!

285

Weihnachten – heiligstes Geheimnis! Die Weihenacht – geweihte Nacht, geweiht von allen Himmelshöhen selbst, durch ihr Hereinbrechen, ihre heilige Vereinigung mit der Erde. Weihe-Nacht. Gesegnet die Seele, die diese Weihe, dieses Geweihtsein spürt. Die Seele wandelt auf geweihtem Boden, denn sie wandelt eigentlich gar nicht mehr auf der *Erde*. In den heiligen Nächten ist der *Himmel selbst* der Boden. Fasse dieses Geheimnis, wer kann!

Das heilige Wunder der Heiligen Nacht setzt sich fort – in zwölf heiligen Nächten, die in immer neuer Überfülle die Gnade des Himmels über die Erde ausgießen, mit der der Himmel in diesen Nächten *vereint* ist.

Es ist, wie wenn die Heilige Nacht eine Hochzeit wäre – und die zwölf heiligen Nächte die Zeit eines dauerhaften, unbeschreiblichen Glückes *danach*. Nichts kommt dem Moment der Hochzeit gleich, und doch ist alles Folgende auch nicht *weniger*...

26. Dezember

Nur die Hingabe kennt das Geheimnis der *Dauer* seliger Begnadung. Weihnachten und die heiligen Nächte sind ein Geheimnis der Dauer. Der himmlische Friede und alle Kräfte der Gnade, die dieser himmlische Friede *sind*, strömen unablässig in diesen zwölf heiligen Nächten zur Erde hernieder – und die einzige Frage ist: Kann die Seele dies auch *empfangen*? Kann sie empfangen, was gegeben wird? Nichts anderes als diese Frage ist Weihnachten: Kannst du es empfangen, o Mensch...

Die Engel können eine Ewigkeit singen, ohne dass auch nur das Geringste seine Intensität verlöre. Doch warum singen alle Engel in dieser Heiligen Nacht und in dieser heiligen Zeit so *anders* – warum alle zusammen und so innig und so auf Erden, die heilige Krippe umhüllend wie *ein* Flügel? Kann die Seele auch nur *einen* einzigen Moment so singen wie sie, die Engel? O, es wäre ihr schon der tiefste Segen, denn in diesem einen Moment würde bereits das *ganze* Weihnachten in ihre Seele strömen. Kannst du das, o Seele? Kannst du empfangen? Denn deine Hingabe *wäre* das Empfangen...

Singe, o Seele, singe! Und *wie* unbeschreiblich ist dieser himmlische Friede! Diese Gnade, die Überfülle ist, Überfülle von *Licht*, Ströme von Licht – und dieses Licht ist anders als alles andere Licht. Es ist Liebes-Licht. Es ist das Licht, das in die Welt kommen sollte, von Anbeginn an, und nun kommt es. O, singe Seele – singe und empfange...!

27. Dezember

Und es ist Frieden. In den heiligen Nächten strömt ein überirdischer, ein ganz überirdischer *Friede* auf die Erde. Auch wenn es nicht geglaubt wird – von denen, die sowieso nicht glauben, aber auch nicht wissen, weil sie nicht erleben –, ein überirdischer Friede strömt herab, ja brandet heran, herein, aber wie kann Frieden branden wie die Brandung? Überwältigend wie Meeresbrecher und doch das Gegenteil, zart wie Schneeflocken, und doch überwältigend, man kann es nicht anders sagen. Es überwältigt ... mit *Frieden*...

Man kann die Wahrheit der heiligen Nächte nur mit Paradoxa beschreiben, aber die Widersprüche existieren nur für die beschränkte Auffassung der Menschen auf Erden. O, würden sie begreifen, dass diese Widersprüche gar keine sind und in den Himmeln gar nicht existieren! Weil Frieden heranbranden *kann*! Überwältigend. Und überwältigend *friedlich*.

Schneeflocken branden im Grund auch heran. Welch ein Friede liegt schon im friedlichen Fall der Schneeflocken! Und die Seele begreift nicht, was hier geschieht – denn sie verbindet das Wort ‚Brandung' nur mit der Macht der Wellen, nicht aber mit der Macht der *Stille* und des Friedens. *Diese* Macht aber ist nicht geringer – sie ist nur äußerlich das volle Gegenteil. Aber das Branden bleibt. Und die Seele, die selbst friedlich wird, kann es bemerken. Das Heranbranden der Stille – schon in den Schneeflocken.

Und die heiligen Nächte übertreffen alles. Sie machen sprachlos. Man muss sich zwingen, überhaupt etwas zu sagen, weil eigentlich *sie* sprechen. Das Schweigen spricht. Und eigentlich sollten die Herzen hören, ohne dass man etwas sagen muss. Öffnet doch eure Herzen!

Öffnet doch eure Herzen... Muss nicht jede Seele bitterlich erschrecken, wenn sie spürt, dass sie Weihnachten, dass sie die heiligen Nächte *nicht* spürt? Muss dies nicht ein Schock sein? Aber, ach! es ist ein Schock ja nur für die, die noch fühlen, dass sie spüren *sollten*! Dass sie vielleicht auch einmal gespürt *haben*. Wenigstens etwas – wenigstens ein wenig, ein bisschen von dem Unendlichen dieser Nächte! Aber was ist mit denen, die nie gespürt haben? Weil sie auch nie die Lichter sahen, nie die Kerzen, nie die Krippe, nie den Baum – oder weil sie sahen und doch nicht sahen.

Das Rätsel bleibt. *Wie* öffnen sich die Herzen? Oder warum öffnen sie sich nicht? Nicht einmal mehr in jener Zeit, die nur eines will – die Herzen der Menschen öffnen, erreichen. Nicht einmal mehr dann... Lieben die Menschen die Gegenmacht so sehr? Lieben sie es so sehr, *nicht mehr zu lieben?* Ihren eigenen Tod? Den sie aber als Leben empfinden? Während das wahre Leben gerade vom Himmel herabströmt – und sie es *abweisen?* Wie ist es möglich, den Tod mehr zu lieben als das Leben? Nur, wenn man das Leben nicht mehr kennt. Aber wann hat man sich dem Tod verschrieben, wann?

Wann hat man gelernt, die Gnade abzuweisen? Weil man nicht mehr abhängig sein wollte vom Himmel? O, ihr Blinden – ihr seid es immer, bis ihr vollkommen gestorben sein werdet, auch in eurem ewigen Wesen, das ewig sein sollte! Und nun seid ihr zugleich abhängig von der dunklen Macht, der ihr euer Leben geschenkt habt, auf dass es immer mehr schwinde. Warum tut ihr das? Warum sterbt ihr freiwillig – und nennt dies auch noch Leben? Schaut doch, was hier in die Welt kommt! Öffnet doch eure Herzen – jetzt! Hier!

Der Himmel will retten, retten, retten – und will segnen, segnen in Überfülle. Und die hochmütige Seele hält es nicht für *nötig*? Oder stirbt lieber, in hässlicher Armut und Leere? O, welche Todeskrankheit ist eure Kälte, euer Stolz, eure Einbildung! Hättet ihr doch nur ein kleines Körnchen Demut – wie weit würden sich dann die Tore eurer Herzen öffnen, erst nur einen Spalt und dann plötzlich immer mehr, weil ihr plötzlich wissen würdet! Erst fühlen und dann wissen, fühlend wissen, wissend fühlen. Ihr würdet erkennen, was ihr jetzt *ver*kennt und überhaupt nicht kennt.

O, seht doch, wie nur der Stolz eure Herzen verkleistert, mit dem Pech der Schande. Ihr wollt etwas ‚sein', aber euch fehlt das heilige Salböl, das aus einer Seele erst etwas ‚machen' würde: die Demut. Und warum? Weil die Seele dann so unendlich beschenkt werden würde. Die Demut macht doch viel reicher als alle Schätze der Erde! Allein sie schon. Und das, was sie dann *bekommt*, die demütige Seele, ist erst recht unbeschreiblich.

Aber die stolze Seele will ja alles alleine! Wohlan – was habt ihr denn? Ihr habt das Nichts. Und irgendwann werdet ihr jemand anders einen Vorwurf dafür machen – für euer eigenes Nichts. Und sei es nur durch eure Verbitterung – denn auch sie ist Vorwurf. Aber an wen? Ihr könnt es nur *euch* vorwerfen. Denn *ihr* habt die Richtung gewechselt und habt die Gegenmächte geliebt, die euch dieses vergiftete Selbstbewusstsein schenkten, die Selbstliebe – die ihr solange gepflegt habt, bis ihr vor dem Nichts standet.

Und die heilige Weihnacht strömt – und ihre Gaben fließen über – und ihr werdet immer ärmer! Warum nur tut ihr das...

30. Dezember

Die heranbrandende Gnade – und wie manches Lied dies so unendlich erfassen kann... ‚Vom hohen Himmel ein leuchtendes Schweigen erfüllt die Herzen mit Seligkeit.' Das ist die volle Wahrheit! Das Herz muss sich nur mit Seligkeit erfüllen lassen *wollen* und lassen können. Jedes demütige Herz kann das – und jedes andere kann es nicht. Will man Seligkeit ohne Demut? Oder will man Seligkeit gar nicht mehr?

Spürt man sein eigenes Herz gar nicht mehr? Wie sehr sich dieses wahre Herz nach dieser Seligkeit sehnt? Unendlich? Und wie es sie ohne weiteres empfangen dürfte – und sich nur öffnen müsste? Nur wissen, wie man das aufrichtig macht, sich öffnen, als Herz...

Und dieses Lied wusste, was das Herz dann empfängt. Der Himmel ist hoch und weit, von heiligem Segen erfüllt, und ein *leuchtendes Schweigen* strömt von ihm herab, mitten auf die Erde, mitten in die Herzen! Das ist die heilige Brandung dieser zwölf heiligen Nächte. Ein leuchtendes Schweigen... Heiliger kann man es gar nicht mehr sagen. Das Schweigen ist der unglaubliche Friede. Unsagbar, unaussprechlich, unfassbar, Seelen erschütternd. Ein leuchtendes Schweigen, ein leuchtendes Heranbranden des nicht mehr Sagbaren. Wogen der Gnade, der heiligsten Güte, des reinen Lebens.

Würden die Herzen sich diesem Meer öffnen – sie würden *mehr* empfangen als je in einem ganzen, langen Leben. Es würde die Herzen *erfüllen*. Und sie wüssten, was Seligkeit ist. Und sie wüssten, was Leben ist. Sie hätten das Leben empfangen. In den heiligen Nächten. Auch sie wären neu geboren. Aus dem Licht, aus dem leuchtenden Schweigen, aus den Himmeln...

31. Dezember

Und mitten in den heiligen Nächten geht das Jahr zu Ende. Und den Menschen ist dieser Moment wichtiger als diese heiligen Nächte. Welch ein Symptom! Sie feiern das Ende, aber nicht den Anfang, nicht die Mitte. Die Weihe-Nacht ist die Mitte der Zeiten – und die Herzen haben diese unendliche Wahrheit verloren. Sie feiern das Ende – aber lieben nicht den, der Anfang und Ende ist.

Und so steht der alte Sylvester selbst auch unverstanden und missbraucht unter den Menschen, die seiner spotten und nur in seinem Namen ihr unheiliges Tun vollbringen, um dann verkatert und noch leerer als vorher das neue, junge, heilige Jahr zu beginnen. Wie – wie nur ist dies möglich?

Die heiligen Nächte umhüllen dieses Mysterium des Wechsels von einem alten in ein neues Jahr, sie bergen es in ihrem heiligen Schoß, wirklich mitten in sich – und doch wird es nicht empfunden! Aber die heiligen Nächte hören nicht auf zu strömen. Der leuchtende Friede brandet heran, und die Himmel und alle Engel und das Liebe-Wesen selbst, sie hören nicht auf, zu hoffen, dass da Herzen sein werden, die *sich öffnen*. Sie hören nicht auf, daran zu glauben, dass es noch nicht zu spät ist. Dass die Menschen noch immer ihr Herz finden können – und finden werden.

Einen neuen *Anfang*. Mit ihm, dem heiligen Wort-Wesen, das selbst sagen konnte: ‚Ich bin der Anfang...'

In deinen Anfang, über alles Geliebter, will ich mich bergen – und selbst auch Anfang sein, mit Dir!